巴蜀文化通史

百〇四岁叟 马识途

《巴蜀文化通史》学术委员会

章玉钧　隗瀛涛　李绍明　林　向　胡昭曦　贾大泉
谭继和　万本根　陈玉屏　罗　鸣　沈伯俊　彭邦本

主　编
章玉钧　谭继和

副主编
罗　鸣　彭邦本

编辑部
主　任　侯水平　向宝云
副主任　万本根　李　庆

"十二五"国家重点图书出版规划项目
四川建设西部文化强省重点项目

章玉钧　谭继和　主编

巴蜀文化通史
传播文化 卷

赵志立　著

四川人民出版社

编者的话

巴蜀文化通史

编者的话

《巴蜀文化通史》编撰工程是中共四川省委批准、省委宣传部直接组织和领导，由四川省繁荣发展哲学社会科学协调小组立项、四川省社会科学院牵头的四川省西部文化强省建设重点支持项目，也是"十二五"国家重点图书出版物出版专项规划及国家出版基金（2016年度）资助项目。一直关心四川文化传承创新的省老领导杨超、杨析综、何郝炬、冯元蔚、廖伯康、聂荣贵、李永寿等同志率先向省委、省政府倡议启动编撰工作。在编撰研究远程中，得到了陶武先、柯尊平、王少雄、甘霖等历届省领导的大力支持和亲切指导，我们谨致衷心的敬意和感谢。

本书编撰委员会于2006年设立，编撰工作由此启动，至2020年全面完稿，历时十五年。编撰委员会名誉主任陶武先，主任王少雄、柯尊平，副主任殷建中、贾松青、侯水平、隗瀛涛、李绍明；顾问蔡美彪、李学勤、张海鹏；编委会成员有章玉钧、林向、胡昭曦、贾大泉、谭继和、万本根、陈玉屏、罗鸣、沈伯俊、彭邦本、向宝云、王素、舒大刚、邓经武、赵振铎、龙晦、龙显昭、刘平斋、吴野、钱来忠、曹顺庆、陈德述、任新建、李明泉、张忠仁、王毅、王庭科、冉光荣、杜肯堂、李学明、孙锦泉、陈廷湘、刘复生、佘正松、李健、李刚、李诚、江玉祥、江章华、蒋维明、季富政、高大伦、段志洪、侯德础、谢元鲁、甘绍成、张明富、张凤琦等。编委中，有些作为学术委员会成员，自始至终参与本书研讨和审定；有的承担了分卷的撰著；有的在本书酝酿和编撰的相关会议上提供了不少宝贵意见；有的应邀对有关书稿审阅并提出有益的建议。总而言之,编委们都为本书编撰出版做出了各自的贡献。另还专门请宗性(中国佛学院)审读了《宗教文化卷》。

编撰工作具体依托四川省社会科学院进行,院历届领导贾松青、侯水平、李后强、向宝云、高中伟等都给予大力支持、督促和帮助,多次召开院党委或院办公会议,听取编辑部汇报,决定有关事项并检查落实。编辑部成员张彦、彭东焕、印国玲在具体组织协调、制订规范规则、联系作者、学术讨论记录(含录音)、编写简报等方面做了大量工作。

《巴蜀文化通史》是集思聚智的学术成果,撰著参与者及分工情况详见于各卷后记。以下谨按卷次列出主要撰著者名单,共同见证这部著作的出版:

《通论卷》　　　　　　谭继和著
《农业与水利文化卷》　　彭邦本编著
《工商文化卷》　　　　张学君著
《城市文化卷》　　　　何一民等著
《建筑文化卷》　　　　庄裕光著
《交通文化卷》　　　　蓝勇等著
《民族文化卷》　　　　赵心愚、杨铭等著
《宗族与会社卷》　　　张力著
《移民文化卷》　　　　陈世松著
《方言卷》　　　　　　李国太、黄尚军、袁雪梅、曾为志著
《民俗文化卷》　　　　徐学书、喇明英、况红玲等著
《哲学思想卷》　　　　蔡方鹿、刘俊哲、金生杨著
《史学卷》　　　　　　粟品孝、周鼎、李晓宇著
《宗教文化卷》　　　　李远国、向世山等著
《教育卷》　　　　　　徐辉、徐仲林等著
《文学卷》　　　　　　邓经武著
《艺术卷》　　　　　　苏宁、沈博、幸晓峰著
《科技文化卷》　　　　查有梁、王迎川、周世祥等著

《传播文化卷》　　　　　赵志立著
《文献要览卷》　　　　　舒大刚、李冬梅等著
《巴蜀文化大事记》　　　张彦、陈德言、王林、彭东焕编著
《巴蜀文化研究论著索引》 李敬洵编

由于多领域的地域文化通史尚属首创，不同门类各有其文脉演变、内在逻辑与历史进程，故未对各卷涉及本领域涵盖的时间起止及个别体例做统一的要求。编著者虽务求如清人顾炎武所说"庶几采山之铜"，而力避"买旧钱""废铜以充铸"，但因见闻学识所限，书中疏漏不足之处，尚祈望读者正之。

最后要说的是，全书从编撰到出版来之不易，还得益于四川人民出版社历任社长罗韵希、解伟、黄立新，副社长骆晓平，总编辑刘周远的关心和支持。特别是谢雪编审从中协调、统筹以及众多编辑"为他人作嫁衣裳"的辛勤付出。巴蜀文化界学术界的领军人物、尊敬的马识途先生在2018年一百零四岁时为本通史题写书名。在此，我们表示深深的谢意。

章玉钧　谭继和　罗鸣　彭邦本
2021年11月

总 序

◎ 章玉钧

呈献在读者面前的这部多卷本《巴蜀文化通史》，是国家重点图书出版物出版专项规划项目、国家出版基金资助项目和四川省西部文化强省建设重点支持项目的学术成果。这个项目由中共四川省委宣传部直接组织和领导，四川省社会科学院牵头，川渝合作，组织和邀约四川省、重庆市七十多位巴蜀文化研究专家参加，得到四川省委、重庆市委和国家有关部门的重视和支持，获得国家和省文化产业经费的资助。全书二十二卷二十八册，约一千六百万字。编撰出版工作历时十五年终告完成。参加本书编修的专家学者们团结协同、切磋琢磨、集思聚智、甘苦备尝，贡献了创造性的劳动。四川人民出版社和各卷责任编辑认真敬业，严谨审慎，做出了辛勤奉献。在此，谨就编撰《巴蜀文化通史》的缘起与旨归、定位与特色、架构与方法、集成与出新，作一概括的介绍，以助读者对全书先有个总体的了解。

缘起与旨归

编修《巴蜀文化通史》之议，酝酿已久。20世纪80年代至90年代，巴蜀文化和蜀学研究在四川逐步升温，在选编出版徐中舒、蒙文通、顾颉刚、任乃强、邓少琴、冯汉骥等大师关于巴蜀文化的论著①后,陆续编写出版了《巴蜀文化图典》②《巴蜀文化研究丛书》③《巴蜀文化系列丛书》④。大家既为"地域文化热"的兴起而振奋,又在同地域文化研究先行地区的比较中,看到我们的差距,深感传承、整合和弘扬巴蜀文化,要抓牵头的东西,抓具有基础性、全局性和带动性的项目。2001年,一直关注文化的四川省老领导杨超、杨析综率先提出编撰《巴蜀文化通史》的倡议,杨超还构想系统整理自古以来的巴蜀文献,编成《巴蜀全书》。他们登高一呼,高屋建瓴,对学界有很大的启发和鼓舞。经过反复酝酿,省里八位老同志⑤于2005年10月联名致信四川省委、省政府,建议启动《巴蜀文化通史》的编撰工程。在组织四川高校和研究机构数十位专家学者进行论证,并征得重庆市有关领导和专家学者的赞同后,省委批准立项,审定了全书的框架设计。2006年7月,《巴蜀文化通史》多卷本编撰工程正式开展。

大家渴望编撰《巴蜀文化通史》并积极付诸行动,是基于这样的共识:民族文化是一个民族的根、脉、魂,是民族精神的载体,是支撑民族生存和发展的脊梁。全球文明古国各具优长,唯有中华文明几千年来一脉贯通地连续发展至今,重要原因是有由甲骨文、金文发展而来的形、音、义相结合的汉字为重要载体和文化纽带,用其写成的文史典籍代代承传,从未间断,起到全民族凝心聚力的巨大作用,激励中华民族历经磨难而不衰,直至迎来民族走向伟大复兴的盛世。巴蜀文化是多源汇成一脉、多元聚为一体的中华文

---

① 徐中舒《论巴蜀文化》、蒙文通《巴蜀古史论述》、顾颉刚《论巴蜀与中原的关系》、任乃强《四川上古史新探》、邓少琴《巴蜀史迹探索》,均由四川巴蜀史研究会编辑,由四川人民出版社于20世纪80年代出版。此后还有《冯汉骥考古学论文集》1985年由文物出版社出版,另有《缪钺全集》2004年由河北教育出版社出版。
② 该图典由川渝合作编成,刘茂才、滕久明任编委会主任,万本根、俞荣根任主编,四川人民出版社1999年出版。
③ 该丛书由杨超、杨析综任编委会主任,首批六册。李绍明《巴蜀民族史论集》、隗瀛涛《巴蜀近代史论集》、林向《巴蜀考古论集》、胡昭曦《宋代蜀学论集》、谭继和《巴蜀文化辨思集》、徐南洲《古巴蜀与〈山海经〉》,均由四川人民出版社2004年出版。
④ 该丛书由杨超、杨析综任编委会主任,谭洛非、邓星盈、万本根任主编,共十册,四川人民出版社2001年出版。
⑤ 八位老同志是杨超、杨析综、何郝炬、冯元蔚、廖伯康、聂荣贵、李永寿、章玉钧。

化中一个重要的区域文化，是博大精深的中华文明的一枝奇葩，在中华民族文化谱系中占有独特的地位。她绚丽多彩、大器包容，在与兄弟地域文化交流互益、吞吐融会中发展繁荣，形成并展示出独特的神韵和魅力，使哺育她的中华文化更添灿烂辉光。对于川渝地区各族同胞而言，巴蜀文化就是我们世代生存之根、承传之脉、发展之魂。

巴蜀大地钟灵毓秀、文脉悠长，堪称多种人类遗产荟萃的聚宝盆。巴蜀文化有许多独具的特色和亮点，足以令我们为先辈的创造感恩并自豪。茂县营盘山、成都平原从宝墩到三星堆、金沙以及长江三峡、宣汉罗家坝等处文化遗址的多次惊世发现，结合古文献资料，无可辩驳地证实了巴蜀作为长江上游的上古文明中心，丰富了中华文明的基因，显示出古蜀古巴文化永恒的魅力。周秦以来，中华思想文化素以儒学、道学为主干；佛学西来后，更以儒释道交融互补为特色。蜀地仙道发源很早，成为天师道的创教地；儒学从西汉起就在此代代传承，文翁石室、周公礼殿、孟蜀石经彪炳千秋；在佛教中国化的进程中，巴蜀出了许多大德高僧，尤其是禅学大师，成为中国禅学中心之一。作为中国重要地域学术文化的蜀学，富有哲思传统和文史之长，"易学在蜀""史学莫隆于蜀""文宗自古出巴蜀""自古诗人例到蜀"等赞语，无不彰显历代巴蜀学术文化的璀璨夺目，成就非凡。巴蜀的音乐、舞蹈、碑刻、石窟、书法、绘画、诗词歌赋、戏剧、织锦、酿酒、制茶、肴馔等享有盛誉，非物质文化遗存丰赡多彩。巴蜀悠久的农耕文化与繁盛的工商文化相得益彰，并曾在水利开发、天然气开采、钻井术、天文、数学、医药等科技领域独占鳌头，纸币"交子"首发领先全球。巴蜀是中国历史上一个典型的移民区域，又长期是汉族和许多少数民族相聚和融合的地区，开拓了对外交往的条条蜀道，形成了连通中亚、南亚的南方丝绸之路和藏羌彝民族走廊。移民文化与原生文化、汉文化与少数民族文化、本土文化与外来文化在这里交融互动，使巴蜀文化具有很强的开放性、包容性、创新性和辐射性，这些特性被学者喻为"水库效应"。巴蜀儿女自古敢为天下先，尤其是百余年来向现代化转型时期，巴蜀文化哺育和造就了众多的杰出人物和文化精英,红色文化光耀史册,三线建设举国之重,"改革之乡"①闻名遐迩。在2008年"5·12"汶川特大地震等自然灾害的救援和重建过程中,四川人民表现出的英勇、睿智、大爱、感恩,也都凝聚着巴蜀文化浴火重生的精神。

当今中国正处于世界百年未有之大变局,建设社会主义文化强国,着力提升文化软实力,关系到"两个一百年"奋斗目标和中华民族伟大复兴中国梦的实现。身为当代学人,要在马克思主义指导下,树立高度的文化自觉和自信,十分珍视本土优秀的传统文化,处理好传统文化与现代化、本土文化与外来文化的关系,立大志愿,开大视野,用大手笔来发掘和系统梳理传统文化资源,传承、整合、弘扬巴蜀文化,致力于培根铸魂、固本延脉,使我们优秀的文化基因永续传承,与当代社会相协调,让富有恒久魅力、具有当代价值的巴蜀文化在提高全民精神素质,推进文化强省强国,铸牢中华民族共同体意识和助推构建人类命运共同体的进程中发挥应有的作用。

编撰多卷本的《巴蜀文化通史》,具有深远宏大的文化价值、学术价值和应用价值。一是对巴蜀文化几千年的发展轨迹及其创造、积累的宝贵文化财富,作出系统梳理和规律性总结,可以回应巴蜀民众了解"我是谁""我从哪里来"的文化寻根需求,丰富人们的精神世界,尤其是在道德规范和价值取向上得到涵养和化育。二是可以较全面地展示巴蜀文化的神韵和亮点,系统阐扬蜀史、蜀学、蜀文、蜀艺,构筑宽阔的学术研究平台,为巴蜀人文社会科学走向繁荣,促进传统文化的创造性转化和创新性发展,发挥立其大本、凝聚人心、导向助推的作用。三是同兄弟地域文化的研究成果相互呼应、相得益彰,有助于深入了解中华文化,传承中华文脉,为我们的母亲文化增光添彩,一起来展示她的独特魅力,进而与世界多元文化中不同民族文化平等交流互鉴,为建设新时代中国特色社会主义文化,增强我国的文化竞争力和软实力添砖垒瓦。四是更进一步促进川渝文化合作,可以为繁荣、丰富当代巴蜀先进文化建设,尤其是推进文化创意产业和康乐旅游产业,发掘深层次的文化内涵,提供坚实的学术依据,从而开启思路、激发灵感,以文塑旅,以旅彰文,把潜在文化资源(包括物质文化遗产和非物质文化遗产)

---

① 邓小平1982年对家乡四川的深情赞语。

转化为现实的生产力和文化软实力。五是有助于改变四川高校和研究机构在巴蜀文化和蜀学研究上各自为政、力量分散的状况,使之汇聚并形成有较高水平的老中青结合的研究队伍。与《巴蜀文化通史》珠联璧合的《巴蜀全书》,作为四川有史以来最大规模的古籍文献整理工程,经由四川大学古籍整理研究所提出并担纲,在四川省社会科学院和兄弟高等院校协力下,2012年以来,已出版阶段性成果两百余种,就是蜀学研究正在形成合力的又一明证。

定位与特色

为了实现前述宗旨,参与编撰的同仁都力求使《巴蜀文化通史》既是文化集成,又是学术创新,努力做到观点有一定创新性,知识含量丰富,资料翔实,文笔流畅,总体上进入巴蜀文化研究的学术前沿,在科学性、系统性、创新性、前瞻性、可读性等方面力争成为当代巴蜀学人可以"预流"——预于时代学术潮流的成果,成为在巴蜀文化研究上服务于现实并可继往开来的学术著作。但我们悬鹄虽高而未必力所能逮,故难免"取法乎上,仅得乎中"之憾。

这部书的研究对象是巴蜀文化,性质是通中寓专、通专结合的文化通史,角度是把地域史学与文化学及相关学科契合起来,贯穿全书的编撰理念是"三通",即纵通、横通与会通。这里就分别说一说本书的"文化"本位、"巴蜀"立位和"三通"定位。

(一)"文化"本位

世界上对"文化"的定义已经有好几百种。我们以唯物史观为指导,本着天人合一、以人为本的中华人文精神[①]来解读文化。"惟天地万物父母,

---

[①] 天人合一、以人为本,打破天道与性命的隔阂,既避免把天人合一引向神学化,也避免陷入人类中心主义,而把敬畏、顺应自然与发挥人的主体能动性相统一,蕴含天人相依相待、互动互益的张力。

惟人万物之灵。"①人作为自然演化的产儿，受惠于天地万物，在群体劳动实践中成为地球上的万物灵长，既能创制工具，又能用语言交流，进而创制文字，由此有了文化及其积累、传承，于是便创造了"人化的自然界"。同时，在法天、法地、法万物的进程中，人也改变和提升着自身。汉字的"文"，原意是文身、文饰、纹理，以文来显示，以文来变化，讲规矩、礼貌，与禽兽区别开来。这是外在的，更是内在的。文的外化于行与内化于心，开物成务与锻塑成人，乃是人类与自然进行精神与物质相互变换中联袂互动的双重效应。自然力所为乃造化，人类心力所创是文化。文化从何而来？由人化文；文化落脚何方？以文化人。荀子讲"化性起伪"，"伪"就是人为的东西。要改变自身才能更好地改变世界。文化就是这样"人化"与"化人"（或曰"人为"与"为人"、人性的外化与内化）相统一，在双向建构中螺旋式上升，推动着人居世界的演进。人，既是创造文化的能动主体，又是文化所创造的价值主体。这与古语"人文化成"②的解读可以相通，也跟西方"文化"一词兼容"耕作、栽培"（外化）和"养育、教化"（内化）的语义相衔接。《中庸》讲至诚尽性，内外交修："惟天下至诚，为能尽其性。能尽其性，则能尽人之性；能尽人之性，则能尽物之性；能尽物之性，则可以赞天地之化育；可以赞天地之化育，则可以与天地参矣。"③这段话，恰可理解作为内化与外化相统一的文化的功能。

这样的广义文化，它对外与天地万物相成相济，内结构则包含着精神文化、语文符号、规范体系（行为习俗和法律）、社会制度和社会组织、物质产品等要素。④这些文化要素，大体可划分为相互联结、相互渗透的三个层面：外层是作为基础的物态文化，即经过人的劳动形成的"人化"自然或器物层面，体现人与自然的互动关系及其物质成果；中层是语文符号、制度文化和行为习俗文化等，可称为"交往文化"，体现出人与人的互动关系即社会关系，也是精神文化的外在表现；内层则是以价值观为核心的精神文化，

---

① 《尚书·周书·泰誓上》，《十三经注疏》上册，中华书局1979年影印本，第180页。
② 《易·贲卦·彖辞》："观乎天文以察时变，观乎人文以化成天下。"
③ 《礼记·中庸》，《十三经注疏》下册，中华书局1979年影印本，第1632页。
④ 《中国大百科全书·社会学卷》，中国大百科全书出版社1991年版，第409页。

体现出人的心灵世界在真、善、美、圣（科学、道德、艺术、哲学、宗教）诸多领域与境界的创造。清代龚自珍说过："圣人之道，本天人之际，胪幽明之序，始乎饮食，中乎制作，终乎闻性与天道。"① 文化的上述三个层面，既如血脉相通，总体上联动互进，在变迁时序上又往往呈现有速有缓、或前或后的不平衡发展状态。这种总体性与异步性的统一，是在研究和描述文化史时需要仔细琢磨和体现的。

综上所述，文化是在天人相合相分、互动互益进程中人的生命存在及其取得的全部成果，或简单地说，文化就是人类独有的生存方式。人们总是生活在世代传承而又不断积累、不断丰富的文化之中。这文化如水，滋润万物；若风，吹拂人间；又好比血液，灌注循环于特定民族或地区人群的心灵深处，产生凝聚力和认同感，积淀、凝结为人们稳定的生存方式。因此，人类的文化既有共通性，又有民族性、地域性和时代性，是多元的、多样的，而不是单一的、无差别的。不同民族、不同地域、不同时代产生的文化模式，形成的文化精神各有不同。伴随着时代的风云变幻，当不同文化相遇、相会时，从价值观念、思维方式、生活样态到社会习俗，就会产生交流、交融、交锋，出现文化选择和互融，进而导致文化的转型。通观世界历史，文化转型曾有过各种不同的类式。中华文化的现代转型是守正创新，把马克思主义基本原理同中华优秀传统文化相结合的自主式；而不是聚合多种移民文化、喧宾夺主的复合式；更不是那种特定场合下原有文化解体，被另一文化取代的断崖式。

"文化"和"文明"是两个意义相近又有区别的概念。文化侧重于文的功能，文明侧重于文的成就。人猿揖别，就出现文化；到告别蒙昧、野蛮，才进入文明时代。文明是个褒义词，囊括人类创造的积极成果之总和，用以指称人类社会的进步程度和开化状态。② 当今多以文化标示民族性差异和地域性特色，而以文明标示人类的普遍行为和多元成就。文明因交流而互鉴，因互鉴而发展。在经济和科技全球化进程中，许多物态文化和一部分行为习

---

① 《五经大义终始论》，《龚自珍全集》，上海人民出版社1975年版，第41页。
② 《易·乾·文言》："见龙在田，天下文明。"《尚书·舜典》："睿哲文明。"孔疏：'经天纬地曰文，照临四方曰明。"

俗文化在逐步趋于同质化，而具有不同基因的制度文化、语言文字，特别是精神文化，则终会呈现和保持多样化。这一部地域文化通史，本着文化的多元性和相通性来立论，各卷都力图写出浓郁的地域文化味，体现出"人化"与"化人"的统一。

（二）"巴蜀"立位

广袤的中华大地因地壳碰撞形成了自西向东、由高到低三个落差很大的阶梯，巴蜀处于高阶到中阶的内陆腹地，连通祖国的南北西东。巴蜀西部为青藏高原东南缘及横断山区北段，东部为群山环抱的四川盆地，总体地势西高东低，地形地貌独特丰富，集雄、奇、险、秀于一体，自然禀赋得天独厚，是万物生灵的洞天福地。巴和蜀是上古以来巴人、蜀人及其他族群先民活动的地域，二者相连乃至交错，文化复合共生，自成一个地域文化区系。在中华文明满天星斗式的起源中，这里是相对独立肇兴的长江上游文明起源中心，有巫山人、资阳人为代表的文化根系，有万年以上的文明起步，上古巴蜀地域文明形成和发展中的不少谜团还有待地下发掘来破解。三千多年前巴蜀文明就与中原文明血脉交融，与吴越、荆楚等文明紧密互动，也与南亚、中亚文明交流互鉴。公元前316年，秦并巴蜀后则更紧密全面地融入中华文明共同体，成为它重要的组成部分之一，东汉时即享有"天府之国"的美誉。巴与蜀同源同围，文化具有同质性和内聚力，而自然人文环境又同中有异，形成了刚柔相济的复合型文化共同体。蜀人慕文好乐，精敏健雄，浪漫诙谐；巴人质直尚勇，豁达豪爽，吃苦耐劳。所谓"巴出将、蜀入相"，大致道出了两者文化性格的差异。巴蜀的地域范围历代有涨有缩，行政区划迭有变迁（包括1997年以后川渝分治），而长期历史形成的巴蜀文化区虽没有截然划定的边界，却是相对稳定的整体，并未因行政区划变动而忽合忽分。巴蜀文化区的范围是涵盖今四川省和重庆市地域，兼及周边风俗略同地区的民族文化共同体。它以史源悠久、流传有绪的巴文化、蜀文化为主轴，既包括四川盆地以汉族为主体、辐射四周的文化，也包括盆地周边各以藏、彝、羌、苗和土家等世居少数民族为主体、各民族和谐共融的文化，是这一地区从古至今多民族地域文化的总汇。这部书论述的地域以今四川省和重庆市为主，对不同历史时期曾纳入巴蜀行政区划或与其文化关联密切的地域也有涉及。

巴蜀虽地处祖国内陆，不靠边、不濒海，却衔接南北，连通西东。在编撰这部书时，我们力求处理好巴蜀文化与其母文化——中华文化的关系，重视巴蜀文化与兄弟地域文化之间的交集和互动，着眼于巴蜀文化的特性、个性，寓共性于个性之中，寓统一性于多样性之中。我们也重视巴蜀文化与域外文化之间的交集和互动，注意巴蜀文化在中外文化交流中所起的作用。在巴蜀文化内部，我们力求处理好蜀文化与巴文化相互之间的关系，巴蜀汉民族文化与各世居少数民族文化的关系，尽可能都给以充分的关注，反映它们之间的共性与个性、互联与互动，力避顾此失彼，详略失当。为涵盖并展示少数民族文化多姿多彩的众多领域和方面，这部书除单独设置《民族文化卷》外，各有关专题卷都力图把相关领域的少数民族特色文化摆在重要位置进行阐述和概括。

（三）"三通"定位

"三通"是贯穿全书的重要编撰理念。史著价值在于信，通史灵气在于通。司马迁"究天人之际，通古今之变，成一家之言"①是我们心向往之、孜孜以求的目标。史学前辈范文澜等曾提出"三通"（"直通""旁通""会通"），我们根据编撰《巴蜀文化通史》的要求，把历时态的"纵通"、共时态的"横通"与跨文化、跨学科的"会通"，合在一起作一些新的阐释。世界是通的，大历史是通的，大文化是通的。文化史的发展，本来就涵盖着纵向的全过程、横向的多层面、跨文化的多领域。通向历史本真，揭示历史本体，是"三通"追求的目标。尤其是作为通中寓专、通专结合的多卷本地域文化通史，无论承担通论或专题卷的学者，都力求在"三通"上下功夫。

一曰纵通，指历时态全过程的贯通。"观水有术，必观其澜。"这部书贯穿古今，上溯于远古巴蜀先民之蒙昧初开，下迄21世纪初年川渝之文明新

---

① 《史记》卷一三〇《太史公自序》。

貌，原始察终，系统梳理这个既有内在连续性，又呈现不同时代阶段性的曲折过程中巴蜀文化层积而兴的脉络，由此分析其在各个历史时期的盛衰流变，此起彼伏的高峰低谷，展示巴蜀文化的特色和贡献，进而探究其发展的逻辑进程，尤其是传统巴蜀文化向现代化转型的路径，论证巴蜀文化的当代价值和意义，揭示巴蜀文化的发展趋势和前景，做到鉴古察今、述往知来。这是全书贯穿始终的主线。这条主线还可以从实践与认识的角度一分为二：一是巴蜀文化的实践史、发展史；二是在实践基础上对巴蜀文化的认识史、研究史。二者结合方能从实践与认识的循环往复中，深入把握"外化与内化相统一"的文化真髓。

二曰横通，指共时态全方位的互通。"事不孤起，必有其邻。"从全书立卷到各卷章节的设置，都力图以时间为经，以反映文化的不同层面及专题为纬，纵横交织，立体成像。历史运动是有结构的，它是过程与结构的统一，广义文化中各层面的共生、交叉、互动就体现着这种结构性。这部文化通史不仅要剖析巴蜀文化发展的过程，同时要展现巴蜀文化的层次与结构。本书多数专题卷，虽然在物态文化、交往文化、精神文化几个层面中各有其侧重点，但都是从有血有肉的文化肌体中抽出来的，不能孤立求索和描述。研究时不仅不能把经济基础与其上层建筑割裂开来，还要努力展示文化各层面的横通，展示各专题内部各个相关领域的横通。这样做是为了尽量体现地域文化生成的内在机理，使读者把握到神完气足、血肉丰满、生机勃勃的整个巴蜀文化。

三曰会通，着重指跨文化、跨学科的多元共融，全景式打通。《易·系辞上》说："圣人有以见天下之动，而观其会通。"① 南宋郑樵《通志》特别强调"会通"。② 要从天下事物阴阳变动不居的状况，观察领悟其会合变通的卯窍。人类文化从来是多元并存，在相互比较、碰撞、渗透、融合中发展的。研究地域文化，必须有开放式的大视野，具备跨文化、跨学科的眼界

---

① 李鼎祚《周易集解》注文中引用汉代干宝："观日月而要其会通，观文明而化成天下。"
② 郑樵《通志·总序》："百川异趣，必会于海，然后九州无浸淫之患。万国殊途，必通诸夏，然后八荒无壅滞之忧。会通之义，大矣哉！"又其《夹漈遗稿》卷三《上宰相书》："天下之理，不可以不会，古今之道，不可以不通，会通之义，大矣哉！"

和通识，能够在充分尊重和了解各种文化事象的前提下，不停留于对现象的描述，而要触类旁通、探赜索隐、择精合妙、汇聚通宜，真正实现圆融贯通。纵通为经，横通为纬，须擅会通，方呈现三维立体的全息图景，做到究始终、观全体、明是非得失之故。就是说，文化史研究要通过分析和综合，具备文化反思和阐释张力，会归通衢，由"方以智"进到"圆而神"，抵达藏往知来之境。

我们时时提醒自己：研究巴蜀文化不仅要钻得进去，还要跳得出来，站到更高处，具有开放的胸襟和跨文化比较的视野，把巴蜀文化放到多元一体的中华文化和全球多元文化的大背景下加以审视，察异观同，和合会通。巴蜀文化从来不是与世隔绝、孤立自足地成长起来的，而是在同周围的兄弟地域文化相互影响下发育繁衍，并在同远近的异质文化间接或直接的交流互动中汲取营养的。我们正处在不同文化交流空前深入、碰撞空前激烈的时代，为了追寻全球文化的多元和谐，助推构建人类命运共同体，一定要本着"各美其美，美人之美，美美与共，天下大同"的文化会通观，祛除近代以来因受西方强势文化轻视、压抑而形成的文化自卑和盲从心态，提高对中华文化地位、作用的认识，坚定文化自信，珍爱并拓展、弘扬本土文化的精华。要在马克思主义指导下，具备通识通才，对中外文化精神析同辨异，折冲樽俎，在会通中实现对优秀传统文化的继承和超越，对外来文化精华的吸纳和转化，促进新时代中国特色社会主义文化繁荣发展，不断开拓文化巴蜀、文化中国转型复兴之路。

架构与方法

20世纪初叶，随着新史学的兴起，文化史在历史学中的地位得到重视和加强。刘师培曾计划研究文化专门史，含十六种，以西方学术的科目，析先秦诸学学术思想之长短得失。①胡适设想，中国文化史要包括民族史、语言文字史、经济史、政治史、国际交通史、思想学术史、宗教史、文艺史、风俗史、制度史等科目。②梁启超专就文化史的做法讲课，认为需要对政教典章、社会生活、学术文化等方面，做分门别类的文化专史。最好是把人生的活动事项纵剖，依其性质，分类叙述。在狭义的文化专史中，他举出语言史、文字史、神话史、民俗史、宗教史、道术史（哲学史）、史学史、自然科学史、社会科学史、文学史、美术史等。③不过，20世纪30年代初问世的几部中国文化史（如杨东莼1931年、柳诒徵1932年、陈登原1935年），仍多系综合体裁，对各文化门类往往语焉不详。

在前辈学者探索的启发下，我们反复思量，决定突破所见的国内现有地域文化史侧重综合、纵通的体裁，而按"纵述史实，横排门类"的编撰原则，采用"通论+专题卷+大事记"这样一种体现纵通、横通、会通的创新结构，几经斟酌，全书共二十二卷，排序如下：置全书之首的《通论卷》，阐释了巴蜀文化的基本概念与学术体系，生态环境背景，巴蜀文化的研究史和认识史，由古及今的文化发展轨迹、基本性质及基本特征，在多元一体、博大精深的中华文化中的定位及其特殊贡献，薪火传承与现代化转型创新及前景趋势，力求起到提纲挈领、纲举目张的作用。其后大体按文化的不同层次，分别为巴蜀文化具有特色的领域、学科列专题卷。先是侧重物态文化并由此探及相关交往文化、精神文化层面的，有《农业与水利文化卷》《工商文化卷》《城市文化卷》《建筑文化卷》《交通文化卷》；接下来的《民族文化卷》从中华民族共同体的多民族视角强调综合性；《宗族与会社卷》《移民文化卷》《方言卷》《民俗文化卷》大体属于制度文化、语言文字、行为交往文化层面（鉴于政制、职官、法律等制度，全国大体统一，故不设专卷）。继后精神文化层面的部分，卷数较多，设有《哲学思想卷》《史学卷》《宗教文化卷》《教育卷》《文学卷》《艺术卷》《科技文化卷》《传

---

① 刘师培：《周末学术史序》，1905年作，《刘师培儒学论集》，四川大学出版社2010年版，第36~78页。
② 胡适：《〈国学季刊〉发刊宣言》，《胡适文存》二集，黄山书社1996年版。
③ 梁启超：《中国历史研究法（补编）》，《中国历史研究法》（外二种），河北教育出版社2000年版。

播文化卷》。为便于了解巴蜀历史文献，尤其是蜀学文献，特设有文献目录学专题《文献要览卷》。专题卷之后的《巴蜀文化大事记》，对先秦至当代巴蜀文化重大事件以编年方式扼要记载，便于读者对巴蜀文化全程有鸟瞰式、综合性的把握；《巴蜀文化研究论著索引》，则供研究者作为检索工具使用。以上就是全书的架构。

各专题卷均前置导言，末设结语。其篇章框架则因事制宜而有所不同。有的是以时期分章，大体按不同门类分节，在纵通中含横通（如《教育卷》）；有的主要按专题并结合时序来分章节，在横通中含纵通（如《科技文化卷》）；有的先理出历史线索，再突出一些重点专题，先纵后横，纵横结合（如《城市文化卷》）；还有的卷内分两编，分述相关内容（如《农业与水利文化卷》）。

《巴蜀文化通史》作为多卷本的学术著作，主要供大专以上程度的读者阅读，以及文化馆、图书馆等购备。它既不是曲高和寡的"阳春白雪"，也不是能够直接普惠民间的通俗普及读本。为了让巴蜀文化走进千家万户，还有待开发科普读物和图文，使之逐步大众化，在应用和传播上做创新文章。

编撰《巴蜀文化通史》，涉及学科门类甚广，涵盖时间很长，创新要求颇高，总字数超过千万。这样的文化工程，绝非率尔操觚、短促突击所能成功。近人刘承幹①《明史例案》提出过八条准则，就是"搜采欲博，考证欲精，职任欲分，义例欲一，秉笔欲直，持论欲平，岁月欲宽，卷帙欲简"，我们在编撰过程中借作参照，同时根据在新时代撰写地域文化通史的新要求，不断从实践中探索，大体形成了以下一些做法：

（一）多学科的专家学者分工合作，协同攻关

梁启超主张，广义的文化专史，涉及面特别广，在专史中最为重要，也最为困难。这不单是史学家的责任，更是研究某种专门学问的人对于该种学问的责任，要尽量用内行的专门家去做。若能以终身力量做出一种文化专史

---

① 刘承幹（1881～1963）：著名藏书家、刻书家、史学家。

来，于史学界便有不朽的价值。①本书的编撰设置了编撰委员会、学术委员会及编辑部，确定由正副主编主持编撰，编辑部依托省社科院开展编务工作。各专题卷的著者采取定向邀标办法聘请，多为对该学科领域研究有素的专门家，分别采取由个人承担，或二三人合著，或一人主撰、团队协力完成等方式进行。为保证学术质量，使全书有机统一，在实行主编负责制的同时，由资深专家组成学术委员会，全程参与从项目规划到成书的学术攻关和学术把关。

2006年以来，先后开了四次分卷著者会议，八十多次书稿审读会议。第一阶段，先由学术委员会同分卷著者反复讨论各卷著者拟出的由粗到细的提纲，并明确全书编纂理念②，统一规范体例，然后与分卷著者签订编撰合同，落实工作责任。第二阶段，学术委员会同分卷著者研讨各卷写出的一两章样稿，这是"摸着石头过河"的试错与磨合过程。有些卷的思路和写法曾有大的调整和改变。第三阶段，各卷著者潜心研究，奋力写作。初稿先后写出后，大都经过学术委员会仔细研读，写出审读意见，同著者一起讨论，从结构、体例到观点、材料都认真交换意见，对著者遇到的各种史料、概念及话语体系、文脉梳理、文化基因挖掘等问题，出点子，提思路。待著者修订后又进行讨论，有的书稿研讨了四个回合。当某一分卷初稿趋于成熟时，即请出版社责任编辑提前介入审编，参加讨论，以便撰写工作与第四阶段的编辑出版工作紧凑衔接，不出空当。因各卷皆分头撰写，结构和文字风格有所不同，对同一文化事象的见识裁断有别也在所难免。在统改书稿过程中，既充分尊重分卷著者的学术个性和创见，同时为了各卷在总体上规范统一，基本观点相互协调而不相抵牾，尊重主编的统改权，而在个案判断上各卷则有自由度。注意把握各卷边界，相互照应避让，以免大的重复，做到详略互见，各得其宜。

在这部文化通史编撰期间，本书学术委员会大多数成员在辛勤共事中度过了古稀以至耄耋之年。我至今还清楚地记得在每次研讨会、审稿会上专家

---

① 梁启超：《中国历史研究法（补编）》，《中国历史研究法》（外二种），河北教育出版社2000年版。
② 章玉钧：《关于编纂〈巴蜀文化通史〉的思考》，《中华文化论坛》2007年第4期，第5～10页。

们无私地贡献个人的真知灼见，自由发表不同见解乃至相反的主张，体现出的那种学术为公的争鸣探索精神。尤其令我们刻骨铭心的是：隗瀛涛、李绍明、贾大泉、沈伯俊、万本根、胡昭曦、林向七位先生为学术工作长期呕心沥血，先后因病辞世。对诸位先生的高见卓识、学者风范尤其是为编撰本书所做的贡献，我们将永志不忘。

（二）采取多重证据法和综合研究法，在搜集和鉴别史料上下大功夫

古人所称"文献"，原本指书面文字记载与贤人口头传闻[①]，徐中舒先生拓展他的老师王国维的古史二重证据法为多重证据法，注重传世文献、出土文物和现代民族学、民俗学的活态文献等结合互证，将区域文化史研究提高到崭新的学术境地。本书编撰中，继承和弘扬王、徐等前贤视野广阔的史料观，搜罗史料力求竭泽而渔，鉴别史料着意披沙拣金，通过综合比勘，相互参证，追根溯源，从而正误辨伪，务寻真史。各专题卷著者都是先汇辑基本史料并掌握学界已有研究状况，汲取前人取得的成果，才进入写作阶段。有好几卷的著者更是"读万卷书、行万里路"，带领研究生经年累月搞田野考察，获得不少真知灼见，从而在学术上有了新的拓展。

（三）坚持文化学的视角，采取多学科交叉和比较文化学的研究方法，力求写足文化味

文化既然是人的生存方式，归结为"人化"和"化人"，每卷文化史就要见物更见人，既写出"由人化文"的胜境，更揭示"以文化人"的妙谛。有关精神文化的各专题卷，既系统梳理巴蜀精神文化尤其是蜀学发展繁荣的脉络，突出展示巴风蜀韵孕育出的文宗巨子和文化精英的成就，也记载众多无名工匠、艺人等留下的民族民间文化、市井文化的瑰宝。侧重物质文化的各专题卷，不停留在物态层面的描绘，而尽力深入到制度层面、精神层面。如《农业与水利文化卷》《科技文化卷》等，对举世无双、造福人类

[①] 朱熹："文，典籍也；献，贤也。"引自《四书章句·论语集注》卷二《八佾第三》，中华书局2012年版，第63页。

二千二百七十多年的都江堰水利工程，就不仅从物质、科技、生态层面介绍其巧夺天工、可持续发展的奥秘，而且从制度文化层面总结其堰官、岁修、劳役、配水、轮灌、收费等管理制度，更深入精神文化层面阐释其"上善若水"的哲理和人文精华。

（四）掌握焦点，抓住重点，发挥特点，突破难点

饶宗颐先生在揭橥华学趋向时，曾提出"三条"："一是纵的时间方面，探讨历史上重要的突出事件，寻求它的产生、衔接的先后层次，加以疏通整理。二是横的空间方面，注意不同地区的文化单元，考察其交流、传播、互相挹注的历史事实。三是在事物的交叉错综方面，找寻出它们的条理——因果关系。"又说："我一向采用的史学方法，是重视'三点'，即掌握焦点，抓紧重点，发挥特点，尤其要特别用力于关联性一层。"[1]我们体会，"三通"的理念与上述"三条""三点"是一致的，而方法上特别重视关联性，就要纵通找焦点，横通抓重点，会通求特点。编撰中，我们注意咀嚼梁启超的卓见：文化的发展史，各个时代、各个领域是不平衡的，重要性是不一样的，要分主系、闰系和旁系。不要平讲直叙，分不出浓淡高低。须用鸟瞰的眼光，看出哪个时代最主要，发达到最高潮，便用全力赴之。[2]各书大都采用了这种大处着眼、抓住重点、突破难点、提炼观点、不平均使用力量的方法。

集成与出新

前面提到，编撰这部书时，我们力求做到既是文化集成，更是学术创新。无论文化发展、学术探索，都是慧命相续、推故致新的过程，需要不断传承积累，继往开来，久久为功。"譬如积薪，后来居上。"用冯友兰先生

---

[1] 饶宗颐：《〈华学〉发刊词》（1995年），《选堂序跋集》，中华书局2006年版。
[2] 梁启超：《中国历史研究法（补编）》，《中国历史研究法》（外二种），河北教育出版社2000年版。

的话，这是从"照着讲"到"接着讲"的进程。每门文化史的研究，都需要对已有的各种史料，广搜博采，集纳钩沉；对前贤成果循波讨源，含英咀华；只有在对文化遗产守正传承的基础上，才有可能站到前人肩膀上，回应新的时代需求，匠心独运，开拓新境；才有可能焕然出彩，奉献出在某些方面超越前贤的成果。朱熹诗云："旧学商量加邃密，新知培养转深沉。"① 集成是出新必需的基础和前提，出新则是集成企求的目标和价值增值的成就。二者同体异面，缺一不可，是衡量学术成果质量相互关联的两个维度。

（一）从集成的维度看

首先，《巴蜀文化通史》可以说是"巴蜀文化"概念提出八十多年来首次大的学术集成。"西蜀文化"（郭沫若1934年）、"巴蜀文化"（卫聚贤1941年）提出之初，主要是就巴蜀考古文化而言，后来渐次扩大到广义的巴蜀文化，有关论著已上千册，有关文章达数万篇（《巴蜀文化研究论著索引》多有著录），形成了分别以史学文献考据、文物考古、民族民俗田野调查为主的三种研究方向，近年又发展出综合诸家的会通型研究方向。各条路径的学者在不同领域、从不同角度艰辛探索，均取得了丰硕的成果。本书各卷编修中，都努力加以搜集、消化和吸取，并以借鉴、发挥这些观念、方法为前提，力求形成对巴蜀文化研究具总汇性的成果。如《通论卷》从总体上就巴蜀文化生态背景、内涵性质、发展历程及基本规律、特征等问题，会通诸说，取精用宏，做了言之成理的统体性总述，成为具有集成性的一家之说。《民族文化卷》不仅就民族理论的疑难问题深入研究，还在搜集分析历史文献材料、文物考古材料，特别是对国家组织的多次民族调查材料下了很大功夫，从而描绘出巴蜀世居各少数民族立体生动的文化图景。

其次，古往今来的巴蜀文化长河浩荡壮丽，魅力无穷。《巴蜀文化通史》对清点总结长时段、宽领域、多层面的巴蜀文化来讲也是一次学术集成。巴蜀的历史文化名人，如大禹、李冰、落下闳、文翁、司马相如、扬

---

① 《鹅湖寺和陆子寿》，（宋）朱熹著，郭齐、尹波点校：《朱熹集》卷一，四川教育出版社1996年版，第185页。

雄、诸葛亮、陈寿、常璩、陈子昂、武则天、李白、杜甫、薛涛、苏轼、格萨尔、张栻、秦九韶、杨慎、李调元等，都在相关卷帙中重点推介，娓娓道来；巴蜀历史上突出的物质文化成就和非物质文化成就，蜀学、蜀文、蜀艺、蜀籍的精华也都提要钩玄，荟萃于此。如《文献要览卷》就搜选论列了近五百种巴蜀文化重要典籍，可一览巴蜀文献精华，为学者指点津梁。又如智慧幽默的四川方言是巴蜀历史文化凝结的珠宝，《方言卷》挖掘、串起一颗颗珍珠，并生动剖析其蕴含的丰富文化信息，令人齿颊留香。

再者，不少专题卷的著者既具文化通识，又对该学术领域长期耕耘，研究有素，此次写作起到了阶段性总结的学术集成作用。例如：《城市文化卷》著者三十多年来由跟从名师到带领团队，一直深耕于近现代中国城市与城市文化研究领域；《移民文化卷》著者是国内知名的移民文化、客家文化研究专家；《交通文化卷》著者多年致力于西南历史地理尤其是交通文化的调研；《哲学思想卷》和《史学卷》著者长期潜心研究巴蜀哲学、巴蜀史学；《建筑文化卷》著者是卓有成就的古建筑研究专家、高级建筑师。他们都在各自领域完成了多项国家课题，此次承担专题卷，更是辛勤研讨，旁搜远绍，厚积薄发，突出亮点，倾力奉献了后出转精之作。

（二）从出新的维度看

本书围绕前述长时段、宽领域、多层次的巴蜀文化来创新体例结构，成为首部纵横贯通、覆盖面广、体量超大的巴蜀文化史，在全国已出的各种区域文化通史中，当属编撰体例新、时间跨度长、内容浩繁的一部。学术体系上的集成性，本身就是从文化观念、编撰理念到架构体例的出新，在地域文化通史领域作了开创性的探索。这是其一。

本书各卷着眼于发展新时代文化，明道求真，以史经世，着力写出巴蜀文化的特色和韵味，在内容上有较多突破和出新。过去关于农业与水利、工商、交通、建筑、城市等的论著，容易停留于物态层面，罕有从文化学角度和宏观视野对其全过程深入探讨之作；这次研究标明以"农业与水利文化""工商文化""交通文化""建筑文化""城市文化"为对象，注重深入文化层面进行阐释，且着意探讨长时段历史中这些物质文化变动与制度文化、精神文化演进的关系及产生的影响，这些往往是以前研究论著较少触及的。有关巴蜀学术文化的几卷，着力显示蜀学长于思辨、多元会通、创新超迈、沟通理欲、注重事功等特色，有助于发扬当今的时代精神。有关交往文化的几卷，注重聚焦于民间大众，关注各色人等的日常生活，运用了许多文化人类学、社会学、民族学的方法，见解新颖，地域文化味很浓。这是其二。

更值得珍视的是，各卷在编撰中深汲传统的源头活水，发现其烛照现实和未来的原创亮点，尤其是优越秀冠的巴蜀文化在传承创新中焕发异彩之所在。许多卷发掘出大量翔实的资料，匠心独运，以史鉴今，提炼出有创新性的学术观点，或举出有新颖性的论据，活用巴蜀首创的学术话语，采用别出心裁的叙事方式，力争获得创新、独见、卓识的学术成果。具体的创新点如同"诗眼""文眼"分布闪烁在卷帙之中，细心披阅，当会时有"山阴道上，应接不暇"之乐，这里无法一一细析。

鉴于多卷本地域文化通史尚属初创，不同文化门类各有其学理脉络、发展轨迹和演进特色，编撰难度往往超出预期，主编和各卷著者虽迎难而上，勉力为之，但仍难免有纰漏丛脞之处。尤其是古蜀文明还有不少千古待解之谜，我们受限于已获的资料和研究水平，多只能守阙存疑。对成稿后的许多惊世发现，巴蜀文化日新月异的面貌和新的研究成果亦未能更多纳入。当把多卷本《巴蜀文化通史》奉献到读者面前时，我们既同大家分享喜悦，又有颇为忐忑的心情。这部书，以至其中每一卷，究竟应获怎样的评价，最终还要接受时间的检验。衷心期望巴蜀文化研究慧命相续，薪火相传，探索和构建起自身完整的学科体系、学术体系和话语体系。但愿此番的初创能为后续俊彦们开拓新境起到抛砖引玉的作用。

目 录

导　言 / 1

上编　古代巴蜀传播文化

第一章　古代巴蜀的口头传播 / 9

第一节　巴蜀先民口头传播的起源 / 11
第二节　巴蜀的原始神话与传说 / 13
第三节　巴蜀古代的歌谣、诗歌、唱词及戏曲 / 17
第四节　巴蜀古代说服传播的特点和艺术 / 23

第二章　古代巴蜀的文字传播 / 27

第一节　从"巴蜀图语"到文字发明 / 29
第二节　汉代巴蜀对我国文字发展的贡献 / 34
第三节　古代巴蜀典籍的编纂及特色 / 38

第三章　古代巴蜀的印刷传播 / 45

第一节　巴蜀早期的传播媒介 / 47
第二节　造纸术的发明与应用 / 50
第三节　名扬天下的"西川印子" / 53
第四节　蜀刻本：中国雕版印刷的高峰 / 59

第五节　巴蜀元明清的图书出版和收藏 / 64

第四章　古代巴蜀各领域的传播 / 69

第一节　古代巴蜀的政治传播 / 71
第二节　古代巴蜀的教育传播 / 74
第三节　古代巴蜀的宗教传播 / 79
第四节　古代巴蜀的军事传播 / 83
第五节　古代巴蜀的科技传播 / 86
第六节　古代巴蜀的民间传播 / 89
第七节　古代巴蜀的对外传播 / 92

中编　近现代巴蜀传播文化

第五章　巴蜀近现代传播事业的形成 / 99

第一节　巴蜀近现代传播事业的开端 / 101
第二节　辛亥革命前的巴蜀传播事业 / 106
第三节　民国初年的巴蜀传播事业 / 111
　一、充当喉舌的政府报刊 / 112
　二、五花八门的政党报刊 / 112
　三、以壮军威的军队报刊 / 113
　四、七嘴八舌的民营报刊 / 113
第四节　五四时期的巴蜀传播事业 / 117
第五节　中国共产党成立后的巴蜀传播事业 / 122

第六章　巴蜀近现代传播事业的发展 / 125

第一节　重庆：抗战时期的新闻中心 / 127
　一、抗战时期巴蜀新闻报刊概况 / 128
　二、抗战时期巴蜀新闻宣传的特点 / 130

三、抗战时期的巴蜀广播事业 / 133

第二节 《新华日报》：抗战的又一个方面军 / 134
一、《新华日报》的办报经历 / 135
二、《新华日报》的办报经验 / 135
三、《新华日报》的经营特色 / 139

第三节 抗战时期的巴蜀传播事业 / 141
一、抗战期间的巴蜀图书出版 / 141
二、抗战期间的巴蜀文化传播 / 143
三、抗战时期巴蜀的对外传播 / 146

第四节 解放战争中的巴蜀传播事业 / 147
一、解放战争中巴蜀报刊反新闻检查的斗争 / 148
二、在黑暗中坚持战斗的地下报刊 / 150

下编　当代巴蜀传播文化

第七章　新中国成立初期的巴蜀传播事业 / 155

第一节 新中国成立初期的巴蜀新闻传播 / 157
一、新中国成立初期的巴蜀新闻事业 / 157
二、新中国成立初期巴蜀新闻事业的特点 / 159
三、巴蜀民族地区新闻事业的发展 / 162
四、社会主义道路艰辛探索中的巴蜀新闻事业 / 163

第二节 新中国成立初期的巴蜀书刊出版 / 165
一、新中国成立初期的巴蜀图书出版 / 165
二、新中国成立初期民族图书出版 / 167
三、新中国成立初期的巴蜀期刊出版 / 168
四、社会主义道路艰辛探索中的巴蜀图书出版事业 / 169

第三节 新中国成立初期的巴蜀广播电视电影 / 170
一、新中国成立初期的巴蜀广播事业 / 170
二、新中国成立初期的巴蜀电视事业 / 174
三、新中国成立初期的巴蜀电影事业 / 175

第四节　新中国成立初期的巴蜀文化传播 / 176
　　一、新中国成立初期的巴蜀文学艺术 / 176
　　二、新中国成立初期的巴蜀群众文化 / 177
　　三、社会主义道路艰辛探索中的巴蜀文化传播 / 178

第八章　改革开放后的巴蜀传播事业 / 181

第一节　改革开放后的巴蜀新闻传播 / 183
　　一、巴蜀新闻改革"三部曲" / 183
　　二、四川报业改革的排头兵：《成都商报》与《华西都市报》/ 187
　　三、在改革中发展的巴蜀民族新闻事业 / 190

第二节　改革开放后的巴蜀书刊出版 / 190
　　一、改革开放后的巴蜀图书出版 / 191
　　二、改革开放后的巴蜀民族图书出版 / 193
　　三、改革开放后的巴蜀期刊出版 / 194
　　四、改革开放后的巴蜀音像出版 / 195
　　五、巴蜀图书出版体制的改革 / 196
　　六、巴蜀图书发行体制的改革 / 197

第三节　新时期的巴蜀广播电视电影 / 198
　　一、改革开放后的巴蜀广播事业 / 199
　　二、改革开放后的巴蜀电视事业 / 201
　　三、巴蜀广播电视体制改革 / 203
　　四、改革开放后的巴蜀民族广播电视事业 / 205
　　五、改革开放后的巴蜀电影事业 / 207

第四节　改革开放后的巴蜀文化传播 / 208
　　一、改革开放后的巴蜀文化艺术 / 208
　　二、改革开放后的巴蜀公共文化 / 211
　　三、改革开放后的巴蜀文化产业 / 212
　　四、改革开放后的巴蜀对外传播 / 213

第五节　方兴未艾的互联网及新媒体 / 216

后　记 / 224

导　言

　　传播是人类社会最普遍的现象，自从有了人类便有了传播。什么是传播？在古代汉语文献里，"传播"一词最早见于唐代李延寿的《北史·突厥传》："宜传播天下，咸使知闻。"宋代的《宋史·贺铸传》也说："所为辞章，往往传播在人口。"以上的"传播"都指言辞的广泛传布，与今天我们所说的传播一词的概念不完全相同，而且几乎都是同义联用结构，而非固定的词汇。而现代意义的"传播"被认为是一个外来词，词源来自拉丁语Communis，原意为共同分享；英语的传播为Communication，该词的本义具有通信、传达、交流、沟通及交通等含义，以后成为一个专用名词，指的是人与人之间的信息传递与分享。

　　人与人之间的信息传递必须借助于一定的符号进行，符号作为人类传播活动的要素之一，有多种表现形式，如声音、语言、文字、图画、手势、姿态、表情等。从特定的意义讲，传播是人们借助普通的符号系统传递彼此意图的一个过程；同时，人与人之间的信息传递还要借助于一定的媒介（或曰工具和载体），如口述、甲骨、简牍、石刻、书信、报纸、书籍、杂志、广播、电视、互联网等。根据媒介产生和发展的历史脉络，我们可以把迄今为止的人类传播活动分为以下几个发展阶段：口语传播时代、文字传播时代、印刷传播时代、电子传播时代。这四个时代可以涵盖人类整个传播的历史。按照时间顺序，人类传播从语言到文字经历了几万年，从文字到印刷经历了几千年，从印刷到广播电视经历了四百年，从广播电视到互联网不过几十年。不过，这个历史发展过程并不是以上媒介依次取代的过程，而是一个不同媒介依次叠加的进程，人类传播的历史就是人类传播媒介不断丰富发展的历史，也是社会信息传播系统不断发达、不断趋于复杂化的历史。

什么是传播学？传播学是研究人类一切传播行为和传播过程发生和发展的规律以及传播与人和社会的关系的学问，是研究社会信息系统及其规律的科学。简而言之，传播学是研究人类如何运用符号进行社会信息交流的学科。传播学又称传学、传意学。首先，它是一门应用性很强的学科（在美国被划为行为科学），它诞生于20世纪50年代——一个社会政治、经济、文化处于急剧变革和传播科学飞速发展的时代，人类传播丰富的实践为传播学的发展提供了肥沃的土壤，传播学既是人类传播实践的概括和总结，又可以用于指导人类的传播实践。其次，它是一门横断性、交叉性很强的学科，因为传播从根本上来说是反映人与人之间的关系，所以凡是"关于人的科学"，如政治学、人类学、社会学、文化学、心理学、哲学、文学、新闻学、语言学等诸多人文科学都与传播学有关。传播学广泛运用各学科的理论观点和研究方法来研究传播的本质、概念和基本原理，传播过程中各基本要素的相互联系和制约，各种符号系统的形成及其在传播中的功能，各种传播媒介的功能和作用，传播制度、结构与社会各领域的关系等。再次，传播学还从自然科学中的信息论、控制论、系统论等中汲取丰富的营养。正是传播学具有的这些特性，使它迅速从一门"潜学科"成长为一门"显学"。

传播学与文化学有着密切的关系。传播是文化的基本特征，文化作为一种十分重要的社会现象，它不是瞬息万变的画面，而是一种深厚的符号积累和沉淀，正如美国文化人类学家C.格兹尔所说，所谓文化，"是一种通过符号在人类历史上代代相传的意义模式，它将传承的观念表现于象征形式之中，通过文化的符号体系，人与人得以相互沟通、绵延传续，并发展出对人生的知识及生命的态度"[①]。这一界定对我们理解文化的传播属性具有启示意义。一方面，所有的文化都需要借助一定的传播手段才能成为社会文化，无论是文化的交流、积累，还是传承、整合，都离不开传播，一切文化都是在传播的过程中得以形成和发展的；另一方面，传播的内容是文化，传播要想顺利进行，必须遵循一定的法则，这些法则本身就是文化的一部分。从本质上讲，文化是传播的文化，传播是文化的传播，没有文化的传播和没有传播的文化都是不存在的。因此，传播学与文化学有着近乎血缘的关系。在西方的传播学学派中有一个著

---

① [美]C.格兹尔：《文化的解释》，上海人民出版社1999年版，第11页。

名的学派——文化研究学派,就是研究"作为文化的传播"即传播文化的。

传播学与历史学也有着密切的关系。历史学作为一门研究和阐明人类社会发展过程的科学,可以帮助我们研究人类过去的传播活动,探寻传播现象发生的先后次序和历史因素,揭示传播媒介变革的历史过程和基本规律,从而使传播学能够"论从史出",通过分析与综合、归纳与演绎,把历史的经验上升为理论;使传播者能够"以史为鉴",从历史中获得知识、经验和智慧,进而提高传播效果。而历史学者也会在研究中"以论观史",看到传播作为社会的"水泥"和"黏合剂"在人类文明和社会进步中的推动作用和在政治、教育、科技、军事、宗教、文学、艺术等历史活动中的主导作用,认识人类一切与精神文化活动相关的历史其实都是传播的历史。

虽然人类传播的历史与人类自身的历史一样悠远漫长,而传播学作为一门独立的学科却诞生不久。传播学的研究起源于20世纪30年代,1949年,传播学的奠基人威尔伯·施拉姆的《大众传播学》出版,被称为"传播学之集大成者"。20世纪50年代,传播学开始从美国流传到欧洲和日本,直到70年代后期才被介绍到中国大陆。经过几十年的辛勤耕耘,传播学的研究在中国从无到有、从小到大,发展到今天已经成为社会科学学科体系中一门重要的学科。在大量地翻译和推介西方传播学专著的同时,一部分中国传播学者不满足于西方人根据西方传播实践总结出来的理论,而探索把传播学的研究同中国的传播实践相结合,致力于传播学研究的中国化或本土化,并结出了丰硕的学术成果。如1997年,人民出版社就曾出版由中国社会科学院新闻研究所主持、大陆和台湾二十七名学者合写的专著《华夏传播论》。

巴蜀文化源远流长、博大精深,在巴蜀文化史中,传播文化与其他传统文化一样绚丽多姿、光彩夺目。巴蜀的先民在劳动中首先学会使用和创造工具,同时也开始创造属于自己的传播文化,正是他们用在长期的社会实践中创造的语言、文字、图像、文学、音乐、造型、装饰等符号系统,缔造起了几千年的巴蜀文明;也正是巴蜀大地上有了承载着各种文化符号的文物、建筑物、艺术品、文化典籍等,才使巴蜀文化生生不息、流传至今。开启巴蜀传播文化的富矿,我们会惊奇地发现,与其他地域文化相比,巴蜀的传播文化同样熠熠生辉、富有特色。传播文化不仅是巴蜀文化的重要组成部分,而且与巴蜀地区各个时期的政治、经济、社会的发展有着密不可分的关系,它既是巴蜀社会政治、经济、文化发展的产物,反过来又为巴蜀社会政治、经济、文化的发展服务，可以说，一部巴蜀传播文化史也是一部巴蜀地区政治史、经济史和文化史。

所谓传播学的本土化或中国化，就是运用传播学的理论和视角重新去审视和认识中国的传播文化现象。已故美国传播学大师威尔伯·施拉姆20世纪80年代在访问中国后曾说："我们在西方文化背景中学习科学研究方法与理论的人，看见中国常青的文化，和她悠久的'传'的艺术传统，总免不了会肃然起敬。我们常想，中国人那种深邃的智慧与洞达，要是有一天能用于帮助西方人了解自己的工艺智识，增深我们在实验方面的体会，该是多么好的事。许多人已注意到现代中国人在'传'的学问上认识的深刻与独特，不但反映了悠长的历史传统，且常能推陈出新。"①

2007年，《巴蜀文化通史》的编纂工作开始策划，学术委员会在设计各分卷中提出了《巴蜀文化通史·传播文化卷》的设想。从传播文化的角度去写史，这在国内外都是少有的，这不仅在传播学上，而且在文化学、历史学上都具有开拓性的意义，也可见在学术思想上的睿智和独到。2008年，经四川省委领导同意《巴蜀文化通史》被列为四川省繁荣哲学社会科学的重大项目；2011年，《巴蜀文化通史》又被列为国家新闻出版署重点出版图书，这些都无疑给《巴蜀文化通史·传播文化卷》的研究和写作提供了一个前所未有的学术平台。

传播学从研究传播过程的"五要素"，即"传播者""信息""媒介""受传者""效果"出发，发展成传播学研究的五大领域，即"控制研究""内容分析""媒介分析""受众分析""效果分析"。从宏观上讲，传播学研究包括传播制度、传播思想、传播观念、传播领域；从微观上讲，传播学研究包括传播手段、传播方法、传播技巧、传播艺术。在巴蜀几千年的传播文化史中，无论在传播学研究的哪个领域都有许多可圈可点的亮点。如汉代的成都地区，曾经是全国经济文化最发达的地区之一，蜀中才子司马相如因其文章辞藻而深受汉武帝赏识，建元六年（前135），司马相如被汉武帝任命为中郎将，作为朝廷的全权代表出使巴蜀处理西南夷事务，为了宣传朝廷的少数民族政策，他发布了一张《喻巴蜀檄》的公告，把原本是作为战书的"檄文"改为晓喻父老的文告，收到了良好的上情下达的传播效果，开创了统一的封建国

---

① 孙旭培：《华夏传播论》，人民出版社1997年，第3页。

家进行政治传播的一种有力的方式;在教育传播方面,汉代蜀郡首文翁"石室兴学",在全国首开地方官学制度,以后两千多年"郡学""府学""书院"在巴蜀绵延不断;在艺术传播方面,聪明智慧的巴蜀人民创造了画像砖、乐府诗、竹枝词、石刻、绘画、茶馆等独具特色的传播方式和传播技巧;在军事传播方面,巴蜀地区的碉楼、驿站、揭帖、"水电报"等都具有浓郁的地方特色。巴蜀地区这些中华传播文化宝库里的瑰宝,为我们今天建设中国特色的传播学理论提供了取之不尽、用之不竭的材料和养分。

传播学与大多数学科一样,由基础理论、应用理论和历史理论三个部分组成,传播史既为传播学基础理论研究提供了材料和土壤,又为传播学应用理论研究提供了样本和依据。威尔伯·施拉姆在他的《传播学概论》中曾经把人类传播的历史形容成二十四小时:口语传播和文字传播经历了二十三小时五十九分,而以印刷传播和电子传播为主的大众媒介"只是在地球上生命的漫长一天的最后一秒钟才开始被利用的"[①]。人类传播发展过程的不均衡性和复杂性,使我们在思考本书的架构时,既要考虑以时间为经线,完整地展示从远古到今天巴蜀传播文化经历的不同传播时代的全部历程,体现出通史中的"纵通";又要考虑以空间为纬线,以传播媒介和传播工具的发展和演进为主线,辐辏传播制度、传播思想、传播领域、传播方法、传播特色,以及传播文化与社会政治、经济、文化之间相互影响、相互作用的关系,体现出通史中的"横通";还要做到把巴蜀的传播文化放到多元一体的中华文化和全球多元文化的大背景下,用现代传播学的理论和方法去加以审视,体现出通史中的"会通"。

根据编委会确立的编辑思想和传播史自身的特点,我们将本书分为上、中、下三编:"上编"为"古代巴蜀传播文化",时间段从远古时期至19世纪中下叶,展现了在口头传播时代,巴蜀的先民通过口耳相传,给我们留下了像《山海经》这样的神秘诡异的神话传说和流传于四川涉藏地区的《格萨尔王传》这样大气磅礴的英雄史诗;在文字传播时代,巴蜀地区不仅有至今无法破解的神秘的"巴蜀图语",还有像司马相如、扬雄这样的为中国文字发展做出杰出贡献的语言文字大师;在印刷传播时代,巴蜀地区曾经是中国乃至世界的雕版印刷出版中心,"西川印子"名满天下,"蜀刻本"代表了我国古代雕版印刷的最高水平,在英国至今还保存着来自巴蜀的世界上最早的印刷品。"中

---

① [美]威尔伯·施拉姆、威廉·波特:《传播学概论》,新华出版社1984年版,第17页。

编"为"近现代巴蜀传播文化",时间段从清末民初至新中国成立前夕。这百余年时间是中华民族历史上最动荡不安、波澜壮阔的百年,在这汹涌澎湃的历史大潮中,巴蜀的传播文化也经历了西方传播文化的进入,近现代传播事业的形成和发展,不同阶级之间和民族之间以传播媒介为工具开展的斗争,使传播事业充分体现出它的政治和社会属性,打上了鲜明的时代和阶级烙印。从传播史的角度讲,巴蜀在经历了个人传播、群体传播、组织传播以后,进入了大众传播时代。"下编"为"当代巴蜀传播文化",时间段从新中国成立至改革开放以后的三十年。新中国成立以后的前三十年,是中国特色社会主义在前进中徘徊的三十年,而作为社会经济基础的反映和上层建筑一部分的传播文化,也在这历史的大潮中波澜起伏、回旋流转,我们既经历了新中国初创时百废俱兴、欣欣向荣的巴蜀传播事业的春天,也经历了在极左路线影响下巴蜀传播事业百花凋零、万马齐喑的局面。党的十一届三中全会召开以后的三十年,是中国特色社会主义在探索中前进的三十年,改革开放使中华民族走上一条实现伟大复兴的康庄大道,也给传播文化的发展创造了前所未有的历史机遇,有着悠久历史的巴蜀传播文化迎来了又一个春天,焕发出勃勃生机。

由于各个时代在传播文化上有不同的特点,因此各篇的章节结构和体例上也有所不同。纵观已有的中外传播史著作,只有某个单一的传播媒介史,如图书史、报刊史、广播电视史,或者是以传播过程中的某个方面或某个环节为主的专门史,如新闻史、编辑史、印刷史、出版史,而以一个区域的传播文化为主题的通史类的专著在国内外至今尚少有人尝试。作为一项具有开拓性的工作,作者所面临的挑战,特别是有关史料搜集和挖掘的困难是可想而知的,但在《巴蜀文化通史》学术委员会的领导下,在各位前辈和同仁的无私帮助和提携下,经过作者近四年的艰苦努力,终于有幸成书,与读者见面了。不足之处请方家指正。

上编

古代巴蜀传播文化

巴蜀文化通史 | 传播文化卷

第一章 古代巴蜀的口头传播

第一节　巴蜀先民口头传播的起源

　　我们生活的广袤的巴蜀大地,既是中华民族的发祥地之一,又是人类文明的发祥地之一。据考古发现证明,早在几百万年前巴蜀大地上就有了人类活动的足迹。1984年至1997年,在四川盆地东缘长江南岸的巫山大庙龙骨坡(今重庆市巫山县),发现了早更新世早期的直立人的左侧下颌骨、臼齿、上内侧门齿以及大批哺乳动物化石和大量的旧石器时代早期的石器。人类学家根据这些人骨化石发现了一种直立人的新亚种——直立人巫山亚种,其生存年代距今二百万年左右。

　　新石器时代遗址在巴蜀地区的分布更为广泛,如星罗棋布,至今已发现两百多处。东起长江三峡的巫山,西至盆地西部边缘的岷江、雅砻江、大渡河流域;北自川北的广元、绵阳、阆中,南至川南的西昌、长宁,都有新石器人类活动的遗址,其中尤以巫山大溪文化遗址最为著名。巫山大溪共发掘遗址五百多平方米,墓葬三百多座,出土文物一千七百余件。大溪文化的年代,距今大约六千至五千三百年。从大量出土文物的分析可知,这时虽然出现定居农业,但仍以渔猎经济为主。陶器有黑陶、彩陶,表明与当时北方的仰韶文化互有联系,还有琢磨精细的玉制品、象牙及骨制装饰品。不仅表明人们的活动范围比旧石器时代广泛得多,而且经济文化也有了普遍进步,为巴蜀文明包括传播文化的起源和形成准备了基础,创造了有利的条件。

　　从信息传递和沟通的角度而言,传播并不是人类特有的现象,自然界中,凡是有物种和生命存在的地方都存在着传播。这一点,已经为生物学和动物学研究的大量事实所证明。人类传播是自然界和社会长期发展的产物,它是在动物传播的基础上发展而来的,但与动物传播却有着本质的不同。人类传播是怎么从动物传播中脱胎而出的,换句话说,人类传播的起源是什么？从传播学的角度来说,有声语言的产生,是完成从动物传播向人类传播转变的根本标志。在有声语言产生之前,人类的祖先经历了漫长的原始传播时代,传播史学家将之称为前语言传播时代。在这个时代,人类的祖先只能靠身体动作、面部表情和简单的发声来传递信息、协调采集和狩猎活动，或表达喜怒哀乐的感情，但这种原始的传播方式既不能表达大千世界丰富而复杂的事物，也难以满足人类在劳动、生活中的协作、交流和沟通的需要，从本质上讲，那时的人类还没有从动物的信号传播中脱离出来。有声语言的产生是人类传播摆脱动物状态的决定性的一步，也开创了人类传播的第一个阶段，即口语传播的时代。

有声语言是一种转瞬即逝的事物，世界上并不存在有声语言的"化石"，因此对语言的起源，传播学家只能做出各种各样的推测。例如，威尔伯·施拉姆在《传播学概论》中就列举了好几种猜测：一种是"汪汪"理论，认为语言是通过模仿自然声音（如狗叫、雷鸣、波涛声）而形成；一种是"感叹"理论，认为讲话是由偶然地表达感觉或感情所产生；还有一种是"唱歌"理论，认为语言是从传播感情或欢庆事件的原始歌声中演化而来的，等等。[①]上述推测或许都有一定的道理，但并没有回答语言产生的原始动力和根本原因。

马克思的唯物史观为我们揭示了人类传播产生的根本动力。恩格斯在《自然辩证法》中指出："人类社会区别于猿群的特征在我们看来又是什么呢？是劳动。"[②]"动物仅仅利用外部自然界，简单地通过自身的存在在自然界中引起变化；而人则通过他所做出的改变来使自然界为自己的目的服务，来支配自然界。"[③]在漫长的历史发展中，人类通过劳动不仅改造了自然界，也改造了人本身，改造了人类社会的传播，具备了其他动物界所不具备的能动性和创造性。作为人类最基本传播手段的语言，也来自于人类最基本的创造性活动——劳动。"劳动的发展必然促使社会成员更紧密地结合起来，因为它使互相支持和共同协作的场合增多了，并且使每个人都清楚地意识到这种共同协作的好处。一句话，这些正在生成的人，已经到了彼此有什么东西非说不可的地步了。"[④]正是劳动中的相互协作对语言的需要促进了早期人类发声器官的进化，从简单的发声发展到复杂的音节，再发展到表达抽象概念的字、词、句。声音符号不仅作为人类动作、面部表情等非语言传播的补充，而且逐步从非语

---

① [美]威尔伯·施拉姆、威廉·波特：《传播学概论》，新华出版社1984年版，第8~9页。
② [德]马克思、恩格斯：《马克思恩格斯选集》第4卷，人民出版社1972年版，第378页。
③ [德]马克思、恩格斯：《马克思恩格斯选集》第4卷，人民出版社1972年版，第383页。
④ [德]马克思、恩格斯：《马克思恩格斯全集》第3卷，人民出版社1980年修订版，第509页。

言传播中独立出来，成为一种专门的传播方式和传播工具。①

巴蜀的先民，从距今二百万年左右的旧石器时代的"巫山人"到距今八万年左右的旧石器时代晚期的"资阳人"，正是人类有声语言从产生到成熟的时期，我们可以想象出这样一幅图画：

一群"巫山人"穴居在长江三峡两岸的山洞里，清晨，他们结队走出山洞，开始一天的采集、狩猎活动。分工搜集信息的人总是走在队伍的前面，他们将了解的可食植物的分布情况、所猎动物的活动情况，以及地形、地貌、气候等信息及时向群体"通报"，进行"信息共享"。人们将信息汇集在一起，并交流往日采集和狩猎的经验、知识，决定行动方案。在长江三峡狭窄的河谷地带，几十名猎手将野兽驱赶到适当的地方，将其团团围住，呼叫声、呐喊声此起彼伏，这既是对动物的威慑，又是人们联络的信号，组成了一首集体猎兽的传播交响曲。晚上，采集和狩猎的队伍回到山洞，他们一起分享着劳动的果实，同时一边交流着白天采集和狩猎的情况，谋划第二天的行动，一边相互表达思想和情感……

第二节　巴蜀的原始神话与传说

有声语言的产生是人类传播史上第一次伟大的革命，它标志着人类脱离了动物的信号传播，建立起属于自己的传播世界。有了语言，人类不仅能够面对面地表达自己的喜怒哀乐，而且能够将各成员的生产、生活的经验普及到其所属集团的全体成员，从而大大加速人类社会进化和发展的进程。据文献记载，"伏羲氏因时兴利，教民田渔，天下归之，时则有网罟之歌；神农继之，民食谷，时则有丰年之咏；黄帝备物，使垂衣裳，时则有龙衮之诵"，②这里的"教""歌""咏""诵"等，都生动地记录了当时人们利用口头传播传授生

---

① 其他灵长类动物也可以用特殊符号进行个体思维，用声音与体态传递其思维的结果与直观信息，而人类的语言是用共识符号进行创造性思维，且可传递整个思维的过程。人类有声语言的产生取决于直立的进化。开始还不具备现代人的发音与听音器官，只能用体态语；当成为真正的直立人，喉组织位置变低，声带陷入喉腔，出现了人独特的声带肌，随着嚼食而有了可控制气流的整齐牙齿，口腔成为共鸣器，于是出现有声语言。蔡俊生：《文明的路径——社会信息的形成和发展》，文汇出版社1992版，第68~84页。

② （魏）夏侯玄：《辨乐论》。

产技术和生活经验的情景。

有了语言，人类不仅可以通过口语传播交流彼此所掌握的各种各样的信息，而且能将自己种族和群体的要事编成神话、传说和歌谣。神话是口语传播时代的产物，它是原始人群运用原始思维方式观察世界、探索世界奥秘的结果，因此，我们把那些在原始人群中传述的种种带有神秘和宗教色彩的历史文化知识称为"神话"。在没有文字记载的时代，神话主要是通过人际间的口耳相传的方式传播，它既可以飞越山山水水，传之千里之外；又可以超脱生生死死，留于万世之后。正如美国文化学家怀特所言：文化"是一个连续统一体，是在时间中从一个时代流向另一个时代的事物与事物之间的超生物学的、超有机体的顺序"①。可以说，在文字传播出现以前漫长的历史和丰富的文化，均是通过神话这种方式流传下来的。这些口语传播的产物是我们研究史前史、文化史不可忽视的重要资料，也是人类文化宝库中一个重要的组成部分。

巴蜀地区是长江文明的发祥地之一，有着无比灿烂的历史文化，神奇、神秘是巴蜀文化的重要特征，这种文化特征的产生与巴蜀先民给我们留下的大量瑰丽多彩的历史传说和神话传说有着密切关系。与巴蜀历史密切相关的神话传说见于中国最古老的神话总集《山海经》。《山海经》被学者公认为中国神话的"渊府"②，虽然只有三万一千多字，但包罗万象、宏大丰富，除了保存有大量的神话资料外，还涉及历史、地理、天文、气象、物产、神话、巫术、宗教、民俗、民族等方面的记载，堪称一部中国古代的百科全书。《山海经》的成书时间和作者至今都未能确定，但可以推断其内容大多数来自先民口头的传说，因为《山海经》中，特别是在《海内经》和《大荒经》中有大量关于远古巴蜀地区的人文地理的描绘，有学者据此推断《山海经》很"可能是巴蜀地域所流传的代表巴蜀文化的古籍"③。无论出于何时、作者是谁，都可以说《山海经》是古人给我们留下来的了解巴蜀历史文化，也包括传播文化的一笔宝贵的财富。

---

① [美] L. A. 怀特：《文化的科学——人类与文明研究》，山东人民出版社1988年版。
② 关于《山海经》的性质，已故著名神话学学者、四川省社会科学院研究员袁珂先生在《山海经校注·序》中说："《山海经》匪特史地之权舆，亦仍神话之渊府。"说《山海经》是中国神话传说的"渊府"，为历来研究中国神话传说的学者所公认。
③ 蒙文通：《略论〈山海经〉的写作时代及其产生地域》，《巴蜀古史论述》，四川人民出版社1981年版。

通过《山海经》以及相关的神话传说，我们可以了解巴蜀的历史。据考据，古蜀国的得名，源于古"蜀山氏"，蜀山氏在黄帝时代已与黄帝部落世代互为婚姻，黄帝的元妃嫘祖、黄帝与嫘祖之子昌意妃昌濮皆为蜀山氏女。"蜀"在古汉语中为"桑中虫"，即蚕①，蜀山指岷江上游一带，民居蜀山而称蜀山氏。"蜀之为国，肇自人皇，其始蚕丛"②，蚕丛为第一代蜀王，他"始居岷山石室中"③。"衣青衣，教民蚕桑"。以后又率领族人逐水而下，迁徙到成都平原，并建都于广都"瞿上"（今成都双流）。自蚕丛开始，蜀国先后经历了蚕丛、柏灌、鱼凫、杜宇、开明五代蜀王，大致说来，蚕丛、柏灌时代反映了采集经济为主的生活；鱼凫"教民捕鱼"，反映了渔猎经济为主的生活；杜宇"教民务农"，进入了以农业为主的农耕时代。经过蜀地先民几千年的开拓，蜀国已成为沃野千里、"水旱从人，不知饥馑"的天府之国。经过巴蜀先人口耳相传的这些神话传说，不仅给我们提供了有文字记载之前的巴蜀历史，同时也给我们描绘了远古口语传播的情景。古蜀人并没有明确的神祇崇拜，而崇拜自然和祖先，他们把祖先在养蚕、渔猎、农耕中积累的技术和经验通过部族的三老向族人传播，再通过长辈向后代传播，这种古老的传播方式是巴蜀文化能够延续至今的基础。

神话是人类最早的幻想性口头散文作品，也是原始人群的精神世界和价值观念的真实写照。古代巴蜀的神话传说不但让我们了解了生活在这块土地上的先民们的繁衍生息、迁徙和演变，而且为我们留下了丰富的历史文化积淀、形成流传至今的民族文化传统并深深地熔铸于民族精神之中。如在巴蜀地区流传了几千年的关于"大禹治水"的神话传说，就是历史上对巴蜀的政治、经济、文化影响最大的神话传说之一。

大禹是我国古史传说的华夏先祖"三皇五帝"中历史功绩最伟大的圣王，也是《山海经》和中国古代神话传说中最为神奇的人物。相传大禹是中国古代治水的英雄，《山海经》中记有："洪水滔天。鲧窃帝之息壤以堙洪水，不待帝命。帝令祝融杀鲧于羽郊。鲧复（腹）生禹。"大禹出生于何地，至今仍是一个有争议的问题，但古今大多数学者认为，大禹出于西羌，生于岷山。扬雄

---

① 《说文解字》解"蜀"为"葵中蚕"，段玉裁考订以"葵"为"蚕"，可见蚕丛氏亦是以养蚕丝织为特征的族群。
② 罗泌：《路史·前纪·蜀山氏》。
③ 《古文苑·蜀都赋》章樵注引《先蜀记》亦谓："蚕丛始居岷山石室中。"

在《蜀王本纪》中说，"禹本汶山郡广柔县人也，生于石纽"。汶山郡广柔县，即今天的四川省阿坝藏族羌族自治州汶川县刳儿坪。传说中大禹的母亲因吞食神珠而受孕，剖胁而产禹，故大禹的出生地又叫"刳儿坪"。大禹的父亲鲧负责治水，大禹长大后继承了父亲的治水事业。为了取得治水成功，大禹先派手下益调查山川，并与益作《山海经》，为了发动群众参加治水，大禹还在治水过程中宣传治水的好处，作"洪范九畴"，提出顺水之性，以导为主。① 大禹治水是从岷江开始的，"岷山导江，东别为沱"是大禹治水的方略。先治岷山，"随山而导之"；再疏导岷江，"循水而导之"。② 大禹因治水"三过家门而不入""涉山川，病足而行跛也"，③ 可谓历尽艰辛。当然，大禹治水的传说并不是巴蜀地区独有，但是四川盆地江河众多、水网密布，巴蜀先民在远古时期就深受水患之害，在人类文明发展的进程中，巴蜀先民曾与水害进行了顽强的斗争。近年的考古证明，古蜀治水工程早在新石器时代晚期就已开始。在与洪水不屈不挠的斗争中，人们凭着丰富的想象能力，创造了这个征服、战胜自然灾害的神话传说，并广为传诵。大禹是中华民族伟大精神的象征之一，大禹在巴蜀治水的神话传说所衍生出的丰富意义，远远超过了治水本身，已成为中华传统文化及巴蜀文化中最出彩的一部分。

巴蜀地区是一个多民族聚居的地区，除汉族以外，还有十四个世居的少数民族。口语传播是各民族在还没有自己的文字以前最早出现的信息传播方式，由于没有文字记载，对各民族口语传播的形成和发展的历史我们已无从考证，但至今仍然在少数民族地区口耳相传的浩如烟海的神话、传说、史诗、歌谣、民间故事、口头说唱艺术等足以证明这种传播方式的存在和久远。巴蜀地区的各少数民族都有自己的原始神话和英雄史诗。如藏族的《格萨尔王传》、彝族的《支格阿鲁》《勒俄特依》、羌族的《羌戈大战》、土家族的《啰罗娘娘》、纳西族的《黑白之战》等关于民族的祖先传说，都是口语传播时代的产物，它们通过各族人民世世代代口耳相传，一直流传至今。从传播学来看，人类文化的传播总是从体态、口语单纯诉诸听觉、视觉的传播发展到文字传播，

---

① 《尚书·洪范篇》。
② 崔东壁：《遗书·夏考信录》。
③ 扬雄《法言·重黎》注："禹治水土，涉山川，病足而行跛也，而俗巫多效禹步。"《广博物志》卷二五引《帝王世纪》说："世传禹病枯，步不相过，至今巫称禹步是也。"这两条记叙都说明禹因治水"病足而行跛"。

因此任何民族都经历过口耳相传的神话传说时代，承载自己民族的历史，后来有了文字才予以追记。虽然在长期的口头传播过程中会以讹传讹，加上述说者的主观想象，不能作为信史，但"大都有其历史的核心，也都有其史实渊源"，[1]可以通过科学鉴别构建民族的早期文明史。

第三节 巴蜀古代的歌谣、诗歌、唱词及戏曲

在人类漫长的历史进程中，口语是人类最久远、最普遍、最便捷的传播媒介，它不仅是人际传播中最主要的方式，而且在群体传播、组织传播和大众传播中发挥着重要的作用。口语传播不仅成为人与人之间交流、沟通的重要工具，而且逐步形成神话、民间传说、歌谣、诗歌、说唱艺术、戏曲等文学艺术形式，成为人类传播文化中重要的组成部分。

歌谣，是民歌和民谣的总称，既是人类最古老的口语传播方式，也是自古就有的民间文学形式，"歌"和"谣"都有吟唱、吟诵的意思，是古人表达感情、传播思想、叙事达意的一种方式，正如《毛诗·序》所说："情动于中而形于言，言之不足，故嗟叹之；嗟叹之不足，故咏歌之；咏歌之不足，不知手之舞之，足之蹈之也。"歌谣的传播无须述诸文字，远在文字传播出现之前就已存在，至于何时出现在巴蜀地区，由于没有文字记载尚无从考查，但如像巴蜀神话《山海经》所呈现的那样："昔葛天氏之民，三人操牛尾，投足以歌八阕""击石拊石，以歌九韶，百兽率舞"，以歌传播的方式在巴蜀原始先民中早已有之。对于巴蜀原始歌谣的内容，我们可以从巴蜀的古文献中找到佐证，如《华阳国志·巴志》中就有"川崖惟平，其稼多黍，旨酒嘉谷，可以养父。野惟阜丘，彼稷多有，嘉谷旨酒，可以养母"的歌谣，洋溢着巴蜀先民对大自然的赞美之情和对自己美好生活的喜爱。清人沈德潜编《古诗源·河图引蜀谣》中也有"汶阜之山，江出其腹，帝以会昌，神以建福"，描述了从川西高原流下来的岷江之水灌溉着成都平原，吟诵着杜宇与朱利的婚配而人丁兴旺；开明受禅于望帝兴水利而造福人民。歌谣传播具有地域性、易传性、直接性特点，无论是歌谣的形式、内容或者歌谣传播的本身，对于我们研究口语传播都具有极其现实的意义。

---

[1] 徐旭生：《中国古史的传说时代》，文物出版社1985年版，第13页。

汉代说唱俑

到汉代,巴蜀地区的原始歌谣逐步演变成乐府民歌。汉乐府是一种能够配合着音乐演唱的民歌,其歌词主要来源于民间。乐府最早源于巴人的歌舞,《华阳国志》载:"巴师勇锐,歌舞以凌殷人",说的是巴人的军队在助周伐殷中载歌载舞地冲锋陷阵。正是巴蜀先民的文化传统,后来演变成在巴楚地区盛行的"巴人歌"。汉高祖刘邦受这种充满神秘、灵性、生动和具象的巴渝民歌所感染,专门成立了一支常伴身边的"巴渝歌舞队",即使在裁减宫廷冗员之际,也保持着"巴俞鼓员三十六人"的编制①。整个西汉时期,王公大臣聚宴娱乐,巴渝歌舞都是必演节目。汉武帝时,朝廷还专门设立了采集和整理"杂曲歌辞"的"乐府",其中也有不少来自巴蜀的民歌和音乐。与汉赋的阳春白雪曲高和寡,只在王公贵族和士大夫中传播不同,以"乐府"为代表的"俗乐"却以其悦耳的音律、鲜明的节奏和通俗的语言而易于传唱,成为流行的大众艺术。自西汉开始,成都就出现了专门演唱乐府的"伎艺",他们也可以说是巴蜀最早的专职文艺工作者。近年来在成都近郊的天回镇汉墓出土有"击鼓俑",郫县汉墓出土有"说唱俑",他们神态各异,表情诙谐,形态逼真,一手执鼓,一手执锤,生动地表现了"负鼓盲翁正作场"的情景。

唐代是中国历史上文化最为繁荣的一个时期,唐朝的文化政策,尤其是科举制度的完善,成为唐代文化繁荣的制度支持,"聚天下才智英杰之彦,悉从事之多义之学,以为晋身之阶,则习之者固已专且勤矣"②,使唐朝成为一个昂扬奋发、蓬勃向上,充满自由精神的伟大时代。巴蜀地区有着优秀的文化传统和人文精神,自两汉三国魏晋南北朝以来一直师承不绝,而在唐代良好的时代精神的激励下得到了很好的发展,并在巴蜀大地上产生了像陈子昂、李白、杜甫、元稹、刘禹锡、白居易等中国文学史上有名的作家和诗人,他们成为继

---

① (汉)班固:《汉书·礼乐志》。又颜师古注:"当汉高初为汉王,得巴俞人,并骁捷善斗,与之定三秦灭楚,因有其武乐也。"《史记·陆贾列传》也说:"然汉王起巴蜀,鞭笞天下。"
② 《全唐诗·序》。

司马相如、扬雄之后的中华文化的领军人物。

在唐代的所有文学形式中，诗歌的成就是最高的，唐朝诗人层出不穷、群星璀璨。巴蜀地区独特的人文环境和自然风光，养育和吸引了众多的诗人，使他们与巴蜀结下了不解之缘，他们中要么是出生在巴蜀或是在巴蜀长大的"本土"诗人（如陈子昂、李白、唐求、李颀、李珣等），要么是到巴蜀为官或游历到巴蜀的外地诗人（如王勃、卢照邻、高适、薛涛、岑参、白居易、刘禹锡、元稹、贾岛、李商隐等），形成了唐代"天下诗人皆入蜀"的文化现象。他们留下了大量脍炙人口、千古流传的不朽诗篇，成为巴蜀文化的一部分。据《全五代诗》统计，在巴蜀留下姓名的唐代诗人就有九十余人，而留下的诗歌有一千首以上，他们中以"诗仙"李白和"诗圣"杜甫为杰出代表。

李白（701~762），字太白，号青莲居士，生于安西都护府碎叶城，五岁时迁入绵州昌隆县（今四川省江油市），他"十五观奇书，作赋凌相如""朝忆相如台，夜梦子云宅"，巴山蜀水以及前代乡贤的文化创造铸就了他纵横恣肆、狂放不羁的情感和思想。但他又不满足于固守巴蜀，二十五岁时"仗剑去国辞亲远游，南穷苍梧，东涉溟海"，开始了他一生的漫游，足迹遍及大半个中国。李白生活在唐代极盛时期，不同地域文化的交互融合，各种学说和思想的互相碰撞，对时代精神的充分感受，催生出他大量优秀的作品，并形成了他感情强烈奔放、构思巧妙奇特、语言脱俗明快、气势雄浑的艺术风格，攀登上我国古代浪漫主义诗歌的高峰。他的许多诗作、特别是以巴蜀为题材的诗歌，如《蜀道难》《静夜思》《峨眉山月歌》《长干行》《送友人入蜀》《朝发白帝城》《访戴天山道士不遇》等都是被广为传诵的名篇。李白的诗大部分收入《李太白集》，共三十卷，在唐代就广为传播，"集无定卷，家家有之"①。杜甫称他"笔落惊风雨，诗成泣鬼神"，他对巴蜀文化的繁盛和中华文化的发展做出了巨大贡献，被世人尊奉为"诗仙"。

如果说李白是巴蜀的"本土"诗人，那么杜甫就是游历于巴蜀，而在巴蜀把其艺术创作推向高峰的诗人。杜甫（712~770）虽然出生于河南，但在四川度过了他一生中很是重要的十一年（48~58岁）。唐乾元二年（759），杜甫弃官西行，流亡颠沛，最后到达四川，定居在成都浣花溪畔。他曾在西川节度使严武幕中任职，官参谋、检校工部员外郎，过了一段比较安定的生活。后严武入朝，蜀

---

① 魏颢：《李翰林集》二卷《序》。

中军阀作乱,他又漂泊到梓州、阆州、夔州等地,最后客死湖南。杜甫一生写诗一千四百多首,而在四川所写的诗就达八百多首。他所写的巴蜀题材的作品以及所受巴蜀地域文化的影响,特别是对巴蜀文化的贡献,是唐代作家中最为典型的。他的许多蜀中之作,其中如《春夜喜雨》《茅屋为秋风所破歌》《登楼》《蜀相》《闻官军收河南河北》《登高》《秋兴》等都是广为传诵的名篇。杜甫的诗收入《杜工部集》,原集六十卷,早已散佚,经北宋王洙编成二十卷,补遗一卷,成为定本。杜甫的诗代表了中国古代现实主义诗歌创作的最高成就,由于杜甫忧国忧民,人格高尚,诗艺精湛,被后世尊称为"诗圣",他与李白合称为"李杜",韩愈有诗云:"李杜文章在,光焰万丈长"。

诗歌是中国文学中的重要形式,也是中国古代口头传播的重要方式。"诵其言谓之诗,咏其声谓之歌"[1],诗歌首先是"歌",它最早来自于民间歌谣,由朝廷的乐官从民间搜集然后成为合乐的唱词,因此,诗歌从内容和形式上都吸取了各地民间歌谣的特色,语言通俗易懂,音韵错落有致,叙事性强,且易于口头传播;其次,诗歌要求有一定的音韵旋律,读起来朗朗上口,抑扬顿挫,可供一人咏诵,也可与多人唱和,还可配以乐曲在宫廷或民间传唱。虽然诗歌也可以通过文字传播,但更多的是口耳相传,特别是在不识字的庶民百姓中流行。如乐府诗在汉代就在巴蜀地区流行,这种可以配以音乐,用于"兴讽当时之事"的民间文学,深深扎根于巴蜀的土壤。唐代诗人元稹出使剑南东川,不久出任通州(今四川省达州市)司马,这一时期正是他文学创作的高峰时期。他与蜀中诗人刘猛、李余等唱和巴蜀古题乐府,并借古题而创新词、新义,发起了"新乐府运动",开创了乐府新体,通过这种在民间广为流传的诗歌对当时的社会现象旨含讽喻,在唐诗中独树一帜,后来元稹与白居易齐名而形成了"元白诗派"。

"竹枝词"原是流传于古代巴蜀的一种民歌,演唱时吹短笛击鼓,边唱边舞。唐代诗人刘禹锡被贬朗州,任朗州司马十年间,因"地居西南夷,土风僻陋,举目殊俗,无可与言者",便"以文章吟咏,陶冶性情。蛮俗好巫,每淫词鼓舞,必歌俚辞"[2]。刘禹锡将从民间搜集起来的竹枝词进行整理,融汇竹枝词的精华而创造出一种具有浓郁民歌特色的新型诗体,活泼清新,自然流

---

[1] (汉)班固:《汉书·艺文志》
[2] 《旧唐书·刘禹锡传》。

转，尽洗文人习气。他创作的竹枝词如"杨柳青青江水平，闻郎江上踏歌声。东边日出西边雨，道是无晴却有晴"（《竹枝词》之二），采撷朴素生动的民间口语，运用俚歌俗调的形式，保持了清新开朗的民间情调，在巴蜀地区广为流传。唐代诗人元稹、白居易、张籍等都是写作竹枝词的高手，如白居易在唐元和十四年（819）所作《竹枝词》第四首中写道："江畔谁人唱竹枝？前声断咽后声迟。怪来调苦缘词苦，多是通州司马诗。"自唐代后，巴蜀历代文人都有写作竹枝词的传统，直到今天，竹枝词还传唱于巴蜀民间。

唐朝灭亡后，中国进入自魏晋南北朝以来又一次大分裂时期。这个时期，四川先后经历了两个朝代，即前蜀和后蜀。两蜀时期（即前后蜀）虽然只经历了七十五年，但在巴蜀历史上却是一个十分重要的时期。一方面，"安史之乱"后，晚唐曾有两个皇帝避难入川，偏安巴蜀，将成都视为"南京"，使巴蜀保持了盛唐时期的繁荣；另一方面，五代十国烽烟四起、藩镇割据称霸一方，而前后蜀政权依托巴蜀盆地的天然屏障和优越的自然条件，审时度势，实施了一系列发展农耕、鼓励生产的政策，迅速提高了经济实力，使巴蜀地区成为当时社会稳定安宁、经济繁荣的一方乐土。

经济的发展为文化的繁荣提供了肥沃的土壤，自唐以后的六百年间，成都作为"天下富国"的大都会，以其文化尤其是音乐的高度繁荣闻名全国。杜甫有诗曰："锦城丝管日纷纷，半入江风半入云。此曲只应天上有，人间能有几回闻。"又云喧，"喧然名都会，吹箫间笙簧"，亦是对唐代成都音乐繁盛的真实写照。据《太平广记》中记载，唐玄宗天宝末年，成都锦江的游船上"丝竹竞奏"，以至于声闻数十里。到前后蜀时期，成都的音乐文化更是盛况空前。不仅宫廷中歌舞升平，四时音乐不断，而且民间也是"丝竹常闻静夜声"，"深夜穷巷闻吹笙""每春三月、夏四月，有游浣花溪者、游锦浦者，歌乐掀天，珠翠阗咽""村落间巷之间，弦管歌声，合宴社会，昼夜相接"。陆游曾记载，前后蜀时期在成都附近的崇州就有民间管弦乐手数千人，有"官柳三千，琵琶四千"之说。[①]

从文化传播的角度看，前后蜀时期的音乐文化曾在中国音乐史上产生深刻的影响。前后蜀皇帝王建的陵墓永陵的石棺床周边就留下了石刻《蜀宫二十四伎乐》，这组大型宫廷乐队亮丽多姿、气势恢宏，已成为我们今天研究古代巴

[①] 成都永陵博物馆：《走近永陵》，第10页。

蜀文化特别是音乐文化的宝贵资料。在前后蜀时期成都周边地区的佛教石刻造像中也往往有庞大的乐队场景。道教大师、"广成先生"杜光廷晚年时在青城山，根据前蜀宫廷音乐整理完成道教洞经音乐《广成南韵》。据考证，近年闻名世界的丽江纳西古乐即来源于此。至今仍流行于中国东南沿海及东南亚华人地区的中国传统音乐"南音"，亦奉后蜀皇帝孟昶为始祖。

前后蜀时期，诗歌创作方面经历了唐代的高峰以后开始了向词的转变，先后出现了韦庄、温庭筠、花蕊夫人、贯休、欧阳炯、皇甫松、孙光宪、李珣等著名的词人。"词"始于唐初，起源于民间小调，也可以作为配曲的歌词，最初的作者多为乐工，士大夫只是偶尔为之。前后蜀时期，随着大量文人的喜爱和参与，乐工词开始向文人词转变，进而发展成一种独立的艺术体裁。以韦庄、温庭筠（历史上将二人并称为"韦温"）为代表的西蜀词人以其词作柔靡婉丽为主要风格特色，在艺术上取得了很高的成就，形成了中国历史上第一个以地域群体创作为特色的文学流派"花间词派"。他们的作品大部分被收入后蜀作家赵崇祚编写的《花间集》里，这部书被认为是我国文学史上第一部文人词总集。该集收录了韦庄、温庭筠等十八家西蜀词人的词五百首，具有很高的文学价值。花间词规范了词的文学体裁和美感学特征，最终确立了"词"的文学地位，并对以后宋词的传播产生了深刻的影响。后蜀皇帝孟昶的贵妃花蕊夫人也是后蜀著名的女词人，她不仅容貌出众，而且能诗擅赋，多才多艺，所著的《宫词》百首享誉文坛。

音乐和唱词的繁荣还促进了另一种艺术——中国古典戏曲的发展。巴蜀是古典戏曲之乡，作为戏曲渊源之一的说唱艺术最早见于汉代的巴蜀。说唱艺人们用优美的唱腔、生动活泼的说白，配以美妙的音乐，讲唱历史故事和民间故事，这种有道白、有唱腔、有音乐、有演员的艺术已经包含戏曲的萌芽。到了唐代，巴蜀的说唱艺术已发展成有舞台、有演员、有戏剧冲突的程序完整的戏曲。到前后蜀时，巴蜀的古典戏曲已经相当成熟，不仅有了男女合班的戏班子，还有男扮女装的演员。前蜀时，益州就有俳优创作演出的以武伎为主的歌舞戏"灌口神队"，表演二郎神捉拿都江堰灌口孽龙的情景。这出戏来源于秦时蜀郡守李冰与江神斗牛的神话故事，以后从民间引入宫内，成为最受宫廷欢迎的剧目，前蜀皇帝王衍还曾亲自扮演过剧中的二郎神。后来，传说中的二郎神即西川灌口神还被当成戏班子的教主或行业神。

从传播学的角度看，戏曲主要是通过演员的说唱念白等口语形式再加上表演传播一定内容和思想的艺术,从本质上仍属于口语传播的方式,"川戏"便是在巴蜀大地上土生土长的语言艺术。川戏的历史最早可追溯到三国时期,据《三国志·许慈传》记载,刘备成立蜀汉政权时,朝中学士许慈与胡潜因政见不合而吵架,甚至发展到动手的地步,刘备为了缓和两人的矛盾,叫来两名"倡优",扮着两人的样子,当着众幕僚的面表演两人争吵的情形。表演中有对白、有道具、有武打,还有音乐伴奏,被后人称为"四川第一出戏剧",距今已有一千七百多年。到唐代,巴蜀已有专门从事"杂剧"演出的演员。南宋后,杂剧因浓郁的地方特色被称为"川杂剧"。明清时期,戏曲艺术在四川蓬勃发展,"川戏"也逐渐成形。川戏以四川的民间语言和音乐曲调为基础,吸收了外省的昆、高、胡、弹、灯五种声腔,风格独特,悠扬婉转,流丽清远,具有鲜明的四川语言特点和音乐特色,既是巴蜀文化中的瑰宝,又是一部巴蜀口头传播的活历史。

第四节　巴蜀古代说服传播的特点和艺术

人类传播都是有目的和功利性的,人类传播的目的有告知信息、表达意见、教化传道、传达政令、说服对方接受意见以及改善人际关系等。说服传播是一种以口头传播方式为主的人际传播,它不但有传播信息的作用,而且还有宣传的作用,是一种明显地要求对方接受自己的意见,并企图改变对方的态度和行为的传播活动。

说服传播包括劝说、游说、谏诤、辩论、谈判等方式。由于它是一种交互式的传播,需要传播者有较高的传播技巧,如取得受传者的信任,选择适当的传播时机,运用恰当的言辞,追求传播的效果等。中国历史上很早就有说服传播的传统,如春秋战国时期,从"传道解惑"的诸子百家到"合纵连横"的苏秦、张仪等都是说服传播的高手。

中国的古圣先贤非常重视说服传播的原则和技巧的探讨,相关的著作就有《孔子家语·辩政》、韩非子的《难言》、鬼谷子的《鬼谷子》、刘向的《说苑》等,历史上也不乏说服传播成功的案例,如"触龙说赵太后""秦穆出师袭郑""楚子从申叔时谏复封陈"等都是广为流传的说服传播的范例。

巴蜀人崇尚谈辩,自古已然,在汉代就有"未能笃信道德,反以好文讥讽"①的人文传统和"俗好文刻"的地域话语习惯,司马相如、王褒、李尤等人都是当时应对如流、口若悬河的雄辩家。三国魏晋时期是一个思想活跃、崇尚精神自由的时代,也孕育出一大批能言善辩的人物。诸葛亮是三国时期著名的政治家、军事家,也是一位雄辩家。在陈寿的《三国志》里关于诸葛亮雄辩的记载并不多,但在根据民间传说不断改编的元代的《三国志平话》和明代的《三国演义》中,对诸葛亮的雄辩才能有大肆的渲染。历史上,诸葛亮曾出使江东,说服孙权与刘备联盟,共同抗击曹操,但并无诸葛亮与孙权手下的谋士展开论辩的记载。但在《三国演义》《诸葛亮舌战群儒》一回中,诸葛亮的无碍辩才却得到了充分体现。在这场唇枪舌剑的论战中,诸葛亮高屋建瓴、洞察全局,时而义正词严,时而语含调侃,滔滔不绝,口若悬河,妙语连珠,大量使用了反讽的手法,在精神上压倒了主降派,成功地说服了孙权。有人说《三国演义》是文学作品,具有虚构的成分,不能作为历史。但作为传播文化史研究,从民间传说到话本、到小说,本身就是一部口头传播的巴蜀历史。

在蜀国众多的雄辩家中,还有被诸葛亮称为"蜀中才子"的秦宓。秦宓是四川绵竹人,也是三国时期著名的文学家,"难张温秦宓逞天辩"的故事,不仅在《三国志》中有记载,在以后的《三国演义》中更是给予了浓墨重彩的描写。这个故事说的是三国时蜀国欲联吴抗魏,但吴王心存疑虑,便派中郎将张温入蜀试探。诸葛亮让秦宓与之答辩,于是二人在酒宴上即兴辩论起来:②

温曰:"……请即以天为问:天有头乎?"

宓曰:"有头。"

温曰:"头在何方?"

宓曰:"在西方。《诗》云:'乃眷西顾。'以此推之,头在西方也。"

温又问:"天有耳乎?"

宓答曰:"天处高而听卑。《诗》云:'鹤鸣九皋,声闻于天。'无耳何能听?"

温又问:"天有足乎?"

宓曰:"有足。《诗》云:'天步艰难。'无足何能走?"

---

① (汉)班固:《汉书·地理志下》。
② (元)罗贯中:《三国演义》第八十六回《难张温秦宓逞天辩》。

温又问："天有姓乎？"
宓曰："岂得无姓！"
温曰："何姓？"
宓答曰："姓刘。"温曰："何以知之？"
宓曰："天子姓刘，以故知之。"
温又问曰："日生于东乎？"
宓对曰："虽生于东，而没于西。"

温宓两人唇枪舌剑，张温句句紧逼，秦宓应答如流，不仅言简意赅、纵横捭阖，显示出渊博的学识，而且紧扣主题、掌握主动，巧用推理、逻辑严密，避重就轻、随机应变，乘胜追击、置敌死地，体现出高超的传播技巧。陈寿曾对秦宓做出这样的评价："始慕肥遁之高，而无苦愚之实。然专对有余，文藻壮美，可谓一时之才士矣。"这就是史学家所说的"蜀中多辩才"之由来，也是秦宓仍被今人视为"辩论界元老"的原因。

与秦宓同时代的蜀中"辩才"还有伊籍、何妥。

伊籍为蜀国左将军从事中郎，《三国志》载："籍东使于吴，孙权闻其才辩，欲逆折以辞。籍适入拜，权曰：'劳事无道之君？'籍即对曰：'一起一拜，未足为劳。'籍之机捷，类皆如此，权甚异之。"说的是伊籍代表蜀国出使吴国，孙权听说他的辩才，故意用话讥讽，却被伊籍机智化解的故事。

《北史·儒林传》载："何妥，字栖凤，西域人也，通商入蜀，遂家郫县，事梁武陵王纪，主知金帛，因致巨富，号为西州大贾。妥少机警，八岁游国之学，助教良戏之曰：'姓何，是荷叶之荷，为河水之河？'妥应声答曰：'先生姓顾，是眷顾之顾，为新故之故？'众咸异之。"说的就是何妥从小就有极好的口才，能随机应变、对答如流。可见在说服传播中，不仅要善于应对，还要善于沟通。

三国魏晋时期，巴蜀说服传播的代表作要数李密的《陈情表》。李密（224～287），字令伯，蜀郡彭山县人，少师事谯周，博览"五经"，尤精《春秋左氏传》，以文学见长。年轻时，曾任蜀汉尚书郎。晋灭蜀后，慕李密之名，晋武帝征召其入仕，甚至"诏书切峻，责臣逋慢。郡县逼迫，催臣上道，州司临门，急于星火"。李密一方面作为一个"少仕伪朝，历职郎署"的蜀汉旧臣，抱着怀旧的思想，对晋灭蜀汉多少有些不服气；另一方面，家中还有一个九十六岁的祖母需要照顾，因而不愿赴京任职，但他又不愿因此而得罪晋武帝。于是，他抓住晋武帝推崇"以孝治天下"的心理，写下了著名的《陈情事表》（又称《陈情表》），说明自己因尽孝道而无法应诏的原因。

在《陈情表》中，李密写到自己从小境遇不佳，出生六个月后就死了父亲，四岁时舅父又强迫母亲何氏改嫁，他是在祖母刘氏的抚养下长大成人。而今祖母年迈多病，"日薄西山，气息奄奄，人命危浅，朝不虑夕"，更何况"臣无祖母，无以至今日；祖母无臣，无以终余年"，忠孝难以两全，处境"实为狼狈"。他说自己"本图宦达，不矜名节"，是为了消除对方的怀疑；更以"今臣亡国贱俘，至微至陋，过蒙拔擢，岂敢盘桓，有所希冀"来作践自己，同时也给对方一点希望："是臣尽节于陛下之日长，报刘之日短也"。李密的《陈情表》词语恳切，委婉动人，有理、有利、有节。表到朝廷，晋武帝看了，为李密对祖母刘氏的一片孝心所感动，赞叹李密"不空有名也"。不仅同意他暂不赴诏，还嘉奖他孝敬长辈的诚心，指令所在郡县发给他赡养祖母的费用。

《陈情表》可以说是中国传播史上说服传播的一篇范文，千百年来一直被人们广为传诵，影响深远。在传播技巧方面，既体现了中国人止于至善、以德服人的价值追求，又充满了以退为进，迂回渐进的东方谋略，表现出古代巴蜀人所特有的机警、睿智、灵敏、含蓄、深沉。文中的一些词句如"急于星火""日薄西山，气息奄奄""人命危浅，朝不虑夕"等，至今还被人们经常引用。

第二章 古代巴蜀的文字传播

第一节 从"巴蜀图语"到文字发明

口语传播虽然至今仍是人类最基本、最常用的传播方式,但口语传播的缺陷也是显而易见的。如口语是靠人体的发声功能传递信息的,由于人体能量的限制,口语只能在很近的距离内传递和交流;口语使用的声音符号稍纵即逝,记录性较差;口语信息的保存和积累只能依赖于人脑的记忆长期贮存和记忆;口语信息在传播过程中还可能出现失真和走样,无法作为可考的历史记录。因此,口语传播并不是一种理想的传播方式。人类在经历了漫长的口语传播阶段后,为自己树立起了传播史上的另一座重大的里程碑——文字。文字是人类传播史上第二次伟大革命。

即使在以口语传播为主的时代,口语也并不是唯一的传播手段。为了适应越来越复杂的社会生活和越来越大的环境空间,人类不断地发明和采用了一些早期的体外化媒介,如利用约定的实物来传递和交流信息,利用擂鼓或燃放烟火以及这些信号的接力传送等保持远距离的联络,利用结绳或在木头上刻痕来计数,或者在岩石、器物上刻画象征性符号和绘制反映事物特征的图画来指事达意。这些体外化的原始符号和图画是文字的最早起源。随着这些符号和图画不断被抽象和规范,渐渐地文字终于从原始符号和图画中独立出来,完成了由具象到抽象的飞跃,发展成为象形文字和指事性文字。

文字的发明不仅克服了有声语言稍纵即逝的缺点,使人类的知识、经验的积累和贮存不再单纯依赖人脑的有限记忆力;而且打破了有声语言的距离限制,大大扩展了人类交流和社会活动的空间;更重要的是,文字的发明使人类文化的传承有了确实可靠的资料和文献依据,而不再依赖口耳相传的容易变形的神话或传说。总之,文字作为人类掌握的第一套体外化符号系统,它的发明使人类传播在时间和空间两个领域上都发生了重大的变革。正如恩格斯所说,人类"由于文字的发明及其运用于文献记录而过渡到文明时代"。[1]

---

[1] [德]马克思、恩格斯:《马克思恩格斯全集》第21卷,人民出版社1980年版,第37页。

文字的诞生与有声语言的形成一样，经历了一个漫长的、渐进的过程，而我们可考的文字已经是初步形成的文字符号体系。同时，文字也不是产生于一个或几个地方，地球上几乎所有古老的民族都有在岩石、器物上绘制反映事物特征的图画和刻画象征性符号的历史。可以断定，不同的文字是在不同的地方先后独立地创造出来的，只不过有的文字在创造的过程中逐渐消亡或被其他的文字所取代。据考古学家考证，世界上最古老的文字出现在古巴比伦王国的底格里斯河和幼发拉底河流域（今伊拉克），距今已有五千年的历史，这种刻写在泥板上的文字至今仍清晰可辨。①而中国现存最早的文字是殷商时期的甲骨文，距今约三千年以上。甲骨文是刻写在龟甲和兽骨上的一种文字，自20世纪初在殷墟（今河南安阳）第一次被我国学者发现以来，已先后出土约十五万片，通过这些数量繁多、内容丰富的有字甲骨，我们不但可以了解到殷商时期我国奴隶社会的宗教、战争、农牧业、天文、气象、田猎、社会生活等各方面的情况，而且也可以了解我国文字发展演变的历史。甲骨文肯定不是中国最早的文字，因为甲骨文已经是相当成熟的汉字，汉代学者总结的汉字构造原则的"六书"（象形、会意、形声、指事、转注和假借）均已具备。这说明汉字起源的时间还应该大大提前。

古代巴蜀有没有自己独立的文字，什么时候开始使用文字，这一直是巴蜀考古史上的一个未解之谜。与殷墟中期大体相当的广汉三星堆遗址的发现，向世人证明了此时的古蜀已进入了一个古文明发展的鼎盛时期。这里有由高大的城墙和深广的城壕所围绕的古城，古城面积达三百多万平方米，城内外已出土数万件青铜、玉石、象牙、陶器、漆器等珍贵文物。在现已发掘的两个祭祀坑内，还出土了古蜀时期的青铜人立像、人面像、头像、神树、龙、蛇、鸟兽，金面罩、金杖，玉石礼器璋、瑗、圭、璧以及戈、矛、凿和来自南海及印度洋的海贝等稀世珍宝上千件。三星堆遗址是20世纪以来国内外罕见的重大考古发现之一，不仅为蜀文化的研究，也为中国古代文明的研究打开了新的宝库大门。然而令人不解的是，在三星堆众多的出土文物中，除了在陶器、牙璋上有一些刻划符号，可能具有表意文字的功能外，再没有任何其他关于文字的发现。

以今天川西平原为中心的古蜀王国，由于独特的地理环境使它与外界的联系受到交通的限制，"蚕丛及鱼凫，开国何茫然！尔来四万八千岁，不与秦塞

---

① 黄宝生：《书写材料与中印文化传统》，《新华文摘》1999年第11期，第128页。

通人烟"①，巴蜀文明的发端和文化的发展显然与中原地区不尽相同。但巴蜀地区有没有自己的文字，早在汉、晋历史文献中就已存在重大争论。西汉扬雄所著《蜀王本纪》首开蜀无文字之说，他说："蜀之先名蚕丛、柏灌、鱼凫、蒲卑、开明。是时人萌椎髻，左衽，不晓文字，未有礼乐。"而东晋史学家常璩对此说却提出质疑，他在所著《华阳国志·叙志》中说："《本纪》既以炳明，而世俗间横有为蜀传者……又言蜀椎髻左衽，未知书，文翁始知书学……则彭祖本生蜀，为殷太史。夫人为国史，作为圣则，仙自上世，见称在昔。及周之末，服事于秦，首为郡县，虽滨戎夷，亦有冠冕。故《蜀纪》曰：'大人之乡，方大之国'也。至于汉兴，反当荒服，而无书学乎？《汉书》曰：郡匡之有文学，因文翁始。若然，翁以前齐、鲁当无文学哉？……惟智者辨其不然，幸也。"常璩反驳了扬雄的观点，认为蜀国是"大人之乡，方大之国"，汉文翁始知书学，难道在这以前就没有书学吗？但是后来历代学者多以扬雄《蜀王本纪》为据，遂使蜀在汉以前无文字之说几成定论。

关于巴蜀汉以前是否有文字的争论一直持续到近代。学者卫聚贤先生于1942年发表的《巴蜀文化》中第一次将巴蜀青铜器上的各种符号称为"巴蜀文字"。1960年，四川省博物馆在《四川船棺葬发掘报告》中指出，巴蜀文字有两类，一类是"符号"，有的"与铜兵器上的铸文相同"，另一类是"似汉字而又非汉字者"。童恩正先生于其1979年出版的《古代的巴蜀》一书中，认为后者无疑是巴蜀文字。李学勤先生进一步将巴蜀文字分作甲、乙两种，并指出巴蜀文字甲既有表音符号，又有表义符号。四川省社会科学院历史所研究员段渝先生，在分析大量的考古资料后得出结论：从古蜀文明具有独立始源、独立发展独具特色的文化传统来看，古蜀地区应该有同中原的殷商甲骨文和金文不同体系的另一种表意符号或文字。②

关于巴蜀是否有文字的争论也许还会持续下去，但越来越多的考古发现告诉我们，巴蜀地区在很早的时期就开始了发明文字的历程。历来学术界流行的观点都认为书画同源，换句话说，就是认为图画是文字的起源，于是岩画成了考查文字最初产生的源头。③岩画，是人类童年时期留存在岩石上的历史文化

---

① （唐）李白：《蜀道难》。
② 段渝：《玉垒浮云变古今——古代的巴蜀》，四川人民出版社2001年版，第337页。
③ 唐兰：《中国文字学》，上海古籍出版社1997年版，第62页。

遗产，它记载和描绘了开天辟地的洪荒时代人类经济和社会的活动、地点、信仰和实践。在文字媒介产生之前，岩画几乎成为史前人类表现自己、传播其对世界的看法的最重要的媒介和证据。正如传播学家罗杰·菲德勒在《媒介形态变化：认识新媒体》中所指出的："最早试图可靠地保存知识并克服口头传播限制的努力，也许始于史前洞穴岩画时期。"

中国是世界上岩画遗存最丰富的国家，分为南北两大系统，西南地区的岩画，主要分布在四川、云南、广西、贵州、西藏。巴蜀地区已发现多处岩画遗存，如聚居在四川境内金沙江流域的藏族、彝族、纳西族等少数民族地区，都曾发现负载史前人类生产、生活、性与生殖、宗教仪式等信息的岩画，这些岩画不仅具有形象化、可视性等明显的媒介特征，成为史前人类用以交流的重要沟通形式，而且还为进一步的媒介形态演变做了准备。在岩画中，除了图像传播之外，那些数以百计的符号中的一部分已经可以视为象形文字的雏形。正如传播学家威尔伯·施拉姆在《传播学概论》中所说："文字毫无疑问是从较老的画图经验中演变出来的。"① 如在分布于四川与云南交界的金沙江流域的纳西族聚居地区的岩画中，就曾发现过与后来的东巴文字几乎完全相同的某些符号。

文字作为人类掌握的第一套体外化符号系统，它的产生大大加速了人类利用体外化媒介系统的进程。以我国汉字的载体而言，从早期的岩石、石器发展到陶器、青铜器、甲骨等，它们都具有承载原始形态的文字并发挥其记录事件、表达思想的功能。在广汉三星堆遗址出土的一些陶器上，就发现有刻符号，作X、A、D等形。② 它们显然不是偶然的刻划，由于同一种符号见诸不同的器物上，说明这些符号及其含义已初步固定化，代表着早期的文字。另外，在巴蜀各地已出土的铜戈上，我们也能见到刻有类似图符的铭文。这种巴蜀古文字与中原古文字有着不同的特点：是方块字而非拼音字，是直行而非横行，属于

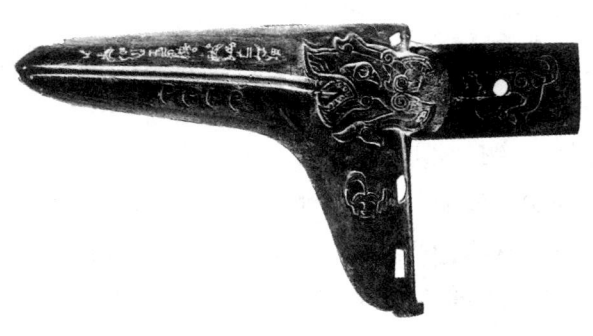

郫县独柏树出土的虎纹铜戈

---

① ［美］威尔伯·施拉姆、威廉·波特：《传播学概论》，新华出版社1984年版，第10页。
② 林向：《三星堆遗址与殷商的西土》，《四川文物》1989年专辑。

表意文字的范畴，字体也已达到简化、省略的水平。①以上在陶器和铜戈上刻写的文字，虽然目前发现数量很少，但比起在西安半坡出土的仰韶文化的刻画符号以及在山东莒县出土的大汶口文化的陶器符号，已有明显的进步。

古巴蜀除已有了表意文字外，也有了象形文字，这类文字按其形态大体可分两类：一类是直观形象、笔画繁复的符号；另一类是经过高度简化，已看不出象形的抽象符号。两类符号各包括一系列独体单符和由独体单符组成的复合符号，铭刻在巴蜀青铜器、漆器和其他器物上。②据统计，已发现的巴蜀单体符号已有一百五十余种，有一定意义成组排列组合的有二百余种。③这些图符和文字已具备形、音、义三要素，用来表现动物、植物、器物、人物、自然景观、抽象事物，因为大多数出现在祭器上，可以推测与祭祀神灵有关。虽然这些图符和文字因没有比较和对照，大多数我们仍然无法认识与音读，但可以肯定的是，它们是不同于汉字系统的另一种古图符或古文字系统。这种徽识文字一般被史学界称为"巴蜀图语"或者"巴蜀徽识"，它们便是巴蜀最早的文字。正如近代著名的古文字学家徐中舒先生所说："巴蜀文字与汉字在文字构成体例上，具有一定的共同基础，但它们的分支，则应当远在殷商以前。"④

无论关于巴蜀古文字的考据和研究还会持续多久，但有一点是可以肯定的，作为长江文明的发祥地，古代的巴蜀在很早以前就开始了对文字传播的探索，而巴蜀古文字与中原古文字的关系，正是对中国古代文明"多元一体结构框架"的极好证明。⑤殷商时期，甲骨文在中原地区崛起，汉字有了更为成熟和完备的体系并对巴蜀的文字产生了影响。随着巴蜀地区与中原地区的政治、经济、文化的关系进一步密切，黄河文明与长江文明进一步融

巴蜀图语

---

① 童恩正：《古代的巴蜀》，四川人民出版社1979年版，第47页。
② 段渝：《玉垒浮云变古今——古代的巴蜀》，四川人民出版社2001年版，第333页。
③ 李复华、王家佑：《关于"巴蜀图语"的几个问题》，《贵州民族研究》1987年第12期。
④ 徐中舒：《巴蜀文化初论》，载《论巴蜀文化》，四川人民出版社1982年版，第132页。
⑤ 段渝：《巴蜀古文字的两系及其起源》，《考古与文物》1993年第1期。

合,巴蜀在使用自己的文字的同时也逐渐接受了中原的文字。秦灭巴蜀后,秦始皇在巴蜀地区推行"书同文"的文字统一制度,巴蜀文字作为一个独立的文字体系逐渐消失,而完全被统一的汉字所代替。文字的发明是人类传播史上第二次划时代的革命。从漫长的口头传播时代进入到文字传播的时代,文字至今仍然是人类表达思想、交流感情、传承文明、记载历史的最完美的符号体系,它不仅使人类进入了一个有文字记载的历史,而且使人类文化包括巴蜀传播文化发展的足迹也变得越来越清晰。

第二节 汉代巴蜀对我国文字发展的贡献

公元前221年,秦始皇统一中国,建立了第一个中央集权的封建王朝。在此之前,秦已于公元前211年先后灭掉蜀国和巴国,并建立了蜀郡和巴郡。秦是以武力征服巴蜀的,再加上秦统一中国后为巩固封建帝国的统治,在政治上实行"严刑峻法""以吏为师",在文化上实行"焚书坑儒",因此,历史上对秦政权对巴蜀地区政治、经济、文化的影响很少做出正面评价。事实上,秦灭巴蜀不仅对统一中国起到积极作用,客观上也促进了巴蜀地区的政治、经济、文化的发展。如秦灭蜀后第一件事就是派大将张仪在成都筑城建垣,"与咸阳同制""市张列肆",奠定了成都作为巴蜀地区政治、经济、文化中心的基础;蜀郡守李冰父子除弊兴利,修建都江堰水利灌溉工程,"于是蜀沃野千里,号为陆海",使巴蜀成为与关中齐名的富庶之地;秦始皇的"迁蜀"等措施,虽然是为了"皆使能秦言",用秦文化影响巴蜀文化,但同时也带来了先进的纺织、冶炼、制盐等技术,加速了中原文化与巴蜀文化的合流。

公元前206年,秦灭亡,汉王朝诞生。汉王朝的奠基者吸取了秦灭亡的前车之鉴,对政治、经济、文化制度进行了一系列改革,实行"清静无为""休养生息"的政策,"崇恩德,行简易,以抚海内",社会由此进入了一个长期稳定发展的时期,也使汉王朝时期成为中国乃至世界历史上最强盛的时期之一。社会安定带来了社会财富的巨大积聚,即所谓"太仓之粟,陈陈相因"①。

在文化史上,文化的变迁常常被简单地认为是一种强势文化对另一种相对弱势的文化的影响和整合,其实这种影响和整合是相互的。固然,秦之后至

---

① (汉)班固:《汉书·地理志》。

两汉时期中原文化对巴蜀文化的影响是巨大的，但独特深厚的巴蜀文化同样对中原文化也产生了深远的影响。对于大汉帝国与巴蜀地区的关系，司马迁在《史记·六国年表序》中曾说"汉之兴自巴蜀"，意思是说汉朝的兴旺来自于巴蜀，强调了巴蜀地区对汉王朝的兴盛所做出的贡献；班固的《西都赋》也说过长安"郊野之富，号为近蜀"，意思是即使是繁华的京城长安，其富裕程度也只能是接近巴蜀。当时的益州（即今成都）已成为全国"五大中心城市"之首，不仅如此，全国的许多重要城市都是"府盈西南之货，朝多华岷之士"①，产自巴蜀的商品还通过南方丝绸之路远销西亚、中亚和东南亚各国。

巴蜀地区社会、政治、经济的发展也促进了巴蜀文化的繁荣。两汉时期是巴蜀文化在历史上最为辉煌的一个时期，也是巴蜀历史上名人辈出、群星灿烂，为中华民族文化的发展做出杰出贡献的时期。如汉代名冠天下的"文章四大家"中的"王（褒）、扬（雄）、严（君平）、司马（相如）"，皆为蜀人；"西汉文章两司马"中，蜀郡成都人司马相如亦占其一（另一司马为《史记》的作者司马迁）；另外，如文翁、林闾翁孺、李尤等都是汉代杰出的文化人才，他们不仅在哲学、经学、文学、史学、教育学、文字学等诸多领域卓有建树，而且把巴蜀地区的传播文化推向一个前所未有的高峰。

自进入文字传播时代，文字成了人类进行信息传播和交流的最重要的载体和工具，但文字的演变和规范却经历了一个漫长的过程。春秋战国时期，诸侯割据，"田畴异亩，车涂异轨，律令异法，衣冠异制，言语异声，文字异形"②。社会的分裂使社会信息传播的深度和广度受到影响，而文字在封闭的环境中各自演变为不同的形体；反过来，文字的异形又加深了分割地域之间的信息阻隔，成为社会信息交流的障碍。秦始皇统一中国后曾采取强有力的"书同文"的措施，废除了六国文字，对文字进行系统地整理和规范，结束了春秋战国以来字形繁乱的局面，为汉字的健康发展扫清了道路。由于汉代社会经济生产和文化事业进一步发展，社会信息量激增，迫切需要提高传播效率，因此对作为社会传播最重要的信息符号的汉字提出了更加严格的要求。

秦灭蜀后，巴蜀文字仍继续流传。直到汉初，巴蜀文字仍屡有所见。但巴蜀的学者并没有故步自封、抱残守缺，相反在"今文"与"古文"的论争中

---

① （晋）常璩：《华阳国志》。
② （汉）许慎：《说文解字》，中华书局1963年版。

以开放的心态，顺应历史的潮流，为汉民族使用统一规范的文字做出贡献。一个奇特的文化现象是，汉代尤其是汉初杰出的巴蜀学者中，无论是政治家、哲学家、文学家、教育家，都无一例外地在文字学和语言学上有很高的造诣。如司马相如是汉代一个百科全书式的全才，他也是一位杰出的文字学家和语言学家。司马相如特别重视文字的基础研究，在他所著的词赋中常常采用大量的新字和自造词汇，其大赋本身就是一部未加系统整理的字书和辞书，以至于他的作品被人称为"字林"。他还亲手编撰了一部语言文字学的专著《凡将篇》，对丰富和推动中华民族语言文字的发展具有积极意义。

秦汉之前由于长期诸侯割据，在语言的发展过程中形成了各地方言，方言太多难以辨别，不利于文化的传播和交流。被称为"西道圣人"的扬雄，十分重视对方言的研究。扬雄（前53～18），字子云，四川成都人，汉成帝时为给事黄门侍郎，王莽时升为大夫，曾校书天禄阁。扬雄虽以文章名世，但为人口吃，不善于与人交谈，遂悉心钻研文字学和语言学，著有文字学专著《训纂》和语言学专著《方言》（《輶轩使者绝代语释别国方言》）。《方言》是一本解释当时中国古今方言土语的辞书，是中国最早的方言研究专著，同时也是世界上第一部方言专著。

扬雄编撰《方言》时已是一位上了年纪、有地位有声望的学者，他写作这本书的艰苦过程，在《扬雄与刘歆书》一文中有生动的记叙：

雄少不师章句，亦于五经之训所不解。尝闻先代輶轩之使奏籍之书皆藏于周秦之室。及其破也，遗弃无见之者。独蜀人有严君平，临邛林闾、翁孺者，深好训诂，犹见輶轩之使所奏言。翁孺与雄外家牵连之亲，又君平过误，有以私遇少而与雄也。君平才有千言耳，翁孺梗概之法略有。……雄为郎之岁，……令尚书赐笔墨钱六万，得观书于石室。……故天下上计孝廉及内郡卫卒会者，雄常把三寸弱翰，赍油素四尺，以问其异语。归即以铅摘次于椠，二十七岁于今矣。

扬雄为了编撰这部《方言》花了二十七年的时间，他在汇集与他同时代的巴蜀学者严君平、林闾翁孺等人在文字学、语言学方面研究成果的基础上，专门采访了各地来京的官吏和士兵，不辞辛苦地搜集各地的民谣、俚语、方言、土语，所记录的方言遍及西汉帝国各个地域，包括边远的少数民族地区。《方言》在文字学和语言学上的最大贡献是以方言释古语，以通用语释方言，创造了一种使古今词汇和地方词汇融会贯通的方法。他还创造了一些新字来记录各地有声无字的词语。扬雄所做的这些工作，对汉语言文字的发展，促进文化的传播和交流起到了重要的作用，扬雄也被班固称为"博物洽闻，通达古今，其言有补于世"的圣人。

文化既然是人类的一种智能和手段，那么人类的文化生产和创造的过程，就是人类把在社会实践中产生的思想意识和对世界的认识通过语言、文字等特定的符号系统表现出来的过程，也是这些文化符号在传播者和接受者之间形成互动并广为扩散的过程。文字的发展不仅使人与人之间的沟通、交流有了新的工具，而且促进了各类以文字为主要表现形式的文学门类和样式的发展。西汉是自先秦以来中国古代文学史的又一个高峰，其中汉赋的兴盛是其重要的标志。巴蜀源远流长积聚丰厚的文化传统和巴蜀盆地优美丰饶的自然环境，为巴蜀文人的创作提供了最好的土壤，也孕育出司马相如、扬雄、王褒、李尤、李胜等一大批才华横溢、激情飞扬的辞赋大家，如司马相如的《子虚赋》《上林赋》，扬雄的《蜀都赋》《甘泉赋》，王褒的《洞箫赋》等都是脍炙人口的名作。对此，《文心雕龙·诠赋》中评价："相如上林，繁类以成艳；子渊洞箫，穷变于声貌；子云甘泉，构深玮之风""并辞赋之英杰"。

在汉代的巴蜀文章大家中以司马相如的成就最为突出，他既是汉赋的奠基者，同时又是汉赋成就最高的代表作家。仅《汉书·艺文志》中记载他的辞赋就有二十九篇，如《子虚赋》《上林赋》，以写天子游猎为中心，将山海河泽、宫殿苑囿、林木鸟兽、土地物产、音乐歌舞、服饰器物、骑射酒宴等内容包罗在内，展现了社会昌盛、经济繁荣的汉武盛世，展示了中华民族海纳百川的博大胸襟，也体现出那个时代蓬勃向上的生气，让人感受到叹为观止的六汉气象。从传播学的角度讲，司马相如以雄浑的气势、天马行空般狂放不羁的想象、繁细的铺陈和夸张的描绘，以及运用充满色彩、声响的词语表现人的思想和感官，体现出极高的传播技巧和艺术，并把传播效果发挥到极致。以至于汉武帝在读了司马相如的辞赋以后，"飘飘有凌云之气，游天地之间意"，产生了"朕独不得与此人同时哉"的感叹。

巴蜀作家扬雄、王褒等则继承了司马相如的艺术传统，以巴蜀地域的文化体验去感味相如作品的魅力，"慕循其迹"，从而跃居文坛。扬雄的《蜀都赋》是巴蜀作家首次"蜀人记蜀事、名蜀物、体蜀风"之作，他满怀着对家乡丰富物产和深厚文化的自豪之情，淋漓尽致地描绘出一幅琳琅满目的西蜀繁华图，对巴蜀文化的传播起到了积极的作用。王褒的《洞箫赋》《九怀》《甘泉赋》等都是脍炙人口的名篇。

汉赋以及巴蜀作家群体的崛起，不仅是巴蜀人对中国文学，也是对中国的文字传播的发展所做的重要贡献。在世界各大语系中，汉语显得十分独特。它既是中国古代文化传播的主要媒介，同时它本身也是一种文化现象，具有鲜明的传播特性。首先，汉语具有具象特性，传播信息时以形象为主导，讲求对自然世界的形象模拟，无论是指事还是会意都是对自然事物的直觉体悟，具有宽泛性、伸缩性、灵活性，意蕴丰富、耐人寻味，为传播活动提供了自由创造的开阔空间。其次，汉语具有审美特性，作为象形文字，讲求"观物取象"。汉字本身就是一种可感的图像，具有构图美、声韵美、音乐美，作为一种审美的对象，在传播中具有独特的魅力。再次，汉语以简驭繁，以神统形，"意在笔先""文以意为主"，追求的是"法"与"神"、形式与内容的统一。汉代巴蜀文章大家所作的"赋"，都充分体现了汉语的这些特性，把中国的文字传播推向了一个高峰。

第三节　古代巴蜀典籍的编纂及特色

在中国历史上，自东汉末期的三国、短暂统一的魏晋至南北朝的四百年间，是国家四分五裂、社会动乱不安的时期，各封建地主统治集团为争夺政权连年混战、民不聊生，对社会生产力造成了极大的破坏，也阻碍了文化的发展。但文化自有它的发展规律，即使是在这一急剧动荡的时期，由于地理的阻隔和政治军事的割据，偏安一隅的巴蜀地区呈现出独特的发展态势。正如诸葛亮在《隆中对》中所说："益州险塞，沃野千里，天府之土，高祖因之以成帝业。"延续着汉代巴蜀的文化传统，巴蜀地区在这一时期产生出谯周、陈寿、常璩、诸葛亮、秦宓、李密、杜微、杨厚、任安等一大批文化大家，"历选前英，于斯为盛"[1]，"文学笺启，往往可观，冠带风流，亦为不少"[2]，他们不但为巴蜀地域文化的繁荣而且对巴蜀传播文化的发展做出了卓越的贡献。

---

[1]　（唐）李延寿：《北史·列传》。
[2]　（北齐）魏收：《魏书·列传》。

文字的发展，促进了以文字传播为目的的对文字资料进行搜集、选择、整理、编次、加工的编辑工作的诞生与兴盛。"编"和"辑"本是两个毫无关联意义的单音节词。"编"的原意是指用来串联龟板或竹简的绳索，后引申为"按次序编排"，如《史记·孔子世家》："上纪唐虞之际，下至秦缪，编次其事。""辑"的原意是和睦，后来引申为"将文字资料加以收集"，如《汉书·艺文志》："夫子既卒，门人相与辑而论纂，故谓之《论语》。""编辑"一词作为双音节词在南北朝才开始使用，《南史·刘苞传》："少好学，能属文，家有旧书，手自编辑，筐筐盈满。"编辑一词的含义才与书籍的编纂联系起来。

三国魏晋时期，中国已出现了图书的"四分法"，把书籍分为经、史、子、集四类，"经"是指古代社会中的政教、纲常伦理、道德规范的教条，主要是指以孔子为代表的儒家典籍，如《周易》《尚书》《周礼》《诗经》《春秋》《论语》等；"史"是指各种体裁的历史著作，如正史、编年史、纪事本末、别史杂史、传记、史钞、载记等；"子"是指诸子百家及释道宗教著作，如儒家、兵家、法家、农家、医家、杂家、小说家、释家、道家等；"集"是指收集的历代作家一人或多人的散文、骈文、诗、词、散曲等的集子和文学评论、戏曲等著作。就侧重而言，其中经、子、集三类是以思想为主体的著作，这类著作大多数是作者写自己的思想，写人们对世界、对社会的看法，是历代人们对古代思想的理解和概括。而史是以知识为主体的著作，这类著作大多数是作者写他人的思想、他人的事，包括对历史上发生的事件和有关人物的记录和评价。"史"字最早出现于甲骨文中，"史"字的字义是人手执物书写于器物之上，即以文字符号的形式，把他人的言行记录下来。[1]正是有了史书这一形式，它使一个民族、一个地区的历史能够更直接地流传下来。早在殷商时期，中国就设有专门记史的"史"官，"左史记言，右史记事"[2]。史书的编纂在汉代有一个很大的发展，如司马迁的《史记》站在"通古今之变，究天人之际"的高度，把史书的编写和传播推向一个新的高度。

巴蜀地区的文人向来有史籍编纂的传统，如汉代扬雄的《蜀王本纪》整

---

[1] （汉）许慎：《说文解字》："史，记事者也，从又（手），持中。中，正也。"
[2] 《易·系辞》："古有史官，左史记言，右史记事。"又《礼记·玉藻》："言则右史记之，动则左史书之。"

理了从蚕丛、柏灌、鱼凫、杜宇到开明五代蜀王的神话传说，是扬雄对巴蜀大盆地历史传说有意识的"寻根"之作，也是第一部系统整理巴蜀地区历史的地方志。刘熙载《艺概》中记载孙可之《与高锡望书》云："文章如面，史才难得，至司马子长之地，千载独闻得扬子云"，可见其史料价值。三国魏晋时期，巴蜀史志独称发达，成为巴蜀文化的一大特色，谯周、陈术、来敏、孙盛、李尤、陈寿、常璩等人均是著述巴蜀古史的名家，其中尤以著述《三国志》的陈寿和著述《华阳国志》的常璩最为出名。

陈寿（233~297），字承祚，巴西郡安汉（今四川南充）人，蜀汉时曾受学于撰《蜀本纪》的谯周（今四川西充）人，研究经史，任过卫将军主簿、东观秘书郎、治书侍御史等职，晋灭吴后著史书《三国志》。《三国志》合文史于一体，不仅记录了三国时期魏、蜀、吴三国在政治、经济、军事方面的情况，以及在政治、军事、科技、文化方面杰出的人才，同时还记录了当时国内少数民族甚至邻国的历史。《三国志》的写作既不同于在前的《史记》中分纪、表、书、世家、列传和《汉书》中分纪、表、志、传的写法，也不同于之后的《资治通鉴》的编年史的写法，而是创造了以人物为中心写史，以人带史的史传文学的写法。陈寿熟悉三国文献，三国时期许多史事都是他耳闻目睹、亲身经历的。他抱着公正、客观的态度，取材精审，对史实经过认真的考订，慎重的选择，对于不可靠的资料进行了严格的审核；行文简明，善于叙事，文笔简洁，剪裁得当，注重写人的思想感情和性格特征，不仅对后世的史学，也对史传文学产生了深刻的影响。以其严谨而被选作二十五史之一，并与《史记》《汉书》《后汉书》齐名，合称为"前四史"，而它在中国的史传文学中更是占有重要的位置，以后的包括《三国演义》在内的小说、戏剧等人物，事件和故事情节，以及现在席卷全国及海外的"三国文化热"中人物原型和事件均出自《三国志》，《三国志》在传播"三国文化"特别是巴蜀文化上功不可没。

如果说陈寿的《三国志》是三国时期的一部断代史的话，常璩的《华阳国志》则是一部从历史地域学的角度，为巴蜀地域文化寻根的地方史。常璩，字道将，蜀郡江原县（今成都市崇州市）人，生卒年无可考，生平事迹也少记载，大概活动于西晋至东晋年间。常璩在写《华阳国志》之前参考了前人司马相如、严君平、扬雄、谯周、任安等人的史作，有感于两晋朝野对巴蜀地域文化的轻视，愤而立志，潜心写作。《华阳国志》从追溯巴蜀开国的历史开始一直到他生活的魏晋时期，较全面地反映了巴蜀地区的历史进程。它把历史、地理、人物结合在一起，既有很多巴蜀地区的风土人情、地理环境、出产异物、历史沿革等的记载，又有"大禹治水""五丁开山""杜鹃啼血"等神话传说以及司马相如和卓文君的爱情故事的记叙，还总结和概括了巴蜀人的性格特征以及巴蜀与中原文化的关系。《华阳国志》是我国最早、最完备的一部集大成的地方史著作，开创了一种"大文化"式的历史著述新体式，不仅为巴蜀地方志的繁荣开辟了道路，而且为巴蜀地域文化的传播做出了贡献。

《华阳国志》及崇州常璩像

宋代是继唐代以后巴蜀文化空前繁荣的又一个时期，在文学、经学、史学、宗教等领域都达到了前所未有的高度。正如宋高宗所说"蜀中多士，几与三吴不殊"①，北宋学者吕陶所说"蜀学之盛，冠天下而垂无穷者"②，元代巴蜀学者虞集所说，"吾蜀文学之盛，自先汉至于唐宋，……非他州之所能及"。在宋代众多的文学家中，"三苏"是其中最具代表性的人物。"三苏"即指北宋散文家苏洵（1009~1066）和他的儿子苏轼（1037~1101）、苏辙（1039~1112），三苏父子学识渊博，以儒学为宗，兼收并蓄，经世致用，学术造诣极深。苏氏蜀学主张学术思想的多元化，不仅融合儒释道三家学说，而且吸收先秦诸子百家之说，自成体系，在宋代学术思想史上占有十分重要的地位，后来俱被列入"唐宋八大家"。

---

① 《宋史》。
② （宋）吕陶：《经史阁记》。

"三苏"之中，以苏轼的成就最大，其著作数量之多，涉猎面之广，影响之大，世所罕见。据近人许肇鼎《宋代蜀人著作》所作的不完全统计，历代选编刊刻苏轼的著作达一百六十六种，内容涉及文史哲多个领域，"自京师至于海隅障徼，学士大夫，莫不人知其名，家有其书"①。

在史籍的整理编纂上，宋代巴蜀又达到了一个高峰，被时人称为"西蜀史学"，闻名于世。宋代巴蜀著名的史学家有"三范""二李"。"三范"皆为四川华阳人，即曾参与编辑《新唐书》的范镇（1007~1087），曾参与《资治通鉴》的编纂并著有《唐鉴》的范祖禹（1041~1098），曾参与重修神宗、哲宗《实录》的范冲（1067~1142）。"二李"即著有《续资治通鉴长编》的四川省丹棱人县李焘（1115~1184），著有《建炎以来系年要录》和《建炎以来朝野杂记》的四川省井研县人李心传（1166~1243）。

范祖禹是北宋一流的史学家，跟随司马光编撰《资治通鉴》长达十五年之久，是司马光最得力的助手。书成以后，司马光有《荐范梦得状》，其中写道："臣于熙宁三年奏祖禹自前知资州龙水县事同修《资治通鉴》，至今首尾十五年。由臣顽固，编集此书久而不成。致祖禹淹回沉沦，不得早闻达于朝廷。"范祖禹为编《资治通鉴》而"不事进取"，看薄功名利禄，司马光的另两个助手刘分、刘恕，一个被贬外放、一个积劳早卒，实际上只有范祖禹一个助手，他为《资治通鉴》的编修立下了汗马功劳。范祖禹对唐史特别有研究，《资治通鉴》中的唐代部分就是由他起草的。另外他还编有《唐鉴》一部，世称"唐鉴公"。

李焘在编著《续资治通鉴长编》时，广泛搜集北宋历史的官方资料，如日历、实录、会要、国史、御集、宝训、敕令以及士大夫的私家记载，如笔记、小说、私史、家传、行状、奏议等不计其数，在编写中对史料进行辨别真伪和考订异同，然后融会贯通，用了四十年时间，成书共一千零六十三卷，是中国第一部当代通史，被誉为"春秋之后才有此书"。至于其他的巴蜀史学著作更是数不胜数，当代著名学者蒙文通先生曾评价："两宋之世，史学特盛超越汉唐。蜀中史著之多，方志之富，更为突出。"

唐宋以后，巴蜀从一个文化发展的高峰跌落下来，在图书典籍的编纂上也"乏善可陈"。明代以后文化才有所复兴，典籍编纂方面的代表人物有著名的

---

① （宋）曾巩：《苏明允哀词》。

川籍学者杨慎。

杨慎（1488~1559），字用修，号升庵，四川新都人，他自幼聪慧过人，又非常好学，再加上他出身于书香门第，是明吏部尚书、武英殿大学士杨廷和之子，从小就受到很好的家庭教育。十一岁能诗，十二岁拟作《古战场文》《过秦论》，十三岁时随父进京，二十四岁时殿试第一，考中状元，授翰林院修撰。但杨慎的政治生涯非常坎坷，由于他为人正直，不畏权势，曾因"议大礼案"忤怒皇帝，被处以"廷杖"之刑，后来又被谪戍到云南永昌卫（今云南保山）达三十余年。他在京师做官时已是天才英发，才学过人，被公认为明朝三大才子之一，若不遭贬谪，很可能是当时京师文坛领袖。也许正是他坎坷的人生经历，成就了他十分广博的学术。他一生刻苦学习，勤于著述，不仅对经、史、诗、文、词曲、音韵、金石、书画、戏剧等无所不通，而且对天文、地理、生物、医学等有很深的造诣。据《升庵杨慎年谱》记载，杨慎平生著作有四百余种。今收入四川省图书馆所编《杨升庵著述目录》的达二百九十八种。主要作品收入《升庵集》（八十一卷，又称《升庵全集》）。《升庵外集》序中称："国初迄于嘉隆，文人学士著述之富，毋逾升庵先生者。"《明史·杨慎传》认为，在整个明代"记诵之博，著作之富，推慎为第一"；《四库全书总提要》也肯定"慎赅博元通，究在诸子之上"。杨慎是巴蜀地区又一位百科全书式的大学问家，他所编纂的《全蜀艺文志》至今仍然是研究巴蜀文化的基本资料。

明末清初，四川遭受了长达六十多年的战乱，土地荒芜，人口锐减，社会动荡，百业萧条。再加上清康熙、雍正、乾隆三朝推行文化专制政策，大兴文字狱，给四川的文化事业带来沉重的打击。但清政府严酷的文化统制政策，并没有阻碍文化的发展和传播，就在这一时期，蜀中产生了富于启蒙思想的著名思想家和政论家唐甄，可谓万马齐喑中的一声惊雷。

唐甄（1630~1704），四川达州人，是与王夫之、黄宗羲、顾炎武齐名的明清四大思想家之一。他辛勤著述三十余年，著有《潜书》《毛诗传笺合义》《春秋述传》《潜文》《潜诗》《日记》等著作，其中《潜书》是其最重要的著作。在书中他对君主专制制度进行大胆地揭露和批判。他认为皇帝也是人，没有什么神秘，并指出皇帝是一切罪恶的根源，"自秦以来，凡帝王者皆贼也""杀一人而取其匹布斗粟，尤谓之贼，杀天下之人，而尽有其布粟之富，而反不谓之贼乎？"①在清代第一个向皇权提出了挑战。他还提出了"抑尊"，即限制君权的主张，发展了产生于先秦的民本思想，强调民是国家的根本，离开了民，便没有国家的政治；针对当时贫富悬殊的社会现象，唐甄提出贫富要相对平均的主张，他指出"天地之道故平，平则万物各得其所"②。《潜书》最重要的意义还在于体现了唐甄独立思考、敢于创新、经世致用的精神。唐甄提倡"言我之言"，贵在己出，激烈地反对蹈袭古人。他说："言，我之言也。名，我所称之名也。今人作述，必袭古人之文，官爵郡县，必反今世之名，何其猥而悖也。"所以唐甄一生"不为应酬之文，意所欲言则言之"。他的《潜书》能与黄宗羲的名著《明夷待访录》齐名，并非偶然。

清雍正乾隆年间，巴蜀还出现了在国内颇有名气的"蜀中三才子"，即丹棱的彭端淑③、罗江的李调元④、遂宁的张问陶⑤。他们都是清雍正乾隆年间的进士，在诗书画文等方面皆有很深的造诣，其中最有成就的是李调元。李调元也是一位百科全书式的"通才"，他除著有《童山诗集》四十卷，戏曲理论著作《曲话》《剧话》等五十余种书籍外，还于清乾隆四十九年（1784）编撰了大型学术总构《函海》。《函海》集巴蜀文化之大成，涉及巴蜀文学、史学、民俗、谣谚、戏剧、艺术、音韵、训诂、金石、书法、绘画、编辑、农学、美食、庖厨等诸多方面，共集图书一百六十三种，合编为四十函八百五十二卷。前二十四函，收两晋六朝至元明诸文人罕见文本，以及杨慎未刊印的巴蜀文人著述，并加以刊证；后十六函则为李调元自己的著作，这部书被誉为巴蜀古代的百科全书，至今仍是研究古代巴蜀文化的重要资料。

---

① （明）唐甄：《潜书·远谏》。
② （明）唐甄：《潜书·大命》。
③ 彭端淑（约1699~约1779），清代文学家，字乐斋，号仪一，四川丹棱人。雍正年间进士，历任吏部郎中，顺天（现在北京市）乡试同考官等职。后辞官回家，在四川锦江书院讲学。有《白鹤堂文集》《雪夜诗谈》《晚年诗稿》等传世。
④ 李调元（1734~1803），清代戏曲理论家、诗人，字美堂，号雨村，别署童山蠢翁，四川德阳人，乾隆二十八年（1763）进士，由吏部文选司主事迁考功司员外郎。后遭诬陷，遣戍伊犁，至1785年方得以母老赎归，晚年潜心著述。
⑤ 张问陶（1764~1814），清代诗人。字仲冶，号船山，又号蜀山老猿、药庵退守，四川遂宁人。乾隆五十五年（1790）进士，曾任翰林院检讨、都察院御史、吏部郎中。后出任山东莱州知府，因违背上官意志，辞官居吴县（今苏州）虎丘。晚年遨游大江南北，病卒于客舍。著有《船山诗草》二十卷，《船山诗草补遗》一卷。

第三章

古代巴蜀的印刷传播

第一节 巴蜀早期的传播媒介

无论什么传播方式，都离不开一定的传播工具，即媒介，人类传播的历史，也是人类发明创造和使用传播工具的历史，是传播媒介不断从简单到复杂的进化史。众所周知，在我国的传播工具史上，甲骨和青铜器曾经被用来作为最早的文字传播的载体，其上的文字被称为甲骨文和钟鼎文。甲骨和铜鼎虽然容易保存，但材料来源有限，书写成本较高，且十分笨重，不利于普及。因此，甲骨文和钟鼎文一般都只能用于记载巫师占卜的卜辞和史官对朝廷大事的记载。随着时代的发展，记载文字的物质材料也不断改进，竹简和缣帛逐步代替了甲骨和铜鼎，成为主要的书写材料。竹简多用竹片制成，然后用毛笔将文字书写在竹片上，若把写有文字的多个竹片用皮绳连接在一起就叫"牍"，由于竹木取之不尽，易于传播，很快得到普及。《尚书·周书·多士》载："惟殷先人，有册有典。"可见殷商时代就开始有简牍。缣帛是一种可以用作书写材料的丝制品，较之竹简，缣帛质薄性软，舒卷自如，用来书写更为轻便。《韩非子》中说"先王寄理于竹帛"，说明在周代，缣帛与简牍已同时使用。

巴蜀地区最早使用的文字传播工具是什么？虽然目前我们还很少有相关的考古发现，但从殷墟出土的卜辞中有关巴蜀的记载和三星堆出土的刻有"巴蜀图语"的青铜器，我们可以知道，巴蜀地区在公元两千多年前就已经使用兽骨和青铜器作为"记言记事"的工具了。至于巴蜀什么时候开始使用简牍和缣帛，目前在古文献中鲜有这方面的记载，但我们可以根据巴蜀地区盛产简牍和缣帛所需的原材料——竹子和丝绸做出推理。四川盆地气候温和、雨水充沛、日照充足，无论是川西平原还是盆周丘陵地区都生长着质地坚韧的楠竹、慈竹、白夹竹，这些都为制作简牍提供了丰富的原材料。另外，2002年，我国考古学家从湖南湘西地区发掘出三万多块秦简，湘西属楚地，与当时的巴地相邻，因此巴国不可能不使用竹简。近年来从四川青川、广汉等地的秦墓中出土的巴蜀文物中也多次发现刻有文字的竹简残片，佐证了在这一时期巴蜀已开始使用竹简。但因为四川盆地气候潮湿，不利于简牍的保存，故能够保存至今的

汉画像砖：传经讲学

竹简少之又少，极为珍贵。

从成都出土的汉代画像砖《石室讲经图》上看，一位教师正在讲学，六名学生端坐周围，每名学生手中都捧有竹简，其中一名学生腰间还悬挂一柄书刀。书刀在古时是专门用来删改竹简上文字的工具，说明在汉代竹简仍是巴蜀地区最主要的传播工具。①

巴蜀地区是我国古代最早、最重要的养蚕、治丝和织锦的中心之一，不但相传教人种桑养蚕的嫘祖生于巴国蜀，而且"蜀"王国的起源也与"蚕"相关。春秋战国时期，蜀中栽桑养蚕织锦已非常普遍，成都成了当时全国乃至全世界织锦的主要产地，故有以后的"锦江""锦城"之称。从秦汉时期巴蜀文化及传播的发达程度来看，用于文字记载的缣帛的使用也应相当普遍。在四川涉藏地区，至今还随处可见写有文字的丝绸经幡。

文字经过长期的积累，需要用大量的竹简和缣帛记载下来，"著于竹帛谓之书"②，把写有文字的简牍再"联简成册"，就形成今天书籍的雏形——简册，可以说简册是中国最古老的书籍。书籍的出现使文字变得更加易于阅读和传播，不仅大大增加了信息传播的深度和广度，而且大大扩展了信息传播的社会范围，使古代传播活动进入一个空前繁荣的时期。我国至今仍流传于世的许多典故和成语，如"韦编三绝""学富五车""连篇累牍""汗牛充栋"等，都生动地反映了当时人们读书、写书、编书和藏书的情景。

秦始皇统一中国后，曾实行过"焚书坑儒"的政策，大批书籍被查禁、销毁，使文化典籍遭到一次空前的浩劫。汉王朝的统治者在秦的文化废墟上进行了"文化抢救运动"，从汉惠帝的"省法令妨吏民者，除挟书律"③、汉武帝"敕丞相公孙弘广开献书之路"④，到汉成帝指派陈农专职搜求天下散佚文

---

① 林和生：《文翁石室》，时代出版社2007年版，第43页。
② （汉）许慎：《说文解字》。
③ （汉）班固：《汉书·惠帝纪》《汉书·高后纪》。
④ （汉）班固：《汉书·刘歆传》《汉书·艺文志》。

献，"天下众书往往颇出"，又命刘向父子开展了总校和系统整理各类文献资料的工作。两汉时期巴蜀是全国文化最发达的地区之一，至东汉巴蜀三郡所出的见于记载的学者总数就达八十三人，而其中广汉郡的人数最多，达四十六人，超过了蜀郡。他们不但研习典籍文献，而且著书立说。在巴蜀学者所写经史子集的著作中，经学著作所占比例达36.84%，比其他三类著作都高；史部著作比例达23.58%，虽比经学著作要少，但在全国四大文化发达中心区域内，巴蜀史部著作占第一位。在巴蜀民间还出现了农、工、医、数学、天文、地理等科技书籍。与此同时，益州与长安等各大都会城市一样，出现了以销售图书为主的书店，即"书肆"。扬雄在《法言·吾子》中就写道："好书而不要诸仲尼，书肆也。"这句话的大意是：如果喜欢书籍而不去探求圣贤之道的，只不过是摆书摊子罢了，这是中国现存古籍中最早提到的书店。书肆所卖的书籍品种很多，而且开架出售，读者可以自由翻阅，任意挑选，不仅达官贵人，一些贫寒之士也可涉足其间，这为隋唐以后成都成为全国的图书出版印刷中心奠定了基础。

在汉代，巴蜀地区除了竹简和缣帛以外还有另一重要的传播媒介——画像砖。画像砖，无论从文化内涵和传播方式都与古代的陶器和青铜器的镌刻有关，画像砖产生于中国并极富中国传统文化特色。我们之所以把它作为一种传播媒介，是因为在汉代几百年的历史中，画像砖已经不仅是承载有装饰图案和抽象文字符号的建筑材料，而且是当时政治、经济、军事、文化、艺术及社会生活的真实记录，具有很高的艺术价值和历史文献价值。汉画像砖虽然并非巴蜀地区独有的传播形式，但从目前的考古发现可以证明，无论是数量上，还是内容表现和制作工艺上，巴蜀地区的汉画像砖都在全国名列前茅，成为汉代画像砖艺术的汇综之地。

巴蜀地区的汉画像砖的传播意义主要在于它对汉代多种多样社会生活，尤其是生产劳动和日常生活场景的生动记录。如《弋射》《收获》《播种》《桑园》《采莲》《拾螺》《农事》等画像砖，既形象生动地反映了当时劳动、生产的场面，又体现了巴蜀大自然的欣欣向荣和抒情般的田园风光；《市肆》《酿造》《冶炼》《井盐》等画像砖，反映了汉代的手工商业活动以及以成都为中心的城市经济和庄园经济生活；《宴乐》《游戏》《对弈》《舞乐》《百戏》《杂技》等画像砖则表现了汉代巴蜀地域文化的繁荣。汉画像砖中还有许多神话故事和历史题材的再现，如《大禹治水》《孔子问礼》《荆轲刺秦王》

《楚子问鼎》《传经讲学》等，都引入了故事性和情节性，生动形象、具有很强的艺术感染力，不仅为我们研究巴蜀传播文化留下了宝贵的资料，而且对我们今天的"读图时代"也具有启示意义。

第二节 造纸术的发明与应用

春秋战国至汉代的上千年间，竹简和缣帛是我国主要的文字传播工具，对中国文化的传播起到了至关重要的作用。但简牍和缣帛仍不是理想的书写材料。竹简虽然便宜，但太重，据《史记》记载，秦始皇"衡石量书"（《秦始皇本纪》），每天要批阅大约六十公斤重的简牍文书。汉武帝时，东方朔"至公车上书，凡用三千奏牍。公车令两人共持举其书，仅然能胜之"（《滑稽列传》），可见当时书的笨重。古时用"学富五车"来形容一个人有学问，意思是读过的书要用五辆大马车来装，其实这"五车"的容量也许还不抵现在的一本书多。而这些用竹简编联的书籍最大的问题是容易受潮腐烂，不易保存。如汉武帝执政时就开始大规模地征集图书，直到汉成帝历时百年，当时的皇家图书馆天禄阁里的图书堆积如山，但时间一长，这些堆积如山的简牍编绳断烂、编次散乱，显得杂乱无章，所以才有了汉代大规模编校群书的活动。至于缣帛，虽轻，便于携带，但因其由丝织品加工而成，价格昂贵，不利于普及，也不易保存。因此，人们一直在努力寻找能够取代它们的更好的材料来做传播媒介。经过不断的探索，人们终于在竹简、缣帛的基础上发明了纸张。

造纸术是中国古代四大发明之一，通常以"蔡侯纸"——东汉的宦官蔡伦于公元105年研制的轻便、便宜而又能大量生产的植物纤维纸为标志。实际上，与其他的传播媒介一样，纸的出现经历了一个漫长的过程，很难说是某人某时于某地发明的。巴蜀地区的造纸始于何时，目前还没有文献资料和考古发现证明，但从历史上巴蜀在全国政治、经济和文化所处的地位来看，造纸业在巴蜀地区的出现不会晚于东汉时期。而从目前所能见到的资料看，巴蜀地区在魏晋南北朝时期已经有了相当发达的造纸业。巴蜀地区的造纸原料主要是麻，当时巴蜀是全国著名的麻类作物种植区，特别是蜀麻质量好、产量多，是造纸理想的原料，因此"蜀中多以麻为纸"①。麻纸的制作技术较为简单，首先把麻切

---

① （宋）苏易简：《纸谱》，《文房四谱》卷四。

碎舂捣，"凡造纸之物，必杵之使烂，涤之使洁"①，然后把漂洗干净的麻纤维放进纸槽内，加入清水，制成纸浆，用纸模捞纸，晒干以后，即成生纸，再经加工后就成了白麻纸。另有一种黄麻纸，主要是在纸中加入了黄檗树皮，用它造出的纸可避虫蛀。因为新兴的造纸作坊大都集中在益州（即今天的成都地区），故被称为"益州麻纸"。

由于麻纸坚韧而富有拉力，经久耐用，不易磨损，因而常被用来作为朝廷指定的官方用纸，并规定凡"赦书、德音、立后、建储、大诛讨、免三公宰相、命将、日制，并用白麻纸。凡慰军旅，用黄麻纸。凡诸荐告、上表、内道观、叹道文，并用白麻纸"。②除了麻纸外，巴蜀还盛产一种楮纸，因产地主要为益州广都县（今成都双流），故也称为广都纸。楮纸的制作方法比麻纸更为复杂。首先剥下构树皮，放入水池中沤制，然后取出剥去青皮，用草木灰水蒸煮，再经切碎、舂捣、洗涤、制浆、捞纸、晒干等工序，才能制成生纸。但楮纸"品最下，用最广，而价亦最贱"③"凡公私簿书、契券、图书之牒，皆取给于是"④。

到了唐代，巴蜀地区已成为全国著名的造纸中心之一。唐代的蜀纸分生纸和熟纸两种，生纸是直接从纸浆中捞出的未加工的纸，而熟纸则是对生纸经过砑光、涂布、施胶、染色、洒金、印花等技术处理后的加工纸。唐代巴蜀地区不仅造纸的工艺十分高超，而且纸的种类也很多，质量也很好。当时的蜀纸就有"麻面、屑末、滑石、金花、长麻、鱼子、十色笺"⑤等多种。在纸张规格上，既有供绘画、裱糊等用的大纸，又有用于书写的小纸。据记载，当时洛阳的中央图书馆集贤院每月都要从蜀地运去五千番益州麻纸，以供学士写书之用，仅此一项，每年就要消耗益州麻纸六万番。至于抄写书籍，更以麻纸为上，"四库之书，两京各二本，共二万五千九百六十一卷，皆以益州麻纸写"⑥。

两宋时期是古代巴蜀科技突飞猛进的时期，造纸术和印刷术等推动人类文

---

① （元）费著：《笺纸谱》，《全蜀艺文志》卷五六上。
② （唐）李肇：《翰林志》。
③ （元）费著：《笺纸谱》，《全蜀艺文志》卷五六上。
④ （元）费著：《笺纸谱》，《全蜀艺文志》卷五六上。
⑤ 《唐国史补》卷下《叙诸州精纸》。
⑥ 《大唐六典》卷九《集贤殿书院》。

明进程的发明都得以普遍应用。造纸技术有了进一步提高，巴蜀生产的麻纸、楮纸和各种加工纸坚韧洁白，耐折叠不易磨损。在唐代就已名噪一时的"薛涛笺"，由唐代著名女诗人薛涛发明。这种纸用成都西郊浣花溪的溪水漂洗而成，因薛涛性喜红色，乃创深红小笺，后世流行之红色小八行纸，深受文人墨客的欢迎。唐代诗人李商隐在《送崔珏往西川》一诗中就有"浣花笺纸桃花色"的诗句。北宋时，益州人谢景初在"薛涛笺"的基础上于浣花溪专造十色笺（深红、粉红、杏红、明黄、深青、浅青、深绿、浅绿、铜绿、浅云），被称为"谢公笺"，远销全国各地。宋代诗人韩浦在《寄弟》一诗中就有"十样蛮笺出益州，寄来新自浣花头"的诗句。宋代，巴蜀是全国重要的造纸基地，当时仅成都浣花溪一带就有从事造纸的作坊一百多家。

造纸技术还从成都传到了巴蜀边远的少数民族地区，如在唐宋时期，四川边远的康巴地区就出现了藏纸的制作工艺。藏纸的原料十分独特，采用一种名叫"阿胶如胶"的草本植物根须（汉文名叫"瑞香狼毒"），用它制出来的纸色呈微黄，质地较粗、较厚，但纤维柔性好、吸水性强，并具有虫不蛀、久藏不坏的特性，是一种保存文献的理想用纸，用它印制的佛经历时数百年仍保存完好。造纸术的普及使纸张在宋代成为十分普通的商品，巴蜀生产的纸张不仅能够满足本地和外省印刷和书写用纸的需要，而且能够满足印刷纸币"交子"的需要。

造纸术的发明和普及使纸张替代简帛成为文字传播的重要载体，也使书籍的编纂进入了写本时代。纸的成本很低，书写起来十分方便，而且经过防蛀处理后容易保存，将书写文字的纸张装订成册，就成了真正意义上的书籍。历史上用手工抄写的书籍，被称为"写本"。目前我国现存最早的写本是1924年在新疆鄯县发现的晋人写本《三国志》残卷，共一千零九十余字；1965年，在新疆吐鲁番县英沙古城南的一座佛塔遗址中，又发现了《三国志》写本残卷，有五百七十余字，用正书书写，略带隶意，是公元4世纪的遗物。以上写本为何人何地所写已无从考据，但众所周知，《三国志》是西晋蜀地巴西郡（今四川南充）人陈寿所著，这说明西晋时期已有"写本"在国内各地流行。西晋作家左思曾仿巴蜀作家扬雄的《蜀都赋》而作《三都赋》，其中有关于巴蜀地区的风土、人情、特产描写的《蜀都赋》，也是用手抄的"写本"，由于当时还没有发明印刷术，喜爱《三都赋》的人只能争相抄阅，因为抄写的人太多，京城洛阳的纸张供不应求，一时间全城纸价大幅上升，留下了"洛阳纸贵"的佳话。

早期手抄的书籍完全仿照帛书的形式，把纸张粘连成长卷，再用木作轴，便于舒收，书籍的这种装帧形式称为"卷轴"。随着造纸工艺的提高，纸张价格的降低，竹简与缣帛渐渐退出了历史舞台，到东晋末，恒玄孙称帝时发诏令废止简策，写本书已完全取代竹简。

纸张代替简帛，使书籍的撰写、编纂、复制和传播都变得十分方便，也使巴蜀地区的传播文化有了很大的发展，不仅前面提到的大量的史学、文学类的书籍被撰写出来，而且还出现了数学、天文、农书、医书、地理等科技方面的书籍。如北魏时郦道元虽是北朝人，却来到属于南朝的巴蜀地区包括长江三峡进行徒步考察，并将考察的结果书写成《水经注》这样一部千古不朽的地理名著。这一时期，佛教已在涉藏地区广为传播，各大寺庙的僧侣纷纷利用纸张来抄写佛教经典；有的僧侣还编纂、传抄《格萨尔王传》，出现了被称为"伏藏"的《格萨尔王传》的手抄本。因为纸书轻柔，信息容量大，魏晋时期开始出现了动辄数百卷的大型类书，社会上也出现了专门为人抄书的人，"出版"渐渐成为一种专门的职业。一些知识分子不但写书、抄书，而且亲自动手校理自己所藏的图书，"编辑"一词有了更深的含义。这些也为人类历史上第三个伟大的传播时代——印刷传播时代做好了准备。

第三节　名扬天下的"西川印子"

印刷术的发明也曾经历过一个漫长的过程。

雕版印刷是印刷术的最初形式。雕版印刷起源于中国古代的文字雕刻技术，商代的甲骨文，就是将文字雕刻在龟甲上。青铜器铭文也需要有高超的文字雕刻技艺。石刻文字历史久、数量多，反映了精湛而娴熟的文字雕刻技艺。唐代时由于大量的石窟和石碑的出现，促进了巴蜀石刻技艺的发展，人们把一些经文和书法精品先镌刻在石碑上，然后将它拓印在纸上，用于传阅或临摹。这种用来拓印的碑文一般高六尺五寸，一块石截取成八个狭长的版面，版面高约八寸，每行能刻写九至十一个字。经过拓印后，每个版面即可以独立成页，也可以粘连成卷轴，成为当时流行的书籍款式。这与雕版印刷的工艺已经十分接近了。

所谓雕版印刷，就是将刨光的木材锯成一块块木板，把要印刷的字写在薄纸上，反贴于木板上，再根据每个字的笔画，用刀雕刻成阳文，突出在木板上。印刷时将木板蘸上墨，把白纸复在木板上，用干净的刷子在纸背上轻轻刷一下，然后把纸揭下来，一页就印好了。一页一页印好后，装订成册就成了图书。这种古老的印刷方法，被人们称为"雕版印刷"。雕版印刷到底谁人发明、产于何地，文献上并没有明确的记载，明代学者胡应麟所说"雕本肇自隋时，行于唐世，扩于五代，精于宋人"，想必有一定根据。隋末唐初，由于大规模的农民大起义和随后统一的唐朝的建立，推动了社会生产的发展，也促进了文化事业的繁荣。根据明朝邵经邦《弘简录》一书记载：唐太宗的皇后长孙氏为了宣传封建社会中妇女的典型人物，编写了一本名叫《女则》的书。贞观十年（637），长孙皇后死了，宫中有人把这本书送到唐太宗那里。唐太宗"览而嘉叹，以后此书足垂后代，令梓行之"[①]。梓在古汉语中指雕制印书的木板，引申为印刷，所言"令梓行之"就是让人印刷成书，这恐怕是我们已发现的文献资料中最早提及雕版印刷的。

根据传播学的"使用与满足"理论，雕版印刷的兴起最根本的原因还是适应和满足社会经济、文化生活的需要。最初用于雕版印刷的并不是官府的文书或儒家的经典，而是当时流行于民间而社会需求量最大的佛经、天文历算、小学韵书及占梦相宅、阴阳杂记等书籍。就雕版印刷的中心而言，也不是对出版管制很严的首都长安，而是远离长安，但手工业和商业十分发达的扬州和益州等大城市。据文献记载：早在唐肃宗至德二年（757），成都就出现了雕版印刷印制历书、佛经的书坊，所印之书公开在街上出售，并逐渐形成了书市。据《旧唐书·文宗本纪》载，唐大和九年（835）十二月，唐文宗曾下令"敕诸道府：不得私置历日版"，即各道府不得私自刻印历书。为何不能私自印刷历书呢？这是因为颁布历法是封建帝王的特权，而每年管历法的朝廷司天台还没有奏请颁发新历，民间雕印的新历却已到处都是了。民间印发历书本来就"有乖敬授之道"，再加之雕版印刷出现的初期，由于印刷技术尚未完全过关，出版物字迹模糊，"浸染不可尽晓"。于是，东川节度使冯宿为维护朝廷的权威，就奏请皇上禁止私人出版历书，皇上准奏。然而历书上印有节气、农时，关系到农业生产，农民非常需要，一道命令怎么禁得了呢？虽然唐文宗下了这道命令，但剑南两川（今成都、绵阳等地）私家刻印的历书仍屡禁不止，大张旗鼓地在各地市场上出售，并远销全国各地。

[①] （明）邵经邦：《弘简录》卷四六。

还有一件事可佐证唐代巴蜀地区雕版印刷在全国的影响。

883年，为躲避黄巢起义，唐僖宗带着满朝文武官员慌慌张张逃到四川。跟随唐僖宗逃往成都避乱的官员柳玭在他所著的《家训》序里说："中和三年夏，銮舆在蜀之三年也，余为中书舍人，旬休，阅书于重城之南。其书多阴阳、杂记、占梦、相宅、九宫、五纬之流，又有字书小学，率雕版印纸。"意思是说，柳玭在成都生活期间常到城南书店去逛，看到好多关于阴阳、杂记、占梦等方面的书籍，这些书大多是雕版印刷的，可见当时成都的印刷出版业已十分发达。宋人朱翌在《猗觉寮杂记》中也提到："雕印文字，唐以前无之，唐末益州始有墨板。""墨板"即雕版，唐以前没有，唐末才开始在成都出现。《宋国史志》中也说："唐末，益州始有墨板，多术数、字书、小学。"说明唐末巴蜀地区的雕版印刷已在全国占有重要地位。

雕版印刷在巴蜀地区的兴起还与隋唐时期巴蜀文化的兴盛有关。"自汉司马相如、扬雄以来，蜀号多士"[①]，到了隋代，巴蜀的风俗仍然是"颇慕文学，时有斐然"[②]。唐代是我国封建文化高度繁荣的时期，也是巴蜀文化的一个高峰，特别是中唐以后，北方战乱不断，而巴蜀则相对安定，大批文人相继入蜀避乱，进一步推动了巴蜀地区文化的发展。同时，社会对书籍的需求量急剧增加，也促进了雕版印刷的繁荣。如唐代文学中以诗歌最为发达，许多诗人都希望把自己的诗歌收集成册，刻印成书籍广为流传。如唐穆宗长庆四年（825），白居易就把自己写的诗歌编成了一部诗集——《白氏长庆集》，白居易的好朋友元稹给《白氏长庆集》写了一篇序文，序文中有"白氏长庆集者，太原人白居易之所作……二十年间，禁省、观寺、邮候、墙壁之上无不书，王公妾妇，牛童马走之口无不道，至于缮写模勒，炫卖于市井中。"意思是说当时的人们喜爱白居易的诗歌，无论是王公贵族还是妇孺儿童都争相阅读，人们把白居易的诗"缮写模勒"后拿到街上贩卖，广为流传。这里的"模勒"就是雕版印刷的意思，说明唐代诗集的传播，除了手抄本之外，已有刻印本。由此推论，李白、杜甫等人的诗集在当时都应有刻印本。

雕版印刷在巴蜀的兴起还与宗教在巴蜀地区的传播分不开。自从汉代张陵入蜀传播天师道以来，道教一直是巴蜀地区最重要的宗教，雕版印刷最早被

[①] （宋）司马光：《资治通鉴》卷二九一。
[②] 《隋书》卷二九。

道观用来印刷符箓，以供道民授受之用。另外，各种迷信书籍也被大量印刷出版。唐代是外来佛教在巴蜀地区迅速发展的时期，为了弘扬佛法，需要大量的佛像、佛经、咒本、发愿文，唐初玄奘就曾用回锋纸印普贤像赠送给广大僧尼信众①。1944年，在成都望江公园附近的四川大学校园内，曾出土了一幅茧纸刻印的《陀罗尼经咒》，上面除刻有文字外还有佛像，刻工精细、清晰，并印有"成都府成都县龙池坊卞家刻印"的字样。据考证，"龙池坊"就在今成都市春熙路一带，唐时那里就已遍布印书、卖书的"书坊"，"卞家"就是刻印《陀罗尼经咒》的书商，可以说是中国乃至世界最早的民营出版商之一。《陀罗尼经咒》为考证我国的印刷出版史提供了宝贵的资料，原物现存中国国家博物馆，被公认为目前我国国内收藏最早的雕版印刷品。

2000年，陕西省文物部门征集到一件出土于西安三桥镇的梵文印本《陀罗尼经咒》，其刻印风格与四川大学所出土的印本如出一辙，上有"成都府浣花溪报恩寺……敬造此印施"等字样，推测其刻印年代亦为晚唐时期。浣花溪为今成都市杜甫草堂一带，此件当是从成都流入西安的早期印刷品。

与《陀罗尼经咒》同样珍贵的还有在敦煌出土的《金刚般若波罗蜜经》（简称《金刚经》）。1900年，在甘肃敦煌莫高窟发现了一卷印刷精美的《金刚经》。此件由七张纸粘成一卷，全长四百八十八厘米，每张纸高七十六点三厘米，阔三十点五厘米，卷首刻印佛像，下面刻有全部经文。印品雕刻精美，图文浑朴凝重，印刷的墨色浓厚匀称，清晰鲜明，刊刻技术已达到较高水平。经卷最后题有"咸通九年四月十五日"字样。唐咸通九年，就是868年，是迄今所知世界上最早的有明确刊印日期的印刷品。此经原藏敦煌第十七窟藏经洞中，1907年被英国人斯坦因和法国人伯希

成都府成都县龙池坊卞家刻印《陀罗尼经咒》

---

① 《僧园逸录》："玄奘以回锋纸印普贤像，施于四方，每岁五驮无余。"

和盗走，现藏于英国伦敦大英博物馆。现在残存的《金刚经》虽不是印刷本，但其中至少有八部《金刚经》写本上注明抄自"西川过家真印本"或"西川印本"，说明四川的印本已经享有盛名了。现藏于英国的唐代另一印刷品"中和二年具注历"，则是成都樊赏家印卖的杰作，历书第二行用大号字体雕印"剑南西川成都府樊赏家历"字样，"中和二年"为882年。此件刀法纯熟，敷墨均匀，堪称早期印刷品中的精品。

社会经济文化的繁荣既为传播事业和传播媒介的发展提出了现实需要，也为传播事业和传播媒介的发展提供了强大动力。唐代时巴蜀地区的雕版印刷已在国内享有盛名，到了前后蜀时期，巴蜀地区的造纸技术和印刷技术已完全成熟，成都已超过扬州成为当时中国乃至世界的雕版印刷中心。在巴蜀益州（成都）、临邛（邛崃）、眉州（眉山）、梓州（三台）等地"书坊""书肆"遍布，所刻印的书籍从佛经、历书、诗集、医药、字韵、传奇到科技书籍应有尽有，远销全国各地。

前后蜀时期巴蜀传播事业和传播媒介的兴盛与前后蜀政权的大力扶持和提倡是分不开的。前

唐中和二年成都刻印的历书

后蜀宫廷书库及大臣皆广收天下奇书，许多大臣还自己出钱刻印书籍，一时成为风气。如前蜀武成二年（909），眉州团练使任知玄就曾"自出俸钱"，雇任良工，刻印了道教史上著名大学者杜光庭的《道德真经广圣义》三十卷，印造流行，"不烦染翰之劳，可遍普天之内，使人皆持诵"①。后蜀宰相毋昭裔受后唐国子监雕印儒家经籍的影响，更是大规模地刊刻书籍。毋昭裔为何对印书如此热心，这里面还有个故事。据记载："毋昭裔贫时，尝借《文选》于交游间，其人有难色。发愤曰：异日若贵，当板以镂之遗学者。后仕蜀为宰相，遂

---

① 《古今旧书考》卷一。

践其言。"①意思是说，毋昭裔过去家境贫困，曾吃过借不到书的苦头，于是他发愤，以后若有发达之时一定要拿出家产来刻书，赠给那些想读书而没有书的人，出出这口气。后来，毋昭裔当上了后蜀的宰相，果然在成都"令门人勾中正、孙逢吉书《文选》《初学记》《白氏六帖》镂板"。又"出私财百万，营学馆，且请刻版印《九经》"②。当时刻一部书要费很多钱，毋昭裔愿意拿出偌大的家产来自费刻印诸如《文选》《初学记》《白氏六帖》《九经》之类的大部头著作，足见其对文化事业的热心。

前后蜀时期的印刷术较之晚唐有了明显的进步，从一般的单篇单册的印刷品发展到篇幅大、部头重的著作，如昙域和尚收集其师贯休的诗作"雕刻板部"的《禅月集》就收录诗歌一千首；毋昭裔刻印的《文选》是中国现存最早的一部文学作品选集，上自战国，下迄萧梁，分为三十八类，共七百余篇；刻印的《白氏六帖》为白居易所撰，全书三十卷，每卷各列子目，是一部查找成语、故事而自编的类书。为了保证刻印的质量，毋昭裔还将书写人与雕刻人分开，变成两道工序，由名家书写、精工雕刻，从根本上打破了以往文人轻视印本书的习气。书籍批量性及规模化的生产使前后蜀时期大量的科技文化成果得以保存，如后蜀李珣在成都编修、刻印的《海药本草》，就是一部专门记载当时国外传入药物并兼收我国南方地区所产药物的药学专著，共记载药物一百二十多味，以后为宋代唐慎微的《经史证类备急本草》和明代李时珍的《本草纲目》等书引用；再如中国第一部词总集《花间集》，由曾任卫尉少卿的赵崇祚编辑，收录晚唐和五代十八家的词，其中蜀地词人占十五人；清代编修的《四库全书》收录晚唐五代文集共四部，其中有三部出自前后蜀。前后蜀时期巴蜀印刷出版的繁荣，为宋代"蜀刻本"的再度兴盛奠定了基础。

前后蜀时期巴蜀的图书出版在国内外产生了很大的影响。五代时的中国四分五裂，与后蜀同时代的后唐曾组织对儒家经典进行大规模雕印，这也是中国历史上第一批由政府刊刻的官版书。据《五代会要》记载，后唐明宗长兴三年（932），宰相冯道、李愚上书皇上："尝见吴蜀之人，鬻印版文字，色类绝多，终不及经典。如经典校定，雕摹流行，深益于文教矣。"意思是说，我见江南和四川两地的雕版印刷，色彩、类型很多，但还不能印儒家经典那样严

---

① （南宋）王明清：《挥麈录》。
② 《宋史·毋守素传》。

肃的著作。如果制定一种标准的读本，并让它雕摹流行，对于文化教育将有很大的好处。冯道、李愚还奏请皇上，"敕令国子监集博士儒徒，将西京石经本，各以所业本经句度，抄写注出，仔细看读，然后顾召能雕字匠人，各部随帙刻印，广颁天下。如诸色人等要写经书，并须依所印敕本，不得更使杂本交错"①。可见，当时在四川民间雕版印刷已非常流行，也说明来自民间的科技成果开始为官府所认识，并为其统治利益服务了。

作为人类传播史上具有里程碑意义的革命，造纸术和印刷术的发明，使人类在信息的记录和传播方面找到了理想的载体和手段。它不仅使中国浩如烟海的文化典籍得以保存并流传至今，而且使人类大规模的文化生产和传播成为可能，对推动整个社会的政治、经济、文化、科技的发展都具有至关重要的作用。正如科技史专家李约瑟博士所说："我想没有能比纸与印刷的发明这个对所有人类文化史上更重要的题目了。"②造纸术和印刷术的发明，是中国包括巴蜀地区对人类传播文化所做的不可磨灭的贡献，它标志着人类进入了一个新的传播时代——印刷传播的时代。

第四节　蜀刻本：中国雕版印刷的高峰

图书出版事业的发展与其所处的社会、政治、经济、文化的发展有着密切的关系，而文化的兴盛更是图书出版事业发展的基础和动力。巴蜀文化的繁荣直接促进了巴蜀地区图书出版事业的兴盛，宋代，巴蜀地区的雕版印刷出版进入了一个黄金时代，有"宋时蜀刻甲天下"③之称。

与唐代的刻印书籍主要是民间所为不同，宋代则有了官刻、家刻和坊刻之分。官刻，系指中央或地方政府机关组织所刻，内容主要以佛教著作、经史典籍和大型类书为主。在宋代四川至少有四次由朝廷组织的大规模的出版活动：

第一次是北宋开宝四年（971），刚完成统一大业不久的宋太祖因尊崇佛教，令高品张从信去四川成都监制《大藏经》。《大藏经》又称《开宝藏》或《蜀藏》，一共有一千零七十六部，五千零四十八卷，约四千八百六十万字，

---

① 姚福申：《中国编辑史》，复旦大学出版社1990年版，第145页。
② 张秀民：《张秀民印刷史论文集》，印刷工业出版社1988年版，第267页。
③ 《宋史·张咏列传》。

共用雕版十三万块，历时十二年才雕印完毕，是世界上刻印的第一部佛经总集，也是中国历史上第一次大规模的出版工程。《大藏经》刻版后运至汴京（今河南开封）印经院收藏。它的印本对后世影响很大，成为一切官、私刻印藏经的标准依据，朝廷还将印经送给高丽、越南、契丹等地，这些国家或地方又据此翻刻、仿刻，可见其影响之大。这项宏大的文化工程，在中国印刷出版史上具有十分重要的意义。

第二次是南宋高宗绍兴年间（1131～1162），在四川转运使井宪孟主持下，在眉州（今四川眉山）雕印的南北朝"七史"，即《宋书》《南齐书》《梁书》《陈书》《魏书》《北齐书》《周书》共四百五十一卷，为世间著名的蜀刻大字本"眉山七史"。在井宪孟的倡导下，眉山地区还刻印了《周礼》《春秋》《礼记》《孟子》《史记》《三国志》等经史著作。

第三次是南宋庆元五年（1199），成都府路转运判官兼提举学事蒲淑献主持的雕印宋代"四大类书"之一的《太平御览》，全书共一千卷，分五十五部，四百七十余万字，现在仅日本尚存残卷两部。

第四次是南宋中叶，在眉州雕印的宋代另一部大型类书《册府元龟》，共一千卷，分三十一部，约九百四十万字，现在仅有国家图书馆存残本一百零八卷。

这四次大型的出版活动，动辄上千卷的巨著，培养了大批写工、刻工、印工，大大提高了四川雕版印刷的水平，也证明了宋代四川地区民间刻书事业的繁荣。

宋代的官刻书中以秘书省国子监监制出版的最为著名。宋代把书籍的出版看作是一件十分严肃的工作，国子监特别讲究书籍校雠的质量，凡是批准镌刻的书，在交付镂板之前，必须经过三校，即先由负责校理的官员精加校勘，第一道校雠工作完毕后，送覆勘官，再复校一遍，然后送主判馆阁官，重加点校。三校官员的名衔全印在全书的卷末，以示对校雠质量负责，这种书籍的三校制度一直沿袭到今天的图书编辑出版。[1]除中央政府外，地方政府如各州公使库、各路茶盐司、漕司、提刑司等机关，还有州学、军学、县学、郡斋、郡庠、县斋等单位的刻本也属官刻。从刻书技术来说，杭州和成都刻得最好，所以当时国子监的书籍，绝大部分都是拿到这两地去镌刻的。

---

[1] 姚福申：《中国编辑史》，复旦大学出版社1990年版，第162页。

家刻，顾名思义，是指私家出资校订刻印的书籍。私人限于财力，不可能一次出版很多种书，但校订却比较细致，又多采用精选的善本，因此质量很高。私家刻书往往以某某家塾、某堂、某宅、某斋为标记，如在宋代蜀地较为著名的就有广都（今成都双流）的裴氏、费氏、进修堂等，西蜀（成都）的崔氏书肆等，眉山的程宅、万卷堂、书隐斋等。私家刻书大多不以营利为目的，而是为了标榜家学渊源和垂名后世。但家刻印数有限，能够传世的不多。一些书院除了讲学外，还自己刻印书籍，如魏了翁为了扩大理学在社会的影响，就曾在眉山等地大量刻印朱熹的《论语集注》和《孟子集注》等书，使得理学在蜀地广为传播。

比起家刻更加繁荣的应属坊刻。坊刻起始于唐末五代，以刻印历书、经咒、杂书等为主。成都虽然远离京都，但作为西部的大都会、内地通往西南地区的交通要道和南丝绸之路的起点，手工业和商业十分发达，这十分有利于以商业为目的的小作坊运作方式的发展。到了宋代，以前坊雕卖印本的"某某家"，就名正言顺地发展为书铺、书堂、书肆、经籍铺、刻书铺、书籍铺，遍布于闹市区。它们多半是前门开店、后门办厂，边刻印书籍边售卖。像这样的书坊仅成都就有数百家。书籍变成商品生产以后，大量的出版和流通，不仅打破了封建社会的文化专制，促进了学术的交流和知识的传播，而且使书籍的出版成为一种独立的社会事业和文化产业。

与此同时，巴蜀的印刷工艺也更加成熟，宋代的蜀刻本被称为"龙爪本"。蜀刻本的品牌优势首先在于严格把关刻印质量，蜀刻本多以监本为依据翻雕、重刻，注重校勘，除官刻书籍均设有校勘、监雕、印造之职外，坊刻也设置了校正、录正、印行等职。为昭信用，在书本卷首、卷尾还注明每版的字数、印行名称、刻印人的姓名。在刻印经史典籍时，一改以前正文和注疏分别刻写在两个书本上的编排形式，而是盛行在同一书版上，用大字刻正文、小字刻注疏。蜀刻本的具体工作流程是：第一步，精心挑选雕刻所用的木板。因刻板多采用结

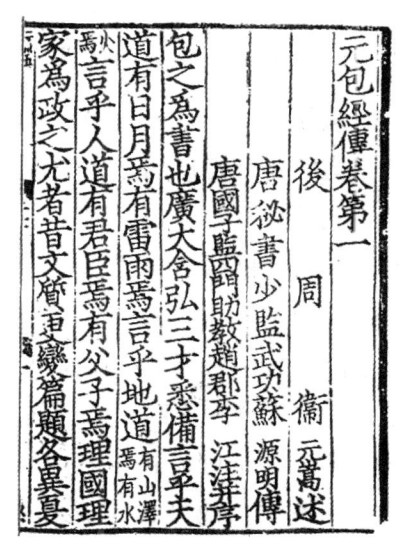

蜀刻龙爪本——宋绍兴三十一年（1161）临邛刻本《元包经》

实的枣木或梨木，所以称刊印书籍为"付之梨枣"或"付梓"。第二步，将需要刻印的书籍抄在纸上，既有流行的"大字本"，也有"小字本"。所谓大字本指每一行十六字以下，而小字本是指每一行二十四字以上；字体多为遒劲朴拙的颜体。第三步，把抄好的书页反贴在木板上，待纸干透后，用刀刻去无字的地方，使字迹凸现出来。第四步，雕刻的板片初成后，印出若干"校样"。第五步，"校正"（即负责校对的工作者）对"校样"认真校勘，杜绝差错疏漏。第六步，定稿后正式印刷。其方法是将墨涂在板片上，敷上白纸，用刷子轻刷，揭下即为一张印页。第七步，将一张张印页装订成一部完整的书籍。蜀刻本版式疏朗明快，字大如钱，墨香纸润，内容、印刷均为上乘，是传世的精品，对后世的书籍有很大影响。

蜀刻本的装帧体现了当时图书装帧工艺的最高水平。最初，蜀刻本借鉴了传统简牍、帛书的"卷轴"装帧形式，并加以改进成"旋风装"。即把印好的书页，按照顺序逐次相错，粘在同一张纸上，错落粘连，犹如旋风，所以史称"旋风装"。后来又采用"蝴蝶装"，简称"蝶装"。将书页面对面相对折齐，用糨糊粘连书页于反面版心处，再用厚纸做书皮，类似现在的精装本。翻阅时，书页两边展开犹如蝴蝶双翅，故称"蝴蝶装"。南宋之后，四川的刻书中心由成都向眉山转移，眉山成为继成都之后巴蜀重要的出版印刷基地。

在宋代，蜀人就有了保护知识产权的意识。宋代蜀刻本已有了牌记，牌记也称木记、墨围、书牌，刻书者往往把刻书家的姓名、堂号或书坊字号、刻书年月等事项刻于书末，就相当于今天的版权页上的内容。蜀刻本从所刻的内容到编排装帧形式，在印刷前都要报官批并存档，禁止任何人仿照、翻刻。如南宋光宗年间在眉山刻印的《东都事略》，目录后的牌记就写道："眉山程舍人宅刊行，已申上司不许覆板"，用今天的话来说，就是"版权所有，不准翻刻"。这是目前国内也是世界上发现的最早的意义最完整的版权记录。

宋版蜀刻本体现了中国古代印刷的最高成就，近代巴蜀学者、版本学家傅增湘称赞宋版蜀刻大字本《春秋经传集解》"刊印精绝、字大如钱、墨黑似漆，展卷即夺人眼眸"。清代版本校勘学者黄丕烈酷爱宋版蜀刻本，自号"佞宋主人"。他因获得一部宋版蜀刻本《陶诗》而欢喜如狂，将其书斋改名为"陶陶室"。他见到宋版蜀刻本《嘉祐集》后称赞道："刻本之精，印本之爽，在宋本中可为稀有。"宋代四川究竟刻印了多少书，由于后世佚散太多，已无法精确统计。今人据各种史料考证，宋代仅川籍作者就有一千零九人，著作约二千四百多部，但现存者不及半数。中国至今仍保存着大约七百本宋代的雕版印刷古籍，其中多为蜀刻本。宋版蜀刻本弥足珍贵的史料价值得到学术界的高度褒扬，也被收藏界视作价值不菲的绝妙艺术瑰宝、罕有的文物精品。早在明朝，宋版蜀刻本尤其是善本就已一页千金了。

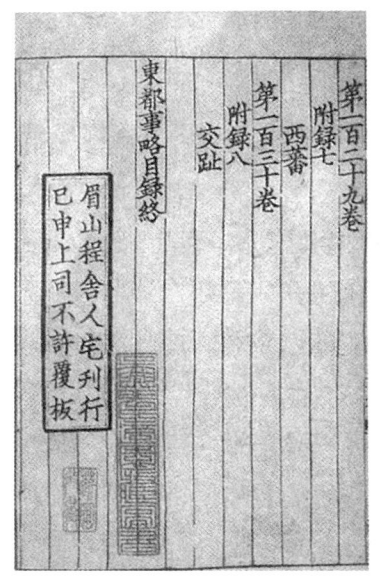
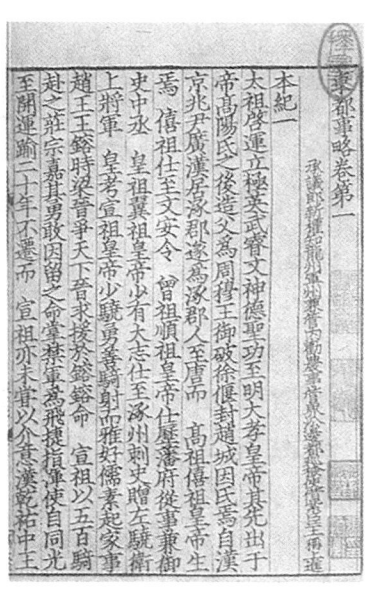

世界最早的版权记录

人类的传播技术总是在不断进步的，雕版印刷虽然在中国传播史上写下了浓彩重墨的一页，但雕版印刷在传播方式上仍有很多不足，如雕刻一本书只能用于这本书的印刷，那些堆积如山的书版，用过一两次也就报废了，既费时又费事。于是人们努力探索更为简便、成本更低廉的印刷方式。宋仁宗庆历年间（1041～1048），布衣毕昇发明了一种更先进的印刷方法——活字印刷，把我国的印刷技术大大提高了一步。但需要指出的是当时的活字印刷使用的胶泥活字，也不是一种理想的印刷工具，在应用上还存在不少困难，使用并不普遍。元代有人发明了木活字、锡活字，明代有人发明了铜活字和铅活字，清代又有人发明了瓷活字，但它们都始终没有取代雕版印刷。雕版印刷作为古代印刷方式的主流在中国存在了一千多年，直到19世纪末20世纪初才逐步被现代印刷技术所替代，因此，我们不能把活字印刷作为中国古代印刷发明的起点，更不能借此认为毕昇是中国古代印刷术的发明者和开创者。

第五节 巴蜀元明清的图书出版和收藏

唐宋以后，中国的封建王朝开始走向衰落，进入了封建社会的后期，而巴蜀地区在全国的政治、经济、文化地位日渐式微，在传播文化方面也从宋代的高峰坠落到谷底。元朝统治者入主中原，曾采取了极其严酷的文化专制政策，在信息传播上采取了十分严厉的控制，据《元史·刑法志三》卷一〇四"大恶"款载："诸妄撰词曲，诬人以犯上恶言者，处死。"《文史·刑法志四》《禁令》卷一〇五中说："诸乱制词曲，为讥议者，流。"在这样的文化专制政策下，巴蜀的编辑出版事业受到了沉重打击，失去了曾有的出版基地和中心地位，从此一蹶不振。直至明代，四川的编辑出版才逐渐恢复和发展。明洪武二十三年（1390），朱元璋第十一子献王朱椿在成都建立蜀藩府。朱椿是一位好学之士，《明史》说他"博综典籍"，"独以礼教守西陲"。他还聘请方孝孺为世子博，厚待讲学博士，又"招致天下名刻书墉集成都"①。在他的影响下，在元代衰微的四川官刻又开始兴盛起来，不仅藩府刻书，布政司、按察司、各府州都以刻书为风尚。仅蜀藩府就刻了《自警篇》《蜀鉴》《通鉴纲目全书》等共三十五种，是明代诸藩府中刻书最多的，坊刻和私刻也得到恢复和发展。但明代全国雕版中心已转移到江浙一带，四川的雕版印刷失去了昔日的辉煌。

清代曾采用了比元代更为严酷的"文字狱"政策，朝廷采取各种手段清查、收缴所谓的"禁书"，除残酷镇压有反清思想的作者以外，还株连一大批与此关联的校阅者、刻印者、售书者、藏书者，轻者杖责、充军，重者诛灭九族。即使在远离京师的边远的巴蜀地区，也曾发生多起因刻印和收藏忌讳书籍而被诛杀的惨烈事件。

清政府的文化专制并不能阻碍文化的传播，在清政府大张旗鼓地查禁遗书的同时，四川的民间刻书之风却逐渐兴盛起来。康熙、乾隆年间，四川一批民间书坊相继开业，至清同治、光绪年间，书坊、学院、私家刻书已盛极一时，四川的雕版印刷业已发展至与京、宁、苏、杭、徽等州并列，成为全国六大雕版印刷中心之一。据统计，从康熙年间至清末，四川先后有过书坊七百多家，其中成都有四百八十多家，重庆有一百多家，各州县一百六十多家。较为出名

---

① （清）彭遵泗：《蜀碧》。

的书坊有成都的严古斋、耕经堂、玉元堂、尚友堂、志古堂、志道堂，重庆的书成山房、善成堂，泸州的宏道堂，新都的墨耕堂，苍溪的竹桥斋等，出版的书籍主要是蜀人的著作以及与蜀地有关的著述。除此之外，四川私家刻书的也不在少数，刻主多为学者或名人显宦，他们刻书的目的不在营利而为弘扬家学，提倡学术。如清代四川著名教育家刘沅（1768～1855）之子刘子维，就开设有以弘扬家学为主的书坊——守经堂，主要刻印刘沅的著作《槐轩全书》共二十二种一百零六册。

在坊刻、私刻日益兴盛的同时，清代的寺庙刻书也得到一定的恢复。巴蜀地区的寺庙历来都有刻书的传统，巴蜀地区最早的印刷品也是从刻印佛经开始的。到光绪年间，不但成都的各大寺院宫观刻书，许多县的寺庙宫观也刻印佛道经典、庙志和僧道个人著作。如成都文殊院在康熙年间就刻印了《宝林慈笃海月和尚语录》《南北藏经》（《南北藏经》装帧精美，用楠木盒装存，计一千函一万五千多册）等，新都宝光寺于顺治三年（1646）刻印了《三坛传戒仪范》三卷三册，成都二仙庵于光绪三十二年（1906）重刻了工程浩大的《道藏辑要》。

除汉族地区的寺院刻书外，四川涉藏地区各寺院在明代以后也开始用雕版刻印藏文经书和其他著作。设在今四川甘孜藏族自治州理塘县梭磨拉山麓的理塘印经院，由第三世达赖喇嘛索南嘉措于明万历八年（1580）建立，被认为是藏族至今尚存的最古老的印经院。当时，云南木增土司将丽江印书院所刻《甘珠尔》等十多万块书版赠予该院，并在《甘珠尔》的卷首写有"三藏圣教序"五字，为寺院和印经院珍藏。印经院除印刷《甘珠尔》外，还刻印了许多经典、医学、文学、语法等著作。

设在今四川甘孜藏族自治州德格县的德格印经院，为第十二世德格土司却吉·登巴泽仁首创，始建于清雍正七年（1729），历经十六年才建成，是涉藏地区规模最大、设备最完善的印经院。印经院里设有藏版库，至今还收藏有佛学经典，藏族早期医书，藏族学者的全集、传记以及有关天文、历算、辞书、艺术等著作的印版二十九万余块。其中有许多是稀世珍本，如印度早已失传的《印度佛教源流》《汉地佛教源流》和早期医学名著《居悉》（即《四部医典》）等，其中最古老的版本《般若波罗蜜多经八千颂》已有三百多年的历史，是目前仅存的孤本。它们不仅对研究藏族的历史、政治、经济、文化具有极高的学术价值，而且成为中国传统印刷术"活着的博物馆"。2010年，德格印经院被列入世界非物质文化遗产目录。

清代在民间刻书日益兴盛的同时,民间藏书也渐成风气。巴蜀历史上就有藏书的传统,北宋成都人陈乘就是有名的藏书家,时有"蜀中所传书多出于乘"之说。藏书者多为官宦、学者,他们往往既刻书又藏书,并作为家传。如李调元被罢官后,就曾回家乡罗江买地十亩,建一藏书楼,名曰"万卷楼"。万卷楼既刻书又藏书,主要刻印李化楠、李调元父子著作,其中大部头丛书如清乾隆四十七年(1782)始刻印的《函海》一百五十二种一百六十册和《续函海》十种十二册。道光五年(1825)又重新修补刊《函海》《续函海》。万卷楼藏书最多时达十万卷,时称"西蜀藏书第一家"。所藏书籍,除用官俸购买的外,大量的是李调元亲自手抄的抄本和自刊本,极为珍贵。可惜的是清嘉庆五年(1800),万卷楼不幸被当地土棍何氏父子烧毁,"楼共五楹,贮经史子集四十厨,内采宋刊抄本尤多"①"烧书尤烧我"②,此事对李调元打击甚大,不久便抑郁而亡。

晚清学者傅增湘(1872~1950,四川江安人),既是著名的版本学家、校雠学家和目录学家,也是中国著名的藏书家。他早年考取进士,任翰林院庶吉士,辛亥革命后曾任北洋政府教育总长、故宫博物院图书馆馆长。他一生以图书收藏为乐,用他自己的话说,犹如"蚁之集膻,蛾之灭火"。自辛亥革命以后傅增湘就倾其所有购买收藏图书,因他藏有极其珍贵的宋、元两本刻印的《资治通鉴》,因此给自己的藏书处取名"双鉴楼"。他"南游江浙,东泛日本,海内外公私图书馆,靡不涉目;海内外之言目录者,靡不以先生为宗"③,遍访全国各地,甚至远涉日本搜访中国古籍,每得知某地有善本,必求一得,若资力不够,也必求一见。他的薪金,除生活费外全部用于购书,若拙于资金,便四处举债。他一生收藏图书闳富,总计达二十余万册,其中多有宋、元、明精刊及抄本,仅宋、金刊本就有一百五十余种四千六百多卷,元刊本数十种三千七百余卷,明刊本及各家抄校本三万卷以上,编有《双鉴楼善本书目》《藏园续收善本书目》等,后来北京图书馆编制的善本目录中就著录傅氏藏善本二百八十多种,为同期个人藏书之冠。1949年新中国成立之前,周恩

---

① (清)李调元:《童山自记》,第57页。
② (清)李调元:《童山诗集》卷四十,第537页。
③ 伦明:《辛亥以来藏书纪事诗》。

来曾委托"四川老乡"陈毅持自己的亲笔信拜访傅增湘，遗憾的是陈毅未到傅已仙逝。傅病重时曾嘱托后人将部分图书赠送给北京图书馆和四川大学图书馆。

四川私家刻书藏书最多者为清末民初的编辑出版家、藏书家严雁峰（1855~1918）及其子严谷孙。严雁峰原籍陕西渭南，先世三代侨居蜀中经商，家中富有，但他却倾万金家资刻书藏书。早在1880年就修建书坊，取名镌乐堂，开始镌刻书籍，并亲自编辑校勘，出版各种书籍百余种，特别是整理刊印了大量自宋代以来的蜀刻本。他还在自己住处建有石库状读书楼，取名贲园书库，并自取别号贲园居士，视搜求典籍、整理古书为穷毕生精力的事业。贲园书库藏书最多时高达三十余万卷，其中善本五万卷，存雕版三万多块，包括诸子百家文集、别集、总集等学术文献，不仅供一般人借阅，更为当时的学者钻研学术、撰述著作提供了方便。更值得称道的是如此规模巨大的私家藏书，经百年而保存完好、无一散佚。新中国成立后，严雁峰的儿子严谷孙将私家馆藏包括图书和雕版版片全部无偿捐赠给人民政府，现被四川省图书馆收藏。这些藏书和雕版成为我们今天了解清代巴蜀图书出版事业以及巴蜀传播文化史最好的资料。

第四章

古代巴蜀各领域的传播

第一节　古代巴蜀的政治传播

政治，简单明了地说，就是治理国家的事务和活动。传播之于政治，如影随形，任何政治活动都离不开政治信息的传播。因此有传播学者说："政治是传播的主神经，传播是政治的控制器。"[①]中国自秦以后建立了封建的统一的多民族的中央集权国家，在汉代中华民族又得到极大的扩展，成为赫赫煌煌的大汉帝国。在中央集权的国家，皇帝是最高的统治者，中央受皇帝一人控制，各郡县官直接向中央负责，中国封建社会的这种"定于一尊"的"大一统"的一元政治格局决定了"政出一人"的传播制度和传播格局，皇帝的旨意、朝廷的决策，通过他们所控制的传播工具，以书、敕、诏、册等官方文件层层下达。[②]并在社会各阶层的传递中形成信息流，成为维持封建统治的一个有效纽带，这也是中国古代政治传播的最主要的方式。

中国古代社会公文信息的传递，主要是通过邮驿系统来实现的。这种邮驿系统以都城为中心，在通达全国各郡的驿道上每隔三十里或四十里设一驿站，定期把皇帝的谕旨、诏书、臣僚奏议等官方文书以及宫廷大事等有关政治情报，写在竹简或绢帛上，然后由信使骑着快马，通过驿道一站接一站传送下去，传送到各郡长官手中。地方的奏章也经此渠道层层上报。西汉时期，中国就建立了当时世界上最为完善的邮驿系统，大大加强了中央与地方的联系，维护了中央集权的统治，因此在封建社会一直延续了两千年。但是，这种政治传播的方式仍有很多明显的缺陷：

一是它受交通条件限制很大，所建驿道不可能都是一马平川，要通过很多高山大川、河流险阻，信使所骑快马就是日夜兼程也不过二三百里，对于边远地区、特别是少数民族地区，信息的传递需要花费很长时间，因此在政治传播的时效性上大打折扣。如唐朝曾明文规定了陆路上公文传递的速度，一般每天

[①]　邵培仁：《政治传播学》，江苏人民出版社1991年版，第18页。
[②]　郑学檬、余也鲁：《从零开始》，厦门大学出版社1994年出版，第86页。

一百多里，若遇紧急公文一天四百里。唐代安禄山在范阳造反，唐明皇仍在临潼寻欢作乐，两地相隔三千里，唐明皇六天后才接到紧急军书，那时安禄山已经打到了都城长安。

二是邮驿系统是一个封闭的、树形的系统，公文只能是至上而下地传递，不能横向流动，官员相互之间的通信受到严格限制。如《后汉书》载：恒帝时"蜀郡太守因计吏赂遗于（曹）腾，益州刺史于斜谷关搜得其书，上奏太守（劾蜀郡太守），并以劾腾，请下廷尉罪"。①说的就是蜀郡太守交通王侯而被益州刺史弹劾受到制裁。更重要的是这种单向线性的传播方式，只将中央政府的政令传达到郡县一级，不能直接传递到普通百姓中去，因而影响了中央政府的决策在基层尤其是在边远地区的执行。

司马相如被公认为西汉时期的大文学家，他在政治传播中也显示出相当的才干。汉武帝当任时，慕其才干，召司马相如进京师并封他为侍从郎。公元前130年，汉朝在今四川南部和贵州北部设夜郎郡后，派大将军唐蒙打通西南夷道。朝廷本来只征发民工千人，下面却层层加码，在巴蜀地区就组织了一万多人去从事这项艰苦的工作，并动辄"发军兴制"，令民工苦不堪言，人心惊恐，虽耗时两年，死者甚多，而道路却未修通。汉武帝派司马相如对当地的老百姓进行安抚。司马相如根据朝廷的旨意起草了一篇《喻巴蜀檄》的公告。②"檄"，作为一种古代官方文书超始于周末，多用于古代国与国之间的声讨和征伐，相当于"战书"。而在《喻巴蜀檄》中，司马相如却将这种咄咄逼人的战书变成了动之以情、晓之以理的政府文告，一方面说明唐蒙滥征民工、"发军兴制"等举措并非朝廷之意；另一方面又向巴蜀吏民宣传"通西南夷"对开发少数民族地区、维护国家统一的重要意义，希望得到民众的理解和支持。司马相如的文告情真意切，娓娓道来，劝人们"急国家之难，而乐尽人臣之道"，迅速安定了人心。这篇文告也对"檄文"进行了创新，增添了宣传、晓谕、说理的功能③。

---

① 张学洪：《从孟城驿遗存看古代邮驿系统的结构和功能》，载《从零开始》，厦门大学出版社1994年版，第125页。
② 《六臣注文选》卷第四十四："檄，皎也。喻彼使皎然知我情也，周末时，穆王令祭公谋甫为威猛之辞，以责狄人之情，此檄文之始也。"
③ 《六臣注文选》卷第四十四："善曰：汉书曰，相如为郎数岁，令唐蒙使略通夜郎僰中，征发巴蜀吏卒千人，郡又多为，发转曹万余人，用军法诛其渠率，巴蜀人大惊恐，上闻之，乃遣相如责唐蒙等，因喻告巴蜀人以非上之意味也。"

公元前127年，司马相如再次以钦派使节的身份回到家乡，全权负责处理有关开发西南夷的事务。对于朝廷开发西南夷的重大决策，蜀中一些抱残守缺、不明事理的官员和长老提出种种非议，他们以蜀中代言人自称，以开发西南夷使得"百姓力屈""士卒劳倦"为由，指责"弊所恃以事无用"。司马相如针对这些议论，奋笔写下了《难蜀父老》。在文中他坚持变革的观点，旗帜鲜明地揭露了闭塞的危害，赞颂了开发的历史功绩，批评"蜀不变服""巴不化俗"的顽固观点，提出"盖世必有非常之人，然后有非常之事；有非常之事，然后有非常之功。非常者，固常之所异也"，指出如果墨守成规、畏首畏尾，必将一事无成。司马相如说服了那些不赞成开发西南夷的蜀中父老，并顺利地完成接收邛、筰等少数民族的归附工作，为国家的统一和民族的团结做出了贡献。

司马相如的《喻巴蜀檄》和《难蜀父老》"文晓而喻博，有移檄之骨焉"[1]，充分体现了他在政治传播中的智慧和技巧，这两篇文章都是对朝廷决策的宣传和贯彻，属于典型的政治传播范畴。在当时高度集权的封建制国家里，最高统治者的决策要通过层层官府向下传达至普通百姓当中，由于传播手段的落后和传播环节太多，必然造成信息的衰减和失真，因此难免出现像唐蒙这样曲解朝廷之意的事情。而司马相如创造了"檄"和"书"的形式，直接向民众传达朝廷的决策，并动之以情，晓之以理，达到了其他公文形式不能达到的宣传效果，开创了一种新的政治传播方式，是传播领域内的重大贡献。受司马相如的启发，汉武帝封萧何的曾孙萧庆为赞侯，曾"下诏御史""布告天下"，这是以诏书这种下行官方文书的形式向"天下"传布公告的最早记载[2]。

中国古代的政治传播不仅有自上而下的"上情下达"，也有自下而上的"下情上传"。古代地方的"下情上传"主要有两条渠道：一条是专使入朝，一条是通过驿传制度传递。从秦汉起，历代都有要求中央与地方官吏"上封事"的规定。"上封事"就是臣下直接向皇上上书言事，并对上封事的公文格式都有规定："凡下之所以达上，其制亦有六：曰表、状、笺、启、辞、牒。表上于天子，其近臣亦为状；笺、启于皇太子；九品以上，公文皆于牒；庶人曰辞。"[3]

---

[1] （南北朝）刘勰：《文心雕龙》。
[2] （汉）班固：《汉书·萧何传》
[3] 白钢：《中国皇帝》，天津人民出版社1993年版，第226页。

诸葛亮的《出师表》也是古代巴蜀政治传播的杰作。"表"是古代向帝王上书言事的一种文体，主要用于较重大的事件，"出师表"则是在大的军事行动之前，臣子向君王表达求战的决心，类似于现在的"请战书"。蜀汉后主刘禅建兴五年（227），诸葛亮为报答先帝刘备的知遇之恩和北定中原的决心，主动请命出师伐魏，临行前写了这个表给刘禅。在表中，诸葛亮怀着辅佐后主的忠诚，以恳切的语言规劝后主继承先帝遗志，广开言路，严明赏罚，亲近贤臣，疏远小人，虚心纳谏，励精图治，表现了诸葛亮"鞠躬尽瘁、死而后已"的精神。[1]这篇表文因其情真意切、说理充分，被视为表中的代表作。刘勰曾把它跟孔融的《荐祢衡表》相提并论："至于文举（孔融，字文举——引者注）之荐祢衡，气扬采飞；孔明之辞后主，志尽文畅。虽华实异旨，并一时之英也。"陆游在《书愤》中写道："出师一表真名世，千载谁堪伯仲间！"感人之深，由此可见。

沿袭汉代各郡国在首都设"邸"的制度，唐初地方诸道和以后建立的各藩镇也都在京城设邸，后改称进奏院。各地的邸吏或进奏官即可向中央有关官员查询一些政务方面的消息，向其地方官吏传递。这些消息是朝廷已经允许"条报于外"的，不定期手抄传送，后被称为"邸报""朝报""进奏院状报"等，邸报被我国新闻学者认为是中国也是世界上现存的最古老的报纸。巴蜀地区至今未发现有关"邸报"的记载，但从"邸报"归属于地方各郡来看，唐时巴蜀应该已经有"邸报"出现。众所周知，报纸是由一定的机构向社会大众公开发行的、以传播新闻信息为主要内容的定期出版物，但"邸报"的内容只限于皇帝的圣谕、大臣的奏折、朝廷的动态以及政事消息，且传播的范围只限于少数官员中，就其性质来说不过是政府公报性质的朝廷官报，与现代意义的报纸相差甚远，与其说是报纸不如说是中国古代政治传播的一种方式。

第二节　古代巴蜀的教育传播

在古代汉语中"传"和"教"是近义词，《论语·子张》："君子之道，孰先传焉？"三国魏何晏《〈论语集解〉叙》："前世传受师说。"刑疏："上教下曰传，下承上于受。""传"皆教授意；汉董仲舒《春秋繁露·身之

---

[1]（晋）陈寿：《三国志·诸葛亮传》。

养重于义》："此大治之道也，先圣传授而复也。"将"传授"同义连用；《论语·学而》中的"吾日三省吾身……传不习乎"指传授的知识。教传是通过正式与非正式的师生关系对道德、知识和技能的传授、学习活动。从传播学的视角审视，教育无疑是一种传播行为和活动，是一个教育者向受教育者传输信息并形成互动的传播过程。教育作为一项有组织的传播活动，在中国古代文化的继承延续、变迁重构中扮演着极为重要的角色。

进入汉代后，汉朝统治者吸取了秦始皇"焚书坑儒"的教训，招贤纳士，在首都长安开设学校，"兴太学以养士"，并对读书的学子给予终身免除徭役的礼遇，为封建统治培养人才。但最初的官学只限于"太学"，"为博士官置弟子五十人"，能够容纳的学生很少，显然满足不了政权建设和文化建设的需要，直到"文翁兴学"，才改变了这种局面。

文翁（前188～前141），"少好学，通《春秋》"①，很早就被家里送到京师学习，在那里饱读儒家经典。汉景帝时，通过察举被朝廷委派赴蜀郡，任太守。文翁任职期间，"谨身帅先，居以廉平，不至于严，而民从化"②。特别是他"仁爱好教化"③，十分重视巴蜀地区教育事业和文化事业的发展。一方面，他选派有才华的青年"亲自饬厉，遣诣京师，受业博士，或学律用"。为了保证他们学习的费用，还节省郡政府的开支，并销售蜀地刀、布等土特产品争取教育经费。数年后，他们学成归来，文翁一律予以重用。另一方面，文翁又在成都城内修起"学官"，招收下属县里的子弟为"学官弟子"。他每次出行县里，还亲自上门劝学。并承诺学生学成以后学绩优异者被委以要职，即便稍逊者，也可享受免除徭役或受到赏赐的待遇。文翁的办学精神感动了老百姓，纷纷把自己的子弟送到学校，一些富人还"出钱以求之"。

成都"学官"因为以石为墙，而被称为"石室"。"文翁倡其教，相如为之师"，聘用授课的老师是像司马相如这样有学问的博士、教授或公卿。讲课的办法是"升堂入室"，只有"入室弟子"才有资格在室内列坐于师前，听其亲口传授。而一般不够"入室"资格的学子则在室外堂前听入室弟子转授，达到一定学业程度后，才能登堂入室。讲课的内容以文字知识为主，如司马相如

---

① （汉）班固：《汉书·循吏传》。
② （汉）班固：《汉书·循吏传》。
③ （汉）班固：《汉书·循吏传》。

的《凡将篇》、扬雄的《训纂篇》都是当时启蒙用的韵语识字课本。在教学的方法上注意诲人不倦、因材施教、教学相长。

"文翁兴学"为国家和地方培养了一大批经世致用的政治人才和文化人才,如张宽(字叔文,成都人),是文翁派遣赴京师研读儒家经典的首批人选,曾作《春秋章句》十五万言。他在京师既学"五经"又攻"律法",上明天文地理,下通经纬之术。汉和帝时,成都人张霸从小"博览五经""知礼义",后被朝廷任用为会稽太守。他大办教育,"学徒以千计",以致"道路但闻诵声"。汉质帝时,四川广汉人杨厚,公车征士,官拜侍中,后自行隐退,专事教育,授门徒三千,后来被朝廷征用的名士如蜀郡的何苌、巴郡的任安、董扶等均出于他的门下。自西汉以后,"蜀地学于京师者比齐鲁焉",巴蜀地区是国内博士、教授、公卿等人才最多的地区之一。汉武帝将文翁办学的经验向全国推广,"令天下郡国皆立学官",从而确立了中央官学制度与地方官学制度相配套的封建官学制度。以后历代相因,发展成为我国的地方官学和书院制度。

宋代的兴盛也与宋政权实行"重儒轻武,弘文兴教"的国策分不开。北宋初期,宋政权就确立了文官政治并完善了科举制度,与此互为因果的是重教兴学。北宋庆历年间,宋仁宗采纳了范仲淹的建议,诏令"天下皆兴学",并直达州、县,鼓励广大读书人"进德修业,无失其时",史称"庆历兴学";此后不久,北宋熙宁、元丰年间,宋神宗为推行王安石新法,大刀阔斧进行文教改革,史称"熙丰兴学";北宋崇宁元年,以崇儒尚文著称的宋徽宗又支持蔡京展开了第三次兴学运动,史称"崇宁兴学"。

自汉代"文翁兴学"开创了地方官府办学的先河以后,巴蜀的"官学"便绵延不断,宋代的官学从府、州一直深入到县,受其影响,就连一些偏僻的地区也趁兴学之风办起了官学。1001年,北宋政权对地方行政区划进行调整,将巴蜀地区划为"川陕四路","四川"从此得名。据统计,宋代四川共建县以上的官学达九十五所,官学的覆盖率达42%,为四川乃至国家培养了大量有用的人才。正如李心传所说:"郡国之学,最盛于成都。"这一时期,已历经了千载的"文翁石室"也迎来了它的黄金时期,在读学生多时达千人以上。文翁石室不仅对教舍进行了大规模的扩建,还修建了"荣名堂",将本朝蜀中进士的姓名刻录在堂中石柱上,以展示兴学的成果。两宋时期,四川科举考试被录取者高达三千九百九十二人,从绝对数字看,唐、前后蜀、元、明时期四川科举及第人数的总和，也仅及宋代四川科举及第人数的一半，宋代四川曾产生过十三个状元，仅眉山一地就曾产生过八百八十个进士。

宋代在官学兴盛的同时，书院和私学也纷纷崛起。"书院"是唐贞观年间从蜀中兴起的一种新的办学形式，全国最早建立的书院是在四川遂宁（一说在中江县）创建的张九宗书院。宋代的四川书院，大多数由私人创办，也有一部分是民办官助。早期的书院是文人读书的地方，而非讲学的地方，直到北宋后期，书院才逐步演变成聚徒讲学的学校。到南宋时，蜀中书院最为发达，已有二十八所之多，占全国第六位，著名的有涪州北岩书院、夹江同人书院、黎州玉渊书院等。宋代书院学术氛围浓郁，不为科举教育束缚，可以潜心治学，修身养性，因而兴办书院成为当时士大夫的一种时尚。而书院的创办者和主持人多为当时著名的学者，师生之间容易形成学术渊源关系，推动学术的发展，因此史有两宋"人文之盛，莫盛于蜀"之称。宋代全蜀最著名的书院是理学家魏了翁在家乡蒲江（今成都蒲江）创办的鹤山书院，魏了翁曾在四川泸州、邛州、眉州等地为官，所到之处积极从事讲学活动，"开门授徒，士争负笈从之，由是蜀人始知义理之学"①。

与官学一起兴起的还有私学，两宋巴蜀的私学形式多样，既有乡士大夫们创办的比较正规的乡校，也有靠束脩（古代学生奉赠教师的礼物）度日的村学；既有达官贵人为私家子弟办的私塾学馆，也有寻常百姓家的家庭教学。宋代的私学主要承担着儿童的启蒙教育，特别受到书香世家的重视。如著名大文豪苏轼就是在家里接受的童蒙教育，由其母"程氏亲授以书"，而母亲程氏所学的知识，也是源于家教。从两宋开始，私学已成为巴蜀教育的重要组成部分。

明末清初，巴蜀经历了几十年的战乱以后，自康熙后期，社会逐渐走向安定，移民大批拥入，经过雍正、乾隆几代人的努力，人口猛增近千万，经济得到恢复，文化的重建也取得了相应的成绩，一个重要的标志就是在巴蜀承袭了上千年的书院制度有了进一步发展。到了嘉庆年间，全川的书院达一百九十八所，超过历代书院总数的一倍多，其中最为著名的书院有成都锦江书院和尊经书院。

成都锦江书院于康熙四十三年（1704）由四川按察使刘德芳在成都原文翁石室遗址上建立。书院学员选自省内秀才以上人员，学费、生活费由清政府拨

---

① 《宋史·魏了翁传》。

给该院的学田供给，在院学生有二百名左右。清代大才子李调元、戊戌变法殉难的六君子之一的刘光第等都曾是该院学生。清代大学者彭端淑在弃官归蜀后，在锦江书院担任主教，把他一生中的最后约二十年时间，全部贡献给了四川的文化教育事业。彭端淑提倡以实学育人，一再告诫学子要勤学苦读，他的《赠僧》《再掌教锦江书院作》《为学一首示子侄》等诗文，对学子都有启迪作用。锦江书院历经康熙、雍正、乾隆三朝共二百年，"为四川书院之首"，并跻身于全国二十二家著名大书院之列。"石室云霞思古梦，锦江风雨读书灯"，锦江书院不仅培养出一大批进士、翰林和蜀中硕才，而且使巴蜀文化得以薪火相传。

清同治十三年（1874），恰逢中国封建王朝内忧外患、风雨飘摇之际，另一所立志于上承文翁之教、下启近代蜀学的新型学校——尊经书院在原文翁石室附近开办。书院由中国著名洋务派政治家、教育家、四川学政张之洞亲自主理，并聘请了湖南著名学者、教育家王闿运担任山长（即校长），主持讲席八年。书院虽然打着"尊经"的旗号，但教学的内容兼贯中西，既有经史小学诗古文辞等传统典籍，又有西方经济、科技、文化等现代科学知识，一时学风大变，八股文不再被重视，旧式书院的陋习被革除，变成一所经世致用、崇用达本的新型书院。尊经书院创办二十八年间，为近代四川乃至全国文化的勃兴培育了一大批新旧学兼通、经世致用的人才。他们中有旧经学的终结者、蜀学泰斗廖平，有清代唯一川籍状元及京师大学堂副监督骆成骧，有戊戌变法殉难的六君子之一杨锐，有"新学巨子"、蜀学会创始人宋育仁，有四川地区立宪派领袖蒲殿俊、罗纶，有在辛亥革命中舍身炸清重臣良弼的川籍"大将军"彭家珍，有著名的民主主义革命家张澜，有"四川省只手打孔家店的老英雄"吴虞，以及著名四川学者文人吴之英、张森楷、谢无量、傅增湘等，可谓人才济济、星汉灿烂。

巴蜀书院的发展有力地促进了文化的传播，各书院为了传道授业纷纷著书立说、刻书印书。如锦江书院为配合教学，校勘刻印了大批有价值的经籍，如《蜀学编》《四史》《相台五经》《许氏说文》《文选》《八代诗选》《廿二史札记》等数十种。尊经书院为方便学生学习，还创办了尊经书局，先后刻印了张之洞、王闿运等的著作，此外，还刻有《蜀典》《蜀语》《蜀梼杌》《蜀画史稿》以及各种经籍和史书百余种，版片几万块。在维新派人士宋育仁任尊经书院山长期间，不仅刻印了大量古籍，还翻刻有《天演论》《原富》《法意》等宣传资产阶级革命的新书。

19世纪末,中国进一步跌入半殖民地半封建社会的谷底,在维新思潮的影响下,四川的有识之士纷纷开办新学。四川最早的新式学堂是1892年川东道黎庶昌在重庆开办的洋务学堂;1896年,四川总督鹿传霖在成都开办了中西学堂;1901年,清光绪帝宣布实行"新政",下令各省设大学堂,各府、厅、直隶州设中学堂,各州县设小学堂。这一年,锦江书院、尊经书院和中西学堂合并改组为四川省城高等学堂,也就是今天四川大学的前身,这标志着巴蜀的教育传播进入了一个新的时代。

第三节 古代巴蜀的宗教传播

宗教历来是信息传播的重要途径,宗教信徒出于对信仰的热忱,往往置生死于不顾,远赴异域求法或传教,他们不仅传播了宗教文化,而且也传播了与宗教有关的文化成果,使宗教传播成为传播文化的重要组成部分。巴蜀地区的宗教传播最早可追溯到原始宗教,从对自然的崇拜、对祖先的崇拜、对生殖的崇拜、对图腾的崇拜,发展出对超自然体之神灵的信仰及崇拜。这些我们在巴蜀远古的神话传说中,在巴蜀各种原始文化遗址诸如原始村落、洞穴岩画、墓葬遗物、祭坛雕像中,以及在西南少数民族地区的一些习俗中还依稀可辨。原始宗教受传播手段和传播途径的局限,其影响十分有限,但它们对各民族的文字、文学、艺术等的形成和发展的作用是不可低估的。在中国本土宗教中,真正对中国乃至世界产生影响的是创始于巴蜀地区的道教。

西蜀鹤鸣山(今成都市大邑县境内),被公认为道教的发祥地。道教的创始人张陵(？～156)是沛国丰县(今江苏丰县)人,自幼熟读《老子》,年轻时曾任巴郡江州(今重庆)令。受巴蜀"仙道""鬼巫"一类宗教习俗的深刻影响,张陵弃官学道,于东汉顺帝汉安元年(142)在四川省成都市大邑县鹤鸣山创立了天师道,这就是后来传遍全国的道教。从学道到创道的过程,是张陵的道教思想建立和传播的过程,他创作道书二十四篇,完成了道教的神学思想体系;以后,他又选择叠幽拥翠的青城山作为传教布道的基地;他还改造了巴蜀原有的仙鬼巫术为五斗米道,建立神系、宫观和教会组织,从此,道教在中国的发展、衍变不绝如缕。

唐代,由于李唐皇室对其道教"圣主"李耳(老子)的尊崇,道教进入极盛时期。唐玄宗时，曾在青城山立"大唐开元神武皇帝书碑"，对道教进行奖掖和扶持。晚唐时，道教著名领袖杜光庭主持青城山及全蜀道教教务。杜光庭精研经义，著有《道藏》五百卷，为道教理论建设做出巨大贡献，被称为道教理论的集大成者。同时，杜光庭还是一个修养全面的学者，诗文、书法、戏曲无不精通，他的《虬髯客传》被公认为中国传奇小说的先锋之作。

如果说世界性宗教中唯有道教是在我国土生土长的宗教，那么佛教则是由印度通过各种传播渠道传入中国的。一般认为，佛教传入我国主要是通过汉代连接西域的北方丝绸之路，其实还有另外一条十分重要的途径，那就是巴蜀地区连接印度以至中亚和西亚的滇缅五尺道和牦牛道（近年来被学者称为"南方丝绸之路"）。据考古材料证明，早在汉代，佛教就已通过滇缅从印度传入巴蜀；到唐代，佛教在中国得到空前发展，中国佛教的各主要宗派形成或成熟，同时，巴蜀作为佛教南传和北传的交会地而成为佛教的重要基地，佛教文化也开始融入巴蜀文化，并成为其中的重要组成部分。在佛教众多的教派中，对巴蜀文化影响最大的是佛教的禅宗。禅宗所倡导的丛林制度最先在巴蜀地区发扬光大，使禅林成为巴蜀佛寺的主流，至今在四川各地还保存着一大批中外驰名的禅林寺院。巴蜀作为禅宗的重要阵地，还产生了一大批佛教界杰出人物，如唐代的修禅十大家中就有马祖道一、圭峰宗密等五家出自巴蜀，巴蜀禅宗在国内占绝对优势，并形成自身的传承系统，故佛学界有"言蜀者不可不言禅，言禅者尤不可不言蜀"之说。

宗教在巴蜀地区的传播不仅对巴蜀地区的政治、经济、文化产生了重大的影响，而且直接推动了巴蜀传播文化的发展。早在东汉时期，巴蜀地区便出现了反映宗教题材的画像石、画像砖；魏晋南北朝时期，巴蜀各地已出现了大量与道教有关的石窟和与佛教有关的石刻造像。巴蜀地区是全国保存石窟和石刻造像最多的地区，整个四川盆地共有二十八处。至隋唐以后，由于佛教传播更加迅速，全国不少画师与工匠进入巴蜀，遍布巴蜀丘陵地区的岩石为他们提供了大显身手的材料，使巴蜀地区成为我国佛教石刻造像最多的地方，其分布之广、造像之多、题材之富、技术之精都为全国所仅见。如始建于唐代的大足（今重庆大足）石刻，是中国石窟艺术的优秀代表，其中又以宝顶山石刻规模最为宏大、内容最为丰富、艺术最为精美，"凡佛典所载，无不备列"，在艺术上达到了"神的人化与人的神化"的高度统一，是中国石窟艺术史上的一座丰碑。而地处四川省乐山市，被联合国授予世界文化遗产的乐山大佛，通高七十一米，历时九十年建成，是唐代摩崖造像中的艺术精品之一，也是世界上最大的石刻弥勒佛坐像。

宗教传播不仅是对宗教哲学、思想、文化的发扬和光大，也促进了雕刻、书法、绘画、印刷等传播工艺与技术的发展。石刻艺术在我国有悠长的历史，而在佛教传入中国特别是在南北朝后进入了鼎盛时期。人们在岩石上大量地开凿石刻佛像的同时，还将佛教的经文刻在石壁、石碑、石块上。石经的制作方法首先是将石壁或石碑削平磨光，由书写者将经文摹写在上面，然后由工匠用铁制的工具将经文镌刻出来，其文字不仅清晰可辨，而且可长期保存，取材也十分方便，一度成为佛教传播的主要方式。如安岳卧佛全长二十三米，坐落在四川省安岳县八庙乡卧佛沟，是我国唐代所刻的最大的卧佛。卧佛的周围还有四十个经窟，其中十五个经窟刻满了佛经，共有一百三十一平方米，约二十六万字，是一座罕见的唐代石刻经库。

石经在中国曾经是一种重要的传播方式，它对书法、印刷工艺等都产生过重大影响。随着石经制作工艺的不断提高，一部分石经不仅书法飘逸俊美，而且表面光滑平整，可以用于拓印在纸上。人们把这种刻石称为"模勒"，实际上这已为日后雕版印刷的发明在技术上做好了准备。

宗教历来是巴蜀对外文化交流和传播的重要渠道和桥梁，1583年，意大利耶稣会教士利玛窦到中国传教，此为近代天主教在中国内地传教的开端。作为深处内陆的巴蜀地区在西方人的眼中一直带有神秘的色彩，因此引起许多西方布道者和探险者的注意。1640年，耶稣会教士利类思"前先入川，传扬福音"，最早把天主教传入四川，不仅在成都"讲道劝人，并且在各城乡宣传救世真主，天主降福若辈之士"。①天主教在巴蜀各地建立教堂、发展教友，传播至"川西、川南"，甚至深入到藏、羌、苗等少数民族地区。西方耶稣会的传教士们受利玛窦的影响，除传播天主教教义外，还广交巴蜀的地方官员和士大夫为友，传播西方天文、数学、地理等科学技术知识。其间返欧的传教士亦将巴蜀的传统文化和风土人情带到西方，从而促进了不同文化的交流。但随着天主教势力在川的扩张，也加剧了中西文化的冲突，加之清王朝实行"闭关锁国"的政策，曾多次发布命令查禁天主教。川督在查禁天主教的札文中称：

---

① 古洛东：《圣教入川记》，四川人民出版社1981年版，第1页。

"天主邪教，诡正乱俗，是为人心风气之害。"①川省当局采取了比较严厉的禁教措施，包括将在川省的外国传教士全部逐出，再一次将巴蜀对外文化交流的大门紧闭起来。

第一次鸦片战争以后，中国开始一步步沦为半殖民地半封建国家，各帝国主义列强通过一系列不平等的条约加快了对包括巴蜀地区在内的中国内陆的政治、经济、文化的渗透，宗教被作为文化渗透最有力的武器。在清政府被迫取消对传教的禁令以后，各国传教士纷纷进入内地传教，四川"教堂林立，处处均有司铎（天主教神父的正式品位职称，也称司祭），住居既久，人地自熟"②。到清末，在四川的外国传教士已达五百一十四人，发展教徒十七万八千余人。清末四川总人口四千四百一十四万，每万人中就有教徒四十人。在传播西方宗教的过程中，教会还大力发展社会事业，在各地创办学校、设立医院、开办药房和慈善机构。据中外教会档案资料统计，至1901年12月，仅巴黎外方传教会就在四川建有教堂二百一十一座、教会学校四百二十五所、教会医院十所。为了传播教义，20世纪初，法国天主教川东教区还开办了圣教书局，印制和散发各种宗教宣传品和书籍，并创办了机关刊物《华西教会新闻》。

虽然近代外国传教士对巴蜀的文化传播，代表着西方文化在中国的扩张，甚至是帝国主义列强文化侵略的一部分，但它对开拓人们的眼界，促进社会的开放仍具有积极的意义，特别是对四川这样一个封闭的地区来说，更具有启迪民智、消除蒙昧的积极作用。而他们中的许多人怀着对神秘、神奇的巴蜀文化的热爱和向往，深入到穷乡僻壤，入乡随俗，学汉文、说川话、穿长衫马褂、坐鸡公车，把他们的所见所闻用笔和图片客观地记录下来，回国以后著书立说，把一个有着悠久历史文化传统的真实的四川介绍给世界，搭起一座中西文化交流的桥梁。如1869年，法国传教士、自然科学家阿尔芒·戴维深入到距成都二百多公里的雅安宝兴县传教七年，在那里他发现了上百种珍稀动植物，特别是发现了曾被认为在地球上已经灭绝的"活化石"大熊猫，他把这个消息带回国内，并在法国自然历史博物馆公开展出了大熊猫标本，在世界引起轰动。

---

① 《巴县档案》嘉庆十五年（1810）十一月二十五日《重庆府遵饬实力查禁天主教札》。
② 《巴县档案》光绪九年（1883）三月十日《四川洋务局详稿》。

第四节　古代巴蜀的军事传播

军事活动是两个或两个以上的军事系统进行对抗的活动。在军事活动中，无论是在本军事系统内部，还是在对抗性军事系统之间，都存在着传播现象。与教育传播、政治传播一样，军事传播是一种典型的组织传播。组织传播是人类传播的一种类型，是以组织为主体的信息传播活动，其功能是通过信息传递将组织的各部分联结成一个有机的整体，以保障组织目标的实现及组织的生存和发展。人类自进入阶级社会以后，不同的社会阶级和政治势力、不同的国家和民族之间的纷争和战争就接连不断，因此，古代的军事传播现象，从存在的范围来讲是非常广泛的。中国古代的军事传播既有组织内的传播，又有组织外的传播。组织内的传播主要是信号传播，一种方式是在边境的山峦上建立烽火台，用烽火这种特殊的符号来传递外敌入侵的消息。《史记·周本纪》载："幽王为烽燧、大鼓，有寇则举烽火。"这是中国古代有关烽燧的最早记载。战国以后，各地普遍建立了这种烽燧系统，如苏轼在《登州召还议水军状》中说："自国朝以来常屯重点，教习水战，旦暮传烽以通警急。"在巴蜀的藏、羌等少数民族地区至今还保存有这种作为军事传播的烽火台。另一种方式是以旌旗、金鼓、号角为传播手段，所谓"言不相闻，故为金鼓；视不相见，故为旌旗"，通过视觉信号和听觉信号等非语言传播方式来传达各种信息，指挥军队的进退攻守。

自从有了文字以后，军事传播的方式和手段越来越趋于复杂，如用于对外传播的宣战、媾和的通使、檄文、战书，用于对内传播的令箭、战报、文书，以及为传递这些军事信息建立起来的强大的邮驿系统。魏晋时，就产生了一种"军中奏捷之辞"的"露布"：凡征战取胜，书告捷之辞于帛，挂建于竹竿之上，所谓"布诸视听"[①]。为了保证交战方之间的信息畅通，交战方还有不斩信使的约定。同时，随着军事活动的频繁，交战方对军事情报的需求越来越大，各国都雇用了一大批人专门来刺探对方的情报，谁的消息灵，谁就掌握了克敌制胜的主动权。春秋末期的《孙子兵法》有一章专论《用间》，用"因间""内间""反间""死间""生间"五种方式来刺探敌情，作为决策依据。战国时期的魏公子信陵君门下食客逾千，有不少人专门从事情报活动，甚

---

① （南北朝）刘勰：《文心雕龙·檄移》。

至达到出神入化的境地。可见以战争为目的的军事传播在古代传播活动中的重要地位。

巴蜀地区由于地处边远、四面环山，因此在东汉之前少有大规模战争。自东汉公孙述在成都称帝后，巴蜀地区便战乱不断。东汉末年，群雄竞起，天下大乱，曹操、刘备、孙权先后建立了魏、蜀、吴三国，称霸一方，形成了军阀割据的局面，更使巴蜀地区陷入长期的战乱，而巴蜀地区的军事传播也由此显示出自己的特色。

在蜀汉众多的历史人物中，诸葛亮是一个在中国家喻户晓的名人，他以足智多谋几乎成为中国传统文化的标志性人物。诸葛亮（181~234），字孔明，号卧龙，山东临沂人，蜀汉丞相，三国时期杰出的政治家、军事家、外交家。在世时被封为武乡侯，谥曰忠武侯。后来的东晋政权为了推崇诸葛亮的军事才能，特追封他为武兴王。诸葛亮年轻时避乱荆州，躬耕田野，曾自比管仲、乐毅。后刘备三顾茅庐，请他出山，诸葛亮辅佐刘备联吴破曹，取益州，建蜀汉，鞠躬尽瘁，死而后已。刘备死后，诸葛亮受遗诏辅佐后主刘禅。他志在兴复汉室，统一中国，曾六次北伐，两出祁山，攻战累年，最后病死军中。他通兵法，善计谋，在军事传播方面的才能也显露无遗。

诸葛亮在战场上善于利用旌旗、金鼓、号角等各种传播手段布阵用兵，或鼓舞士气，进退自如，或虚张声势，迷惑敌人。他十分注意搜集和分析敌我双方的各种情报、包括战场上的气候、地形、地貌等信息，审时度势、指挥若定。如在赤壁之战中，他就利用对天象的观察，草船借箭，大败曹军。他还"兵不厌诈"，善于利用传播虚假信息使敌方造成错觉，以少胜多、以弱胜强。诸葛亮还善于总结经验，把自己的治军要领写成《兵要》，广为传播。如《太平御览》载其《兵要》："良将之为政也，使人择之，不自举；使法量功，不自度。故能者不可蔽，不能者不可饰，妄誉者不能进也。"[①]反映了诸葛亮任人唯贤、论功行赏、严明军纪的治军思想。在后人纪念诸葛亮的成都武侯祠内有这样一副对联："能攻心则反侧自消，从古知兵非好战；不审势即宽严皆误，后来治蜀要深思"，这是对诸葛亮军事传播思想的最好总结。

巴蜀地区江河众多，水网密布，水路交通发达，在古代巴蜀军事传播的实践中，曾出现过一种被后人称为"水电报"的奇特的传播工具。

---

① 《太平御览》卷二七三。

四川历史上第一次使用"水电报"是元末明初。明太祖朱元璋在统一长江中下游和北方以后，开始进军西南，直指四川大夏政权。但四川"东有瞿塘三峡之险，北有剑门关栈道之阻，古人谓一夫守之，百人莫过"，大明军队分东、北两路军攻打四川。东路军在攻打长江三峡时受阻，北路军一路攻克阶州（今甘肃武都）、文州（今甘肃文县）、绵州（今四川绵阳），至汉州（今四川广汉）。汉州有汉江（今沱江上游）阻隔，这时恰遇汉江水暴涨。大明军为瓦解敌军的士气，"乃以木牌数千，大书克阶、文、绵州日月，投汉江顺流而下""蜀守者见之为之解体"，①通过木牌宣传自己的战绩，瓦解敌军的斗志，大明军趁机攻克广汉，直取成都。

四川历史上第二次使用"水电报"是在明熹宗天启元年（1621）九月，四川永宁宣抚使奢崇明借征兵援辽的机会发动叛乱，并亲率主力从沱江流域攻占内江、资阳等地，转而攻取新都、龙泉等城邑，成都处于叛军的四面包围之中。形势危急之下，左布政使朱燮元率部誓守成都，并派罗乾象等人混入叛军中伺机里应外合。待反攻条件成熟，为断敌后路，朱燮元"造水牌数百面，投锦江顺流而下"，水牌上书"沉舟斩筏，断桥梁，严兵以待贼"，同时罗乾象等人在叛军营中燃起大火里应外合，叛军见大势已去，慌忙逃窜。

四川历史上第三次使用"水电报"是在清末。辛亥革命前夕四川爆发了反对清政权的保路爱国运动。为镇压群众运动，清廷四川总督赵尔丰于1911年9月7日诱捕了保路同志会首领蒲殿俊、罗纶等人，并下令枪杀前来总督府请愿的群众数十人，制造了骇人听闻的"成都血案"。同盟会会员龙鸣剑、王天杰等革命党人连夜赶制了数百块木牌，上书"赵尔丰先捕蒲罗，后剿四川，各路同志军速起自保自救"，然后把木牌用油纸包好，投入锦江，这些木牌顺岷江江流而下，很快就传遍川南、川东各地。同时，全川的哥老会也发出了"十万火急鸡毛文书"，各地保路同志军纷纷起事，在全川开展了推翻清朝政权的武装斗争，有力地配合了革命党人在武昌发动的起义。那时，新的传播工具电报已进入四川，人们就将这种以水传递信息的方法称为"水电报"。

---

① 《钦定四库全书》卷三六四《明史纪事本末》，第223、225、226页。

第五节　古代巴蜀的科技传播

科技传播是对人类所发明的所有科学技术的交流和传播，它是人类社会的科学和技术系统得以产生和存续的基本前提，是科技发展的基本条件。从本质上讲，科学与人类其他文明一样，通过积累和传播而得到发展，而传播作为人类的社会活动，受到社会的控制和制约，不同的社会性质和文化背景，有不同的传播形式和效果。古代巴蜀虽然地处内陆，但人杰地灵，科学技术也较为发达，古代巴蜀人睿智和创新的精神造就了巴蜀显著的科学成就，也把巴蜀的科技传播推向一个又一个高峰。

在世界任何古代文明中，天文学是最早出现的学问，中国也不例外。天文学是我国知识积累最早，与经济和政治关系最为紧密，而受到朝廷和民间重视的一门科学。自古以来，就有"天数在蜀"的说法，说明巴蜀对古代天文学独到的贡献。巴蜀最早的天文学家，也是中国天文、历算最早的开拓者是春秋时的苌弘（前575～492），他是四川资中人，博学多才，"天地之气，日月之行，风雨之变，律历之数，无所不通"[①]。《史记·天官书》谈及历代"传天数者"举了两个人，一个是史佚，另一个就是苌弘。

汉武帝时的巴郡阆中人（今四川阆中）落下闳（前156～前87）也是中国杰出的天文学家。西汉建立初始，仍沿用秦代历法，汉武帝元封年间为了改革历法，在天下征聘天文学家，经同乡谯隆推荐，落下闳由故乡来到京城长安。他和邓平、唐都等人合作创制的历法，优于同时提出的其他十七种历法，被汉武帝采用，并于"太初元年"颁行，故称其为"太初历"，是我国历史上第一部有完整文字记载的历法，在历史上有着极其重要的地位。他还提出了"浑天学说"，是中国古代天文仪器——浑天仪和浑天象的第一个制作者。落下闳在天文学上的一系列开创性的贡献，已经被国际学术界公认，英国科技史学家李约瑟称他为"中国天文史上最灿烂的星座"。2004年9月16日，经国家天文学联合会批准，中国科学院国家天文台将其发现的国际永久编号为16757的小行星命名为"落下闳星"，落下闳真正成为璀璨的星座永恒地闪耀在星空中。

巴蜀的天文学研究在宋代达到一个新的高峰。北宋时，四川巴中人张世训制造了著名的太平浑天仪。太平浑天仪用水银作动力，是世界上将水银用于机

---

① 《淮南子·氾论训》。

械仪表的始祖。南宋时,普城(今四川剑阁)人黄裳将观测的恒星位置绘制成《天文图》,这张图后来被译成英、法、德、俄、日等国文字传至世界各国,英国科技史学家李约瑟对《天文图》给予了高度评价,认为从中世纪到14世纪末,除中国的星图外再也举不出别的星图了。石刻的黄裳绘制的《天文图》和《地理图》至今仍保存在苏州文庙里,刻路精细、文字清晰,具有立体感,是世界公认最早的完整的石刻天文图和我国最早的石刻地图,也成为中国古代科技传播的重要标志。

我国古代的数学很先进,以擅长计算、注重解决实际问题的特色著称于世。古代巴蜀,在数学方面也取得了辉煌的成就。

宋元时期中国产生了"宋元四大数学家",其中首推南宋普州安岳(今四川安岳)人秦九韶,他的著作《数书九章》被称为"中国古代数学集大成者"。在这本世界数学名著里,他提出的"正负开方法"的高次方程求解,"大衍求一术"的联立一次同余式求解,以及"三斜求积术"都是当时数学研究上的最高成就。直到五百年以后,西方数学家欧拉和高斯对一次同余组求解问题进行了详细的研究,才得出与秦九韶"大衍求一术"相同的结果。秦九韶的成就对于今天现代代数、代数数论,以及现代计算机编码、算法、密码理论仍有重要的意义。在《数书九章》里,秦九韶还把数学广泛地运用于天文历法、水利工程、建筑、测绘、田亩、军事、商业贸易、气象、税收、货币金融等方面。

古代巴蜀的中医学也很发达,名医辈出、著作颇丰。两汉时期,蜀就有医学家涪翁、程高、郭玉等。涪翁因隐居涪城(今四川绵阳),常于涪水钓鱼,自号涪翁。他医术高明,切脉如神,每下针石,立见功效,他著有《针经》《诊脉法》,其中《针经》为我国针灸专书的创始之作。隋唐时期,巴蜀著名的妇科专家昝殷著有妇产科专著《产宝》,详细分析了妊娠、临产、产后各种疾病及治疗处方,是我国保留至今最早的一部妇科专著。唐代著名的药学家孙思邈有"药王"之称,他本是陕西人,推辞了朝廷对他的重用,走遍名山寻药,晚年曾到四川青城山,一方面亲自对草药的药性进行比较试验,一方面在山下开办诊所"救疾济危"。他所著的《千金要方》《千金翼方》,共载药八百七十三种,是中国医药书中的瑰宝。前后蜀时期的诗人李珣也是一位著名的药学家。李珣的祖先是波斯人,他本人出生在四川三台,少时曾游历岭南,对我国南方地区和海外引入的药物颇有研究。他在成都编修的《海药本草》,

就是一部专门记载当时国外传入药物并兼收我国南方地区所产药物的药学专著。全书收录药物一百二十四味，其中有九十六味标注外国产地，并记述了药物的形态、真伪、性味、服法、附方等。惜原书于南宋已佚，内容散见于宋代唐慎微的《经史证类备急本草》和明代李时珍的《本草纲目》等书。

古代巴蜀的医学在宋代达到一个高峰。医学著作首推北宋眉山青神杨子建的《十产论》，这是我国第一部较详细的助产学专著，对"异常分娩"的转胎技术操作作了具体而科学的论述，比16世纪法国医生阿姆布露·巴累所创异常胎位转位术领先近五百年。药学方面，北宋蜀州晋原（今成都崇州）人唐慎微所著《经史证类备急本草》广采博收，完成了对宋以前本草的集大成工作，成为我国古代本草药学的渊薮。《经史证类备急本草》记载的药物，之后被明代李时珍的《本草纲目》大量引用，并在海外广为流传，是宋代我国药业发展水平处于世界前列的重要标志之一。李时珍对唐慎微的评价是："使诸家本草及各药单方，垂之千古不致没者，皆其功也。"英国科技史学家李约瑟在其所著的《中国科技史》中评价道："十二、十三世纪的《大观经史证类本草》（即《经史证类备急本草》）的某些版本，要比十五和十六世纪早期欧洲的植物学著作高明得多。"宋代巴蜀医药学著作甚丰，流传下来的就有十四五部。

古代巴蜀在科技传播方面最有特色的要数农业。相传远古时期，黄帝元妃嫘祖就教蜀先民养蚕、造丝、织绸，故蜀之先王蚕丛和蜀国的"蜀"字都与蚕有关。蜀的稻作生产起源于夏代，距今有四千多年。水利是农业的命脉，公元前316年，秦灭蜀，第二任蜀守李冰主持修建了都江堰水利工程，史书载李冰"壅江作堋，穿郫江、检江，别支流，双过郡下……又灌溉三郡，开稻田"，使川西平原成为"沃野千里，号曰陆海""旱则引水浸润，雨则杜塞水门……水旱从人，不知饥馑，时无荒年"的"天府之国"。都江堰的修建是中国乃至世界水利史上的辉煌壮举，使成都平原的农业经济得到前所未有的发展。在汉代，巴蜀地区就有十分精细的农业耕作、播种、施肥、收获、贮藏技术，粮食亩产达二百多公斤，成为全国重要的粮食生产地。此外，巴蜀地区的种植业、畜牧业、渔业等也很发达。古代巴蜀虽有先进的农业技术，但元代以前留存下来的农业科技书籍却不多，仅存唐代月令式农书《四时纂要》，直到清代才产生了四部总结农业生产的著作，它们是张文蘱的《农书》、阚昌言的《农事说》、张宗法的《三农纪》、沈潜的《蚕桑说》。

第六节　古代巴蜀的民间传播

中国古代经历了漫长的封建社会，封建制度下的小农经济把农民和土地紧紧联系在一起，自我封闭，安土重迁，人们过着"鸡犬之声相闻，老死不相往来"的生活。然而，资源的匮乏、长期的战乱、疾病的流行、自然灾害又常常迫使人们离乡背井，进行大规模的迁徙和移民。但另一方面，大规模的迁徙和移民也促进了不同地域和族种的文化交流和传播，从传播学的角度讲，由迁徙和移民产生的传播现象既是一种人际传播又是一种群体传播，传播的主体是人，传播的载体也是人，它是人类在居住地迁徙和移民的过程中产生的传播活动。相对于组织传播来说，它又是一种民间传播，是一种自发的、非组织的传播。正是历史上大规模的迁徙和移民活动推动了异质文化的变迁和整合。

巴蜀地区原本是一个十分闭塞的盆地，自秦汉打破了封闭以后，便移民不断。公元前316年，秦并巴蜀，"乃移秦民万家实之"①，第一次带来了中原的先进生产文化，改变了蜀国"其时椎髻左衽，不晓文字，未有礼乐"的状况，蜀"民始能秦言"②，逐渐融入中央集权的统一文化之中；西汉时期，蜀地殷富，中原移民"就食蜀汉"③，产生了卓氏、程郑、邓通等富甲天下的企业家和商人；三国魏晋、隋唐五代，凡遇天灾、战乱，都有大批全国各地的移民避难入蜀，到天府之国来寻找庇护。大规模的移民加速了巴蜀文化与其他地域文化特别是中原文化的融合，为巴蜀文化不断注入新的元素，促进了巴蜀文化的发展。

宋元以后，巴蜀地区又发生了历史上几次大规模的移民运动，但与之前的移民不同的是，这几次移民不是为了躲避天灾、战乱，而是在巴蜀地区经历了长期的战乱，土地荒废、人口剧减之后，统治者被迫采取大规模的移民政策，企图通过移民来疗治战争的创伤，恢复生产。如南宋后期，蒙古军队与南宋的战争从四川的利州路开始打响，战争一直延续了近半个世纪，在此期间，四川各地遭到疯狂掠夺，人口急剧减少，"蜀人受祸惨甚，死伤殆尽，千百不存一""重遭于侵扰，道路流离之重，惨不聊生；室庐焚毁之余，茫无所托"。④四川军民大批战死和被屠杀，战争结束十一年后，四川人口从

---

① （晋）常璩：《华阳国志·蜀志》。
② （汉）杨雄：《蜀王本纪》。
③ （汉）班固：《汉书·食货志》。
④ 刘咸炘：《推十书·史学述林》卷五，成都古籍书店1996年版。

战前的一千二百九十万锐减到八十二万五千。1236年，在四川省会成都就有一百四十万人被屠杀。①元朝建立以后，为巩固元在巴蜀的统治，朝廷曾下令大量北方移民入川，长期居住下来，代代相传。北方移民给巴蜀文化带来了某些"异质"文化，给巴蜀文化增添了新的成分、新的活力。四川利州路的北部川陕、川甘、川豫接壤处（今四川广元一带），当时成为北方移民最为集中的地方。据《舆地纪胜》记载，广元一带"城南纯带巴音，城北杂以秦语"②，这一地区至今还保留了一些北方民歌和曲种，其中一些艺术形式在北方早已消失了。

明末清初，巴蜀地区经历了历史上最大、历时最长的战乱，遭受了历史上从未有过的大破坏。先是农民起义军张献忠的"屠川"，在成都建立了"大西政权"；然后是大清统治者平定大西军和夔东十三家的起义；再接着是清军平定吴三桂的叛乱和大小金川少数民族的动乱，绵延时间达一百三十余年。连年的战争给巴蜀地区带来了巨大的灾难，史书上称"十室九空""百里无烟""一望荒芜"。据顺治十八年（1661）四川布政司统计，全川人口仅八万余人，不足全国统计人口的千分之一。战争结束后，清政权面临着重建四川的艰巨任务，采取的最有力的措施就是大规模移民，即历史上有名的"湖广填四川"。在这场旷日持久的移民浪潮中，数以万计的移民拖家带口从福建、江西、安徽、湖南、湖北、广东、广西等省拥进四川，使四川人口很快恢复到历史最高水平。

移民是民间传播的最好载体，它集人类所有传播方式于一体。既有个人传播，又有群体传播；既有方言、俚语、民歌、民谣、民间传说、谱牒等语言传播，又有习俗、礼仪、服饰、器物、技艺、婚姻甚至迁徙路线等非语言传播。移民把来自原居住地的四面八方的文化带到巴蜀地区，一时间，巴蜀地区会馆林立，祠堂勃兴，家谱盛传，各种语言、习俗、工艺、建筑、音乐、戏曲、节庆等在这里大汇聚、大交流、大融合。这种大规模的信息传播活动旷日持久，人人都是传播者，人人也都是接受者，具有潜移默化的作用，它不仅促进了不同地区文化的整合和文化的增值，同时也充分体现了巴蜀文化包容和多元的特征。

在明末清初的大迁徙中，人数最多、影响最广的是来自福建、广东、江

---

① （明）杨慎：《全蜀艺文志》辑赵枋《史母程氏传》。
② （宋）王象之：《舆地纪胜》卷一八四《亭武忠》。

西、浙江、湖南等地的客家人。客家人是一个有显著特征的汉族民系，历史上曾经历过多次大迁徙。迁徙造就了客家人坚韧不拔的性格，他们就像种子一样无论撒到什么地方，都能够生根、发芽、开花、结果，创造出属于自己的文化。"湖广填四川"是客家历史上最大规模的一次迁徙，数以万计的客家人拖家带口、跋山涉水来到巴蜀开荒种地、架桥铺路，很快适应了当地的环境，并融入了当地的文化；另一方面他们又保持了祖辈留下来的文化传统，包括方言、传说、习俗、服饰、建筑等，形成了自己独有的文化特质，并一代一代传下去。直到今天，在巴蜀地区还遍布这样的"客家村""客家乡""客家镇"。客家文化已成为巴蜀文化的组成部分，这些都是移民传播的结果。

在人类漫长的传播文化史上，自从有了阶级和国家，传播便形成了两种不同的渠道或方式，犹如一条道路上并行的双轨：一种是制度性传播，即在一定的媒介规范所控制和约束下的传播，如史志传播中的"左史记言，右史记事"，政治传播中的公文和布告，教育传播中的"官学"，印刷传播中的"官刻"等；而另一种是非制度性传播，即民间传播，它们主要来自于民间，采用平民百姓喜闻乐见的方式，较少受到传播制度和媒介规范的制约，而具有顽强的生命力，如文化传播中来自民间的神话传说、说唱、乐府诗、竹枝词等文艺形式，教育传播中的"私学"，印刷传播中的"私刻"，移民传播等。从某种意义上讲，包括造纸术和印刷术等传播媒介的发明和运用，最早也来自民间，是民间传播的产物。在元明清统治阶级实行严酷的文化专制政策时期，一方面，"官刻""官学"等制度性传播受到很大的控制和制约；另一方面，来自民间的"私刻""私学"和民间艺术表现形式等非制度性传播却十分活跃。在民间传播方面，巴蜀地区也因其自然环境和人文环境呈现出自己的特色，如与人们生活密切相关的茶和与茶相关的茶馆、茶马古道都曾经是巴蜀民间传播的重要渠道。

四川是中国最早种茶和饮茶的地区之一，唐代茶博士陆羽在他的《茶经》中有十多处写到川茶，其中最负盛名的是产于四川名山的蒙顶茶。俗谚有"扬子江心水，蒙山顶上茶"，便是明证。从唐代至清代一千多年间，蒙顶茶都是作为奉献皇室的贡品。而巴蜀最有特色的不是茶叶本身，而是饮茶的方式和场所——"盖碗茶"和茶馆。

茶馆是专门品茶的地方，四川茶馆的历史最早可追溯到西汉，王褒在《僮约》中就记载了"舍中有客，提壶行酤……烹茶尽具，已而盖藏"。到魏晋南北朝时，茶馆已经遍布成都街头。因川人喝茶之际也是三朋四友聚会的时间，久而久之，"上茶馆"成了川人一种独特的个人传播和群体传播的方式。人们在茶馆里一边品茗，一边摆"龙门阵"，在轻松的气氛中交流和传递各种可以称为"新闻"的信息。在言论遭到禁锢的元明清时期，"茶馆"这种民间的传播方式更是大行其道。茶馆里不仅可以自由地聊天，而且还可以欣赏说书、清音、金钱板、打围鼓（川剧坐唱）等艺术表演。据《成都通览》记载，清宣统初年，成都街道"凡五百一十六条"，而茶馆"共计四百五十四家"。至今，"坐茶馆"仍然为许多川人所喜爱，无论是在繁华的都市还是在偏僻的乡镇，都能看到形形色色的茶馆、茶铺、茶座、茶楼、茶吧，它既是巴蜀人特有的一种休闲生活方式，也是巴蜀特有的一种群体传播方式。

把茶叶与传播联系起来的还有"茶马古道"。从唐代开始，巴蜀地区就开始了以茶叶等物资与涉藏地区的马匹进行交易的"茶马互市"，在成都与滇西和四川涉藏地区的"茶马互市"中渐渐形成了一条"茶马古道"，它是继南方丝绸之路之后巴蜀与外界联系的大通道。到了元代，西藏正式纳入祖国的版图，茶马古道又从四川经青海一直延伸到西藏，成为内地同边疆少数民族地区联系的桥梁。茶马古道不同于朝廷为了传宣政令、飞报军情的驿道和官路，它是一条民间的通商道路，在传播工具不发达的古代，它又是一座文化传播和交流的桥梁，客观上促进了巴蜀地区多元文化的融合。在巴蜀地区的对外文化交流中，类似茶马古道的还有巴蜀通过云南、西藏连接南亚的南方丝绸之路以及巴蜀连接陕西、湖北、云南、贵州等地运输盐的盐路，这些无疑都是巴蜀地区对外文化交流和信息传播的重要纽带，在巴蜀民间传播中发挥了重要的作用。

第七节　古代巴蜀的对外传播

巴蜀地区深处中国内陆，虽有天府之国之称，但盆地四周崇山峻岭，阻碍了巴蜀对外的经济交往和文化交流。《隋书·地理志》中说，蜀中"其地四塞，山川重阻，水陆所凑，货殖所萃，盖一都之会也"[①]。李白在他的《蜀道难》中仰天长叹："噫吁嚱，危乎高哉，蜀道之难，难于上青天……西当太白有鸟道，可以横绝峨眉巅。地崩山摧壮士死，然后天梯石栈相钩连。"可见巴

---

① 《隋书·地理志》。

蜀与外界的交往困难重重。但令人惊奇的是，几千年来，山川重阻并没有阻隔巴蜀地区与外界包括海外异域的经济和文化的交往。早在古蜀时期，巴蜀地区便有了广泛的对外文化交流和传播，如三星堆和金沙遗址出土的文物中就带有不同地域的文化特点，祭祀坑中出土的海贝经鉴定来自印度洋沿岸，金沙遗址中成吨的象牙被认为来自东南亚地区。同样，在越南等东南亚国家中也发现过与三星堆、金沙遗址出土的青铜器、玉石器相类似的文物。这些出土文物说明早在三千多年前，巴蜀地区就开始了与异域的联系。

古代异质文化的交流和传播，首先必须以交通作为前提，我们可以通过"南方丝绸之路"来寻觅巴蜀对外文化之旅的线索。据司马迁的《史记·货殖列传》载，汉武帝时张骞出使西域，曾在中亚的大夏国看到当地商人贩卖蜀布和邛杖（一种产于成都邛崃的竹杖）。张骞问这些货物从何而来，商人回答从印度购得，于是张骞推断印度"有蜀物，此其去蜀不远矣"①。汉代司马相如也曾说过，"康居西域，重译纳贡，稽首来享"②，这说明在汉代就有了一条从巴蜀通往身毒（印度）和中亚、西亚各国的"南方丝绸之路"。据考证，"南方丝路"比张骞通西域而开通的"北方丝路"还早一百多年。在这条"南方丝路"上，不仅巴蜀地区的蚕丝织品、邛杖和铁器等商品源源不断地流向西域，同时也促进了巴蜀地区与西域各国的信息传播。顺着这条国际大通道，印度的佛经最早通过巴蜀传入中国；而创立于巴蜀地区的中国道教，则顺着这条国际大通道逆向远播至印度，并在相当程度上影响了佛教。③

唐代是中国历史上最为强盛的一个朝代，经过一系列的征战，大唐帝国的疆域甚至超过了汉朝，并在中亚、蒙古国、朝鲜等国建立了宗主权，并越过帕米尔高原，控制了奥克苏斯河流域各国，以及阿富汗、印度河上游地区。"帝国疆土的扩大，陆上海上贸易路线的重新开放，致使外国许多宗教思想和大批传教士拥入中国，其中佛教的情况尤其如此"④。唐代的巴蜀以其天府之国的富庶与发达的商业，以及包容兼蓄的文化氛围，对国内外产生了巨大的吸引力，在这种历史背景下，巴蜀的对外经济交往和文化交流进入了一个繁盛时期。此时的巴蜀不仅万商云集、诗人荟萃，而且寺庙星布、高僧辈出，成为

---

① （汉）司马迁：《史记·货殖列传》。
② （汉）司马相如：《喻巴蜀檄》。
③ 李远国：《南方丝绸之路上的宗教文化交流》，《中华文化论坛》2008年12月增刊，第170页。
④ 斯塔夫理阿诺斯：《全球通史》，上海社会科学院出版社1987年版，第16章。

佛教在中国传播的重要基地,吸引了日本、新罗(今韩国)等国的僧人慕名前来求法学教。如新罗国圣德王的儿子无相,自幼崇信佛法,于唐开元十六年(728)只身漂洋过海到长安,受到唐玄宗召见,后入蜀到资州德纯寺(今四川省资中县宁国寺)参拜禅宗五祖弘忍十大弟子之一的智诜禅师,后又到天谷山石洞隐居修行禅法十多年。天宝元年(728),章仇兼琼任剑南节度使,闻知无相德行,邀请他到成都。唐玄宗避乱入蜀期间,曾在成都召见无相,并应禅师之请敕建大圣慈寺,赐田千亩,大慈寺因此成为当时四川乃至全国最大的佛寺。

任何地域的文化都是一个开放的系统,需要通过传播与外界不断地进行信息的交流才能创新与发展。巴蜀文化的发展也是与异质文化的交流、传播、融合分不开的。

隋末唐初,中原战乱不休,正在洛阳的青年僧人玄奘与其兄越秦岭而入蜀求法。玄奘法师在成都受戒,并在各大寺院求学,广听高僧讲经说法,潜心研讨,发现各家法理都有不足之处,于是萌动了去天竺(即印度)取经,直接在佛教的发源地追寻佛法的意义的意愿。贞观元年(728),他经由长江三峡出蜀,回到长安,开始了十九年的天竺求法之旅。玄奘回国后翻译了大量的佛经,并写作全面介绍取经途中所见所闻的《大唐西域记》。明代作家吴承恩根据此书改编的小说《西游记》成为享誉中外的世界名著,而玄奘(唐僧)也成为中国古代对外传播的代表性人物。

唐代巴蜀的对外传播不仅极大地丰富了巴蜀文化的内涵和外延,而且也使巴蜀文化远播海外。如巴蜀是造纸术和印刷术的发源地之一,至唐代已成为我国乃至世界最早的雕版印刷中心,由巴蜀刻印的书籍不仅销售到全国各地,而且远传到日本、朝鲜、东南亚以及西方各国。1966年在南朝鲜(现韩国)发现雕版印刷的《陀罗尼经咒》,刻印于公元704~751年之间,同在四川大学校园内出土的《陀罗尼经咒》一样,为目前所知最早的雕版印刷品,保存在日本奈良塔内的《陀罗尼经咒》四种印本与四川出土的《陀罗尼经咒》在版式和印工上也如出一辙。唐咸通年间,在长安留学的日本僧人宗睿,曾为其带回日本的书籍编了目录,名为《新书写请来法门等目录》,其中就注明:"西川印子《唐韵》一部五卷,同印子《玉篇》一部三十卷,右录书等,非惟法门,世者所要也。"①宗睿所注的"西川印子",就是四川出版的印本书。这些史料都可作为当时中外文化交流的佐证。

唐宋以后,中国的封建王朝开始走向衰落,进入了封建社会的后期。宋末元初和明末清初,四川经历了几次旷日持久的大的战乱,使巴蜀这个曾经的天府之国大伤元气,民不聊生,社会、政治、经济每况愈下,也制约着文化事业的发展。特别是在明、清两代,封建统治者采取了专制主义的思想统制政策,大兴"文字狱",使巴蜀的文化事业受到很大影响,巴蜀地区在全国传播领域的地位日渐式微,在对外传播方面也从宋代的高峰坠落到低谷。

唐宋以后,随着阿拉伯从波斯湾经印度洋和马六甲海峡到中国的"海上丝绸之路"打通,南北通往西域的陆上"丝绸之路"逐渐衰落,但巴蜀的对外文化交流并没有因此而中断。这里不能不提的是意大利旅行家马可·波罗(1254~1327)。马可·波罗是世界著名的旅行家、商人,生于意大利威尼斯一个商人家庭,十七岁时他跟随父亲和叔叔,途经中东,历时四年多来到中国,在中国游历了十七年,足迹遍及大江南北。1291年,他离开中国启程回国。回国后将自己在中国的所见所闻记述下来,写成《马可·波罗行纪》(又名《东方见闻录》)。这本书出版后畅销全世界,被誉为"世界一大奇书"。在书户,他记述了在成都的见闻,第一次向西方介绍了13世纪成都的风物及盛况:

> ……这座城市有许多大小河川,发源于远处高山的河水从不同的方向围绕和穿过这座大城,供给城市必需的用水。有些河川宽达八百米,有些宽二百步,而且都很深,市内有一座大桥横跨其中一条河上,从桥的一端到另一端,两边各有一大排大理石桥柱,支撑着桥顶。桥顶是木质结构,装饰着红色的图案,上面还铺着瓦片。整个桥面上排列着工整的房间和铺子,经营各种生意。其中有一幢较大的建筑物,是收税官吏的住房,凡经过这座桥的人都要缴纳一种通行税。据说皇帝陛下每日从桥上收益一百金币(拜占庭帝国时的金币)……

《马可·波罗行纪》的另一版本还补充介绍说:成都"水上船舶甚多……商人连载商货往来上下游,世界之人无有能想象其甚者"。

---

① 姚福申:《中国编辑史》,复旦大学出版社1990年版,第143页。

由于西方很少有人了解中国这个神秘的东方国度，有人怀疑马可·波罗书中的描写，但事实上马可·波罗当年在成都所见的宽八百米的河流正是今天府河与南河两河汇合处的合江亭附近，其所描绘的有顶廊桥则在合江亭不远的锦江上屹立了几百年。《马可·波罗行纪》一书激起了欧洲人对东方的热烈向往，对以后新航路的开辟产生了巨大的影响。同时，西方地理学家还根据书中的描述，绘制了早期的"世界地图"。

就在清王朝实行闭关锁国政策的同时，在世界另一端的欧洲却发生着一系列重大的变革：文艺复兴的兴起，工业革命的爆发，封建制度的解体，资本主义生产关系的确立，开启了欧洲现代化的进程。欧洲在物质文明高速发展的基础上，精神文明也得到前所未有的发展，东西方两种文明的天平已经将重心倾向了西方。在这种历史背景下，西方又一次叩响了中国这个东方古国的大门，不过再也不是平等的交流，而是在帝国主义坚船利炮下的一种强势文化向弱势文化的入侵。

中编

近现代巴蜀传播文化

巴蜀文化通史 | 传播文化卷

第五章

巴蜀近现代传播事业的形成

第一节　巴蜀近现代传播事业的开端

尽管在国际学术界存在着争议，但大多数人仍认为，中国是世界上最早发明造纸术和印刷术的国家。在经历了五个世纪以后，我国的造纸术和印刷术才通过丝绸之路经中亚、波斯开始传至欧洲。欧洲最早的雕版印刷品是14世纪末期在德国纽伦堡出现的木刻宗教版画，比我国敦煌所藏雕版印刷的佛教画要晚六百年；1456年，德国人古登堡在改进了拉丁文的活字印刷的基础上发明了金属活字印刷，并印出了第一本书籍《圣经》。这一年被西方公认为近代印刷的开端，但它距我国北宋布衣毕昇发明活字印刷的时间足足晚了四百年，距雕版印刷的出现迟了六百年。对此，美国人卡特所著的《中国印刷术的发明和它的西传》，以及英国人李约瑟所著的《中国科学技术史》中都有详细的记载。

但我们又不得不承认另一个事实：当我们津津乐道中国是造纸术和印刷术两项伟大发明的故乡时，西方在这方面却后来者居上。在明清以后，当中国的封建社会开始走向衰亡的同时，欧洲的资本主义经济却进一步得到发展。特别是18世纪欧洲工业革命以后，科学技术的进步极大地促进了社会生产力的发展。19世纪初，欧洲在金属活字印刷技术普遍推广的基础上发明了以蒸汽为动力的滚式印刷机，其工效相当于人力印刷的几十倍；不久以后价廉物美的木质纤维纸也问世了；19世纪中叶，欧洲出现了高速印刷机，每小时可印上万页纸；19世纪末期发明的莱诺排铸机，带来了排字的自动化。这些都大大加快了信息传播的工业化和现代化。随着印刷技术的逐步改良，印刷产品急剧增加，形成了庞大的印刷出版产业即复制工业。不仅古老图书的面貌发生了根本的改变，而且出现了现代意义的报纸和杂志，它标志着人类进入了一个大众传播的新时代。

更耐人寻味的是，沿着当年印刷术传入西方的路线，西方又把先进的近代印刷技术传入中国。1840年鸦片战争前后，西方近代印刷技术随着资本主义文化的侵略进入中国。首先在沿海的各大城市里，出现了形形色色按照近代资本主义企业经营方式经营的新式印书馆、印书局。这些印书馆（局）集图书的编辑、印刷、出版和发行于一体，并有专司其职的机构和人员，普遍采用新的印刷、装帧技术，使图书得以大量出版，广为发行，在大力宣传西方资本主义的思想、观念和文化的同时，也传播了西方先进的科学技术和新知识，客观上刺激了我国资本主义经济的发展和民主主义思想的启蒙，为我国近代图书出版事业的发展开辟了新的道路。与此同时，在沿海的各大城市出现了现代意义的报纸和杂志：1815年，英国传教士马礼逊在马六甲创办了第一份近代中文期刊《察世俗每月统记传》；1833年，德国传教士郭士立在广州出版了第一张在中国境内印行的中文期刊《东西洋考每月统记传》。这被认为是中国近代新闻报刊业的开端。

由于地理环境和政治、经济、文化等因素的影响，近代图书报纸出版在巴蜀地区的兴起要比沿海地区晚近半个世纪。1882年，四川人（一说贵州人）吴绍伯在成都市桂王桥南街投资开办了巴蜀地区最早的石印社——涤雪斋，这被认为是巴蜀地区第一家现代意义的印刷厂。石印技术最早于1796年由奥地利人施拉菲尔特发明，它以石头作为印版，采用影印技术在石头上进行照相制版，并用来印制书籍、地图、画册等。石印技术虽然在西方很快被铅印技术所取代，但因为石印技术比较简便，资金投入不多，出书快，容易获利，因而最先在国内推广。涤雪斋当时虽然只有一台购自上海的小型石印机，印量十分有限，但却开创了巴蜀地区近代印刷出版的先河。1897年，四川人杨朝宗在重庆创办了精宏书局，最初以木刻、石印图书为主，后来添置了铅印设备，成为全川最早的一家民办铅印厂。

1900年3月，四川简阳人傅崇矩创立了成都图书局。图书局自办印刷厂，购进了石印机和铅印机，雇有工人六七十人，并自编自印图书，成为近代巴蜀地区第一家新式出版社。成都图书局以出版地图为主，出版有《历代历史大地图》《考订长江水路图》等三十多种地图，因此又是四川最早的专业地图出版社。进入20世纪以后，新式印刷出版企业在四川尤其是在成渝两地如雨后春笋般诞生，仅成都一地就有昌福印刷公司、文伦书局、算学书局、华英书局、成都图书局、广益书局、存古书局、华西圣教书局等十多家印刷出版企业，他们纷纷从国外引进先进的对开、全开大石印机和铅印机，自制字钉、铜模、铜版，套印彩色，巴蜀的出版业也由此进入了机器印刷时代。

坐落在成都原卧龙桥街的文伦书局在当时是很有名气的民营出版社。文伦书局于1902年创设于四川开县，于第二年春天迁到成都，有小型铅印机一台，另有石印设备和铸字设备，是一个集出版、印刷、发行于一体的新型出版机构。该书局曾印刷《启蒙通俗报》《蜀报》等报刊，为成都铅印报纸之始。在图书上以出版各类教材为主，到1910年，已出版有《新政应试必读》《速通国文教科书》《中等国文教科书》《御注孝经》《小学新唱歌》《中国商务志》《四书五经义》《中外舆地考》《大清矿务章程》《泰西新史揽要》等书籍一百三十六种数万册。

在引入新式出版社的同时，以传统的雕版印刷为主的书坊在巴蜀地区仍存在了相当长的时期。如于清道光二十八年（1848）开设的志古堂，起初只印一些应试书籍和童蒙读本，后由有"四川书业巨子"之称的周达三主持后发展很快。周达三对古籍版本、校勘均有研究，作风严谨，故出书严谨，错讹极少，刻工精美，为当时知名学者所称道。经周达三亲自校勘出版的丛书《玉海》（三百卷）和《外台秘要》《十七史商榷》《读通鉴论》《读史方舆纪要》等百多种书二千余卷，均以校勘精审闻名当世。特别是他出版的《盛世危言》《劝学篇》等鼓吹变法的书籍，对四川学子产生了较大影响。1922年，周达三病逝，廖平为他撰写墓志铭曰："（周达三）任'志古堂'经理凡五十年余，殚竭心力，恢张书业，先后刻版凡若千卷，皆补益学术，挽救浇俗之书……此三十年蜀学之盛比于齐鲁，虽诸贤自立为不可及，而达三补苴提挈之功不可没也。"

随着新式出版社一道引入四川的还有报纸和杂志。在中国，古代报纸的历史可以追溯到唐代。据可靠的文字记载，中国最早的报纸是唐玄宗开元年间（713～741）发行的《开元杂报》。《开元杂报》是一种专门刊载皇帝的谕旨、谕书，朝廷的法令、公报，臣僚的奏章和官吏任免、奖罚情况等的官方文书，由各地节度使派驻首都的进奏官负责向地方传发，以便让地方官员了解朝廷政情，因而又被称为"邸报"。四川远离京都，"邸报"是地方官员了解朝廷政情的重要渠道，但不能算是四川出版的报纸。明代以后，在京都曾出现过由民间刻印的报纸"京报"，"京报"以翻印"邸报"为主，送至四川需时半月以上。在雕版印刷同样发达的四川是否也出现过类似的民间小报，据我们目前掌握的资料还无法印证。

1897年11月，四川第一张近代报纸——《渝报》在重庆创刊。创办人宋育仁（1857～1931），四川富顺人，光绪进士，中国早期的资产阶级改良主义思想家、维新运动的倡导者，被誉为四川历史上"睁眼看世界"的第一人。宋育仁在1894年曾任清政府公使参赞，出使英国、法国、意大利、比利时四国。在国外期间，他着意考察了西方的社会、经济、政治制度，将自己的观感写成《采风录》四卷，书中介绍了西方各国的政治、文化、教育、风俗，并提出采取"西法"图谋国家富强的主张。甲午战败后，清廷丧权辱国，国人激奋，宋育仁即辞职回国，参加康有为、梁启超领导的维新组织"强学会"，宣传维新变法。1896年，宋育仁受任四川商务总督赴渝。1897年，他自捐一千两银子创办了四川历史上第一家近代报纸《渝报》。《渝报》以传播新思想，主张开发实业为宗旨，在宣传上，除了刊登针砭时弊、主张变革的时评、文章外，还通过在全国各地和省内的几十个派报处和特派员及时采写和报道国内外和四川各地发生的新闻，以弥补四川"僻在西南，山峻流塞，消息闭塞"之不足，使"地方之腴膏，民气之嚣静，岁时之丰歉，市场之浮落，有关财务者，莫不博采舆情，快登快录，俾乡塾里肆咸知"①。宋育仁主张用新闻来传播新知，启迪民众，是四川近现代新闻事业的开拓者。

1898年3月，在《渝报》出版十六期后，宋育仁应聘赴成都任尊经书院山长主持教务，《渝报》即停办。宋育仁到成都后，便组织鼓吹维新变法的革命组织"蜀学会"，并以蜀学会名义创办了成都第一家近代报纸《蜀学报》。《蜀学报》延续《渝报》的办报思想和理念，仍以"开风气"为办报宗旨，宣传变法维新，在介绍新思想、新事物，发表政见和改革方案的同时，还对国内外大事、天文地理、声光电化等做了大量报道，让人大开眼界。该报出至十三期，北京发生戊戌政变，维新运动失败，蜀学会被禁，宋育仁遂受到清廷的迫害，《蜀学报》被迫停办。宋育仁不仅是四川近代报业的开创者，而且对四川近代的文化传播做出过杰出的贡献。在他任尊经书院山长期间，大力传播"西学"，并推动四川各地新式学堂的建立，使四川沉闷的学术氛围为之一新。他还印行了《蜀学丛刊》，主持翻译了反映西方

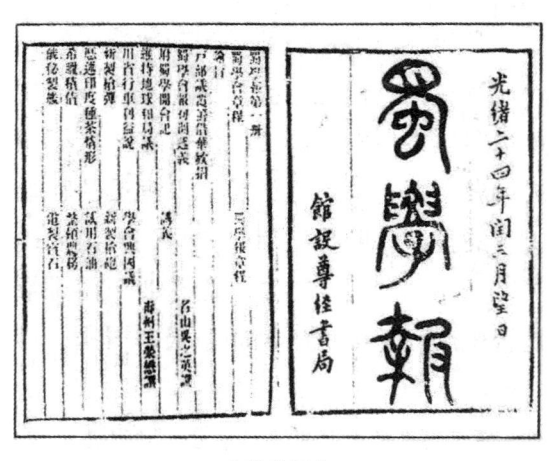

《蜀学报》

---

① 四川省地方志编纂委员会：《四川省志·报业志》，四川人民出版社1996年版，第19页。

社会科学的《天演论》《原富》等书籍，并亲自作注向大众普及。

四川近代报业的另一著名的开拓者是有"成都报界开山祖师"之称的傅樵村。傅樵村于1898年肄业于成都尊经书院，并在《蜀学报》任过访事（记者），受过宋育仁新思想的熏陶，1900年3月，他创立了成都图书局。在出版图书的同时，还于当年12月与算学馆总教习苏星舫合办了四川首份自然科学刊物《算学报》。《算学报》的发刊词称"专说算学，不敢干涉地方事件"，这是因为维新运动失败后清廷实行言禁，具有维新思想的傅樵村企图绕过检查，试探性地开办刊物，但因该刊物专业性太强，订阅者不足20份，出版两期后即自行停刊。1901年，傅樵村在成都再次创办了四川第一家白话文的通俗报纸《启蒙通俗报》。《启蒙通俗报》的最大特点是通俗，它采用白话文，尽量口语化，以便于向文化水平低的读者进行启蒙教育。傅樵村还发挥他绘画方面的特长，给报纸的文字配上图画，使不识字的读者也能看懂。报纸的内容偏重于办教育、启民智、兴实业、强国家，栏目有论说、中史、中西新事、丛书、杂录、图画、讲义、演说、新书、丛录、地球纪事、西藏丛抄、日俄警告等，图文并茂。由于报纸办出了特色，订阅者"上自政府，下迄妇孺，外则欧美，内而蒙藏"，国内发行"早达二十多余行省"。①《启蒙通俗报》还开四川新闻研究的先河，发表了四川第一篇新闻理论文章《看报有益说》和第一篇新闻报刊史文章《四川开官报说》。

除《启蒙通俗报》外，傅樵村还先后创办《通俗日报》《通俗画报》《通俗新报》等一系列"通俗"报刊。《通俗画报》是四川第一家近代画刊，内容有山川地形图、古迹名胜、人物肖像等，分为历史画、修身画、风景画、警世画、风俗画、时事画、地理画、讽刺画、寓言画等门类。每幅画还配上标题或对联、打油诗，内容多为嘲讽、鞭挞社会和官场上的种种丑恶现象，使人对现实有嬉笑怒骂、淋漓尽致之感。如有一幅讽刺官老爷的漫画，还配上了一副对联，上联是"一二三四五六七"（即忘"八"），下联是："孝悌忠信礼义廉"（即无"耻"），使人读后忍俊不禁。《通俗画报》反映了民心民意，很受读者特别是底层群众的欢迎，有时"印一万张，尚不敷分送，索观者纷至沓来"。特别值得一提的是通俗报社印行的石印本《成都通览》一书，它是旧方志体向新方志体过渡的成功之作。《成都通览》分为一百八十汇共八册，内容

---

① 《20世纪四川全纪录》编委会：《20世纪四川全纪录》，四川人民出版社2004年版，第17页。

包括政治、建制、城坊、文化、宗教、山川气候、风土人情、农工商学、饮食物产、方言土语以至"三教九流"无所不有，并附有一百多幅民俗图录和七十二行现相图画。《成都通览》比较客观地展示了清末民初时期成都的社会状况及历史变迁，是今天我们研究巴蜀近代史的珍贵材料。此外，傅樵村还热心于公益性文化事业，他在成都设置了两处阅报公所（其中一处在他家里），备有六七十种来自全国各地的报刊，供读者免费阅读。

继宋育仁、傅樵村等人在巴蜀开办报风气之后，四川的报业呈蓬勃发展之势。总括之，1898年5月，四川第一家日报及白话报《渝州新闻》在重庆出版；1899年，四川第一家由外国传教士办的报纸《华西教会新闻》在重庆出版；1903年，四川近代报业史上第一张采用铅字排印的报纸《蜀报》在成都面世；1903年4月，四川第一份综合性文摘类刊物《广益丛报》在重庆创刊；1904年3月，四川第一家省级政府报纸《四川官报》在成都创刊；1904年11月，四川第一家由地方政府办的日报《成都日报》在成都创刊；1905年8月，四川最早的商业报纸《重庆商务公报》在重庆创刊。四川一跃成为近代西部报业的重镇。

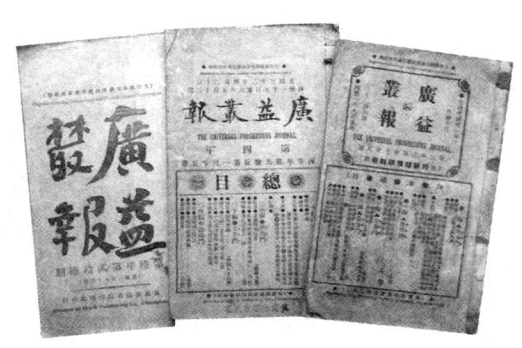

《广益丛报》

第二节　辛亥革命前的巴蜀传播事业

19世纪末20世纪初，在闭关锁国几百年后，四川又一次从封闭走向开放。这时的四川正处于一个空前动荡不安和急剧变革的时期，各种新学说、新思潮、新派别大量拥入，阶级斗争、中外矛盾、新旧冲突得到集中呈现，这些都无疑为刚刚起步的四川现代传播事业的发展提供了一个极好的机遇和活动舞台。资产阶级维新派、改良派和革命派等各种不同的政治团体，无不企图通过出版书籍和报刊来宣传自己的政治主张，发动和组织民众起来参加救国图存的斗争，各种传播工具在传播先进思想文化、宣传科学、启迪民智等方面都发挥了积极的作用。

戊戌变法失败以后，资产阶级维新派遭到了清政府镇压，在四川，以《蜀学报》为代表的维新派报纸也因封建顽固势力的查禁而销声匿迹。取而代之的是更加激进的以宣传民主革命思想，把斗争矛头直接指向封建王朝的资产阶级革命派的报刊。1903年4月，四川第一份宣传民主革命思想的报纸《广益丛报》在重庆创刊。该报由杨庶堪（1881~1942，四川巴县人）主办并担任主编。这一年，杨庶堪联合重庆进步青年，秘密成立了四川第一个民主革命团体公强会，公强会需要有宣传革命思想的喉舌，于是《广益丛报》应运而生。1906年，杨庶堪加入同盟会后，改组公强会为同盟会重庆支部，该报即由同盟会掌握，成为四川首家政党报纸。

《广益丛报》是一份综合性报纸，其宗旨是宣传新知识、新思想，内容以转载全国各地著名报纸刊物上介绍的西方科学、民主及国内问题等方面的报道和文章为主，也发表自己撰写的文章。该报曾转载同盟会机关报《民报》上的《民生主义与中国革命之前途》一文，第一次将孙中山先生的"三民主义"介绍给川内读者；并发表过同盟会会员冯自由的文章《民生主义与中国革政之前途》，在四川第一次提到社会主义和马克思的名字；该报还以大量的篇幅连载由严复翻译的孟德斯鸠的名著《法意》，系统传播民主革命思想。在清王朝的封建专制下，《广益丛报》敢于揭露当局的腐败和衰败的世风，宣传学习西方，推行民主，发展实业，振兴中华的进步思想，吸引了众多读者，发行量日增。

1904年10月，四川另一家以宣传民主革命思想为宗旨的报纸《重庆日报》诞生，创办人为资产阶级民主革命家卞小吾。卞小吾（1872~1908），四川江津人，出身于书香世家，青年时追求进步。1902年，他先后赴北京、上海，与蔡元培、汪康年等知识界和新闻界著名人士结识，接受了新思想。1904年春，他回到重庆与其兄商量，将祖遗田产全部变卖，筹措白银六千多两，创办了《重庆日报》。报纸对清廷勾结帝国主义，掠夺我中华资源，残酷镇压人民反抗等恶行进行了揭露，以唤起群众觉悟。卞小吾亲自撰写言论，提倡"妇女天足、男女平权、家庭革命诸论；于官吏之贪残秽迹，尤诋斥无遗"。

《重庆日报》的舆论导向作用，使之成为资产阶级革命派在四川的重要舆论阵地，同时也引起了清政府的恐慌。四川总督锡良立命川东道台和重庆知府取缔该报，并下令逮捕卞小吾。卞小吾抱着"苟不幸，上可质皇天，下可以对四万万同胞"的信念，毫无惧色，报纸照常出版。1905年6月1日，卞小吾被当局暗捕，《重庆日报》旋被查封，在关押三年后，卞小吾被锡良授意下属暗害。中华民国建立后，四川稽勋局追认卞小吾为"辛亥革命烈士"，他是四川历史上为新闻事业献身的第一人。①

19世纪末20世纪初，四川门户洞开，在帝国主义势力长驱直入，封建统治进一步走向没落的同时，巴蜀的许多有识之士也以开放的心态走出盆地，走出国门，去寻求救国济世、安邦治蜀的良药。当时，川人中出川留学日本的人数最多，至1906年，出川留学日本的青年学子就达八百多人，占全国的十分之一。他们抱着或教育救国，或实业救国，或军事救国的愿望，期望中国强大以抵御外侮，有许多人加入了孙中山在东京创立的同盟会。他们还通过出书、办报、撰文等方式向国内宣扬反帝反封建的革命思想，在留日学生所办刊物中最为著名的是《鹃声》和《四川》。

《鹃声》于1905年9月由川籍同盟会员雷铁崖（1873~1920，四川自贡人）、董修武（1879~1915，四川巴中人）、李肇甫（1887~1950，四川巴县人）等人以四川留日同乡会的名义在日本东京创办。《鹃声》是一个综合性、时事性的白话刊物，刊名出自古蜀"杜鹃啼血"的神话传说，在此寓意着杜甫诗"子归夜半犹啼血，不信东风唤不回"的"啼鹃"精神，表达了该刊"欲效啼鹃"，唤起民众，挽救民族危亡的主旨。刊物主张西方资产阶级的自由民主思想，反对以康有为、梁启超为首的保皇派，主要栏目有社说、论说、宗教、政法、经济、史册、时评、记事、小说、文苑、丛谈等。刊载的重要文章有《亡国灭种问题之解释》《中国已亡铁案说》等。由于该刊反帝反清立场鲜明，只出了两期就被清廷勾结日本当局查封。

《鹃声》被查封一年后，另一份由四川留日同乡会办的刊物《四川》创刊。《四川》由同盟会会员、无产阶级革命家吴玉章（1878~1966，四川富顺人）担任编辑发行人，原《鹃声》的撰稿人雷铁崖、邓絜等仍为主要编辑人。《四川》一开始就以鲜明的民主革命的立场，激励人民救亡图存，推翻腐朽的封建统治，成为当时中国最进步和最革命的刊物之一。雷铁崖早在主办《鹃声》时期就很有文名，他为《四川》撰写了《警告全蜀》一文，先后在该刊的第一、二期连载，文章陈述了在帝国主义列强窥视下四川的危急形势，指出天府之国的四川也已成为英、法、日等列强竞争的"大战场"，四川人民将面临"刀下之肉糜"和"枪下之血肉"的命运。为唤醒一向闭塞、尚在沉睡之中的四川人，雷铁崖还对四川传统文化的劣根性进行了剖析，其矛头直指四川人的"狭卿

---

① 四川省地方志编纂委员会：《四川省志·报业志》，四川人民出版社1996年版，第21页。

民光"和"偏陋心思"。这是一篇近代四川人自我反省的不可多得的好文章，特别是在民族危亡之际，它具有洪钟大吕、振聋发聩的作用。除编辑人员尽心尽力外，不少当时在日本的川籍革命党人都积极支持《四川》的工作，先后为该刊提供稿件的川籍作者不下三十人。《四川》还在成都、重庆设有支社，在国内各大城市设有代办所，在法国巴黎、越南河内、新加坡等地设立代派处。《四川》一出版即受到热烈欢迎，销路很广。一、二期在出版半月后又再版，各销售四千份，第三期发行达五千份，第四期即将发行时被日本当局以"鼓吹革命""激扬暗杀"等为由查禁，编辑发行人吴玉章被判有期徒刑半年。

在四川近代传播史上还有一个曾经在中国近代历史上产生过重大影响的人物，那就是被称为"革命军中马前卒"的邹容烈士。

邹容（1885～1905），字威丹，重庆巴县人，出身于一个富商家庭，自幼受维新书刊影响，萌发了革命思想。谭嗣同、杨锐、刘光第等六君子为变法壮烈捐躯，使少年邹容敬慕不已。他题诗明志，以六君子的"后来者"自居，表示要"继起志勿灰"。1902年，为探求救国救民的真理，他自费留学日本。在东京同文书院学习期间，他一方面关注祖国的命运，一方面如饥似渴地阅读资产阶级革命的先驱者卢梭、孟德斯鸠等人的著作，接受了西方资产阶级革命时代"天赋人权""自由平等"的思想。为了广泛传播资产阶级革命理论，他在日本就开始写作《革命军》一书，但没有完稿。回到上海后，他一方面参加革命活动，一方面继续写作。1903年5月，被誉为"中国第一份人权宣言"的《革命军》一书在上海大同书局出版，此时邹容才十八岁。在这本约两万字的革命宣传小册子里，邹容以犀利沉痛的文笔，抨击了封建的君权和封建专制制度，宣传了"平等""自由"等"天赋人权"的资产阶级政治思想和建立资产阶级共和国的政治主张，阐明了革命的重要性和必然性，吹响了向革命进军的战斗号角。最后，他以炽热的感情高呼："中华共和国四万万同胞的自由万岁！"

《革命军》出版后不胫而走，不到一个月，几千册书就一扫而光，在以后不到十年的时间内，该书先后印了二十多版，发行达一百一十万册，各地的报刊也纷纷转载。对《革命军》在宣传上的作用，人们做出了很高的评价，孙中山称赞它"为排满最激烈之言论"，是"能大动人心，他日必收好果"的好作品；章士钊著文称：《革命军》"诚今日国民教育之一教科书也"；章太炎称它是一组震撼当时社会的"雷霆之声"；鲁迅回忆当时《革命军》的影响时说，"倘说影响，则别的千言万语，大概都抵不过浅近直截的'革命军马前卒邹容'所做的《革命军》"。《革命军》以它"跳踉搏跃"以言革命的文字,教育了整整一代资产阶级革命者,不少青年知识分子在它的影响下走上了民主革命的道路。

《革命军》出版后,资产阶级革命派的重要思想舆论阵地《苏报》立即加以推荐,资产阶级革命家、《苏报》主笔章士钊以"爱读革命军者"为笔名写了书评《读革命军》,资产阶级革命家章太炎为《革命军》作序。这是在报刊上最早介绍《革命军》的一批文章,立刻引起了广大读者的注意,加快了《革命军》在社会上的传播。《苏报》对《革命军》的宣传,使清廷大为震惊,他们通过租界当局查封了《苏报》,逮捕了章太炎等人,并通缉邹容。邹容闻讯后,不愿他人受到株连,抱着临难不惧的精神,从容投案。结果章太炎被判刑三年,邹容被判刑两年,邹容在狱中受到残酷的迫害,暴死狱中,死时年仅二十岁。这就是近代史上著名的"苏报案"。资产阶级革命派的报刊活动,在组织和动员群众、把群众团结在他们周围,进行民主革命斗争中发挥了积极作用,为日后的辛亥革命在思想上和组织上做了准备。

辛亥革命前夜,全国各地反帝反封建的民主革命斗争呈火山爆发之势。四川的泸州、江安、广安、嘉定(今乐山)、黔江等地相继爆发了由革命党人领导的武装起义,清政权在四川的统治已岌岌可危,而"保路运动"的兴起更是加速了清王朝的灭亡。

四川盆地群山环抱,在地形上形成了一个"四塞之国",交通不便,严重制约了四川社会、经济、文化的发展。正因为这样,四川历代当政者都把"修路"放在"治蜀"最重要的位置。1904年1月,中国第一家省级铁路公司——官办川汉铁路总公司在成都成立,加快了横贯中国东西部的大动脉川汉铁路线路的勘察和施工前的准备。而对在四川修路,英、法、德、美等帝国主义列强也抱有非同寻常的"兴趣",他们企图通过贷款、主持修建、参与经营等方式来攫取控制路权,并强迫清政府正式签订了出卖路权的"借款合同"。此举使全国舆论一片哗然,国内报纸纷纷斥责清政府"失信天下""将引来内乱外患"的卖国行为。各地局势动荡不安,一触即发,一场轰轰烈烈的保路爱国运动迅速在全国范围内展开。

作为四川省会城市的成都,很快就成为保路运动的中心。1911年6月17日,四川保路同志会宣告成立,并创办了以宣传保路为宗旨的机关报《四川保路同志会报告》。《报告》专载保路同志会的重要文件、消息和鼓动群众起来斗争的诗歌，分《纪事》《著录》《附件》等栏目，文字通俗、生动感人，特别是对清政府卖路丧权的揭露在读者中影响很大，"妇孺望报如望岁，及得展读，涕泪纵横，且阅且哭"，每日印一万五千份仍不够发售，许多州县甚至派人日夜兼程到成都来购报，《报告》成为保路运动的指导性文件。四川保路同志会还在成都创办了《西顾报》，《西顾报》旗帜鲜明地宣传保路斗争，公开号召四川人民罢市、罢工、罢课，抗租、抗捐，同清廷做拼死斗争，这在当时的国内报纸中是绝无仅有的。

保路运动风起云涌，引起了清政府的恐慌，9月7日，四川总督赵尔丰诱捕了四川保路同志会会长、《蜀报》社社长蒲殿俊等人，并查封了《蜀报》《西顾报》《启智画报》《白话报》《蜀风杂志》等宣传保路运动的报刊，由此而引发了"成都血案"。在四川保路同志会的号召下，四川各地相继爆发了保路同志军的起义，革命党人吴玉章在荣县宣布脱离清王朝政府，成立了全国第一个县级资产阶级革命政权，保路运动发展成了一场有纲领、有组织，以夺取封建王朝政权为目的的武装斗争。

为了挽回四川政局的颓势，清廷急忙调兵遣将，电令湖北等省的清军火速"援川"，造成了武昌城内防守空虚。同盟会借此良机，于1911年10月10日在武昌举行了著名的武昌起义，从而结束了中国社会长达两千多年的封建统治。对于四川保路运动在辛亥革命中的作用，中国民主革命的先驱孙中山先生曾做出高度评价："若没有四川保路同志会的起义，武昌革命或者还要推迟一年半载。"从四川保路运动的兴起到辛亥革命爆发整个过程中，我们看到了革命报刊在革命运动中作为一个阶级或政党的喉舌，在宣传、组织和动员群众方面发挥出的巨大作用。

第三节　民国初年的巴蜀传播事业

辛亥革命推翻了中国最后一个封建王朝，建立了中国历史上第一个资产阶级民主共和国，废除了清朝政府用于控制舆论、扼杀出版言论自由的《大清印刷物专律》，而在南京政府颁布的《中华民国临时约法》中做出了"人民有言论、著作、刊行及集会、结社之自由"（第六条第四款）的保证。在相对民主自由的条件下，民国初年的大众传播事业也有了很大的发展，在全国范围内出现了前所未有的办报刊的热潮，出现了一个"报界的黄金时代"①。

据统计，1912年全国的报刊从十年前的一百多种，陡增至近五百种。在四川，新成立的军政府颁布了《报律》，提倡言论自由，当年在四川创办的报刊达四十九家，占全国报刊的十分之一；从1913年到1918年，又有八十多家报刊先后在四川诞生。这一时期，四川同全国各地一样，各类矛盾、各种思想、各种党派错综复杂，斗争更加尖锐激烈，与政治斗争联系非常密切的巴蜀报刊更是形形色色、五花八门。

一、充当喉舌的政府报刊

辛亥革命以后，新政权上下竞相办报，用来发布命令，刊登政事，把报纸作为替自己摇旗呐喊的喉舌。1911年10月以后，四川出版的政府机关报有大汉四川军政府主办的《四川军政府官报》，该报由原《成都日报》改刊，专载四川军政府及省城各官厅的法律、命令、重要批词及布告等，日出一张，铅印，由四川官报书局印刷，以后又先后更名为《四川都督府政报》《四川政报》《四川公报》等；有由重庆蜀军政府主办的《皇汉大事记》，专门宣传重庆蜀军政府的政策法令，大汉四川军政府与重庆蜀军政府合并后，该报即改名《国民报》。除军政府外，政府各机关也办有自己的报纸，如四川实业公司办的《实业公报》，四川教育司办的《文牍月报》，四川国税局办的《四川税务汇刊》，四川盐运运使署办的《四川盐务公报》等。这类报纸还未摆脱旧政权的影响，往往半文半白，官腔十足，读起来较为吃力，发行量也很小。

二、五花八门的政党报刊

辛亥革命以后，四川党派林立，各党各派都纷纷办报，宣传自己的政见。在成都，有国民党办的《四川民报》《宪演报》，演进党办的《演进报》，进步党办的《进步白话报》，统一党办的《公论日报》，政进党办的《政进报》，民主党办的《大中报夕刊》，共和党办的《四川日报》《共和日报》《醒群报》《西蜀新闻》；在重庆，有社会党办的《国事报》《社会党日报》，统一党办的《益报》，共和党办的《正论日报》等，品种繁多的政党报刊成为各种政治势力表演的舞台。由于各政党各持"主义"、政见不同，编辑

---

① 孙少荆：《成都报界回想录》，刊1919年《川报》增刊。

和记者们也常常在报上互相攻击，大打笔仗，进而发展到大骂特骂，充分体现了民国初年"政党政治"的特点。由于党派不断分化，报纸也不断改组、合并，最终形成国民党、共和党和社会党三大派系的报纸。

三、以壮军威的军队报刊

从1913年讨袁战争开始，四川经历了长达二十四年的内战，其中大部分时间是军阀之间的混战。各路军阀或为了宣扬"军威"，巩固自己的防区，或附庸风雅，宣传自己的"文治"，大都创办了自己的报纸。如四川陆军第一师师长周骏创办并亲自任社长和总纂主任的《军报》，护国军刘云峰创办的《军声报》，靖国军熊克武创办的《民报》，军阀刘存厚创办的《四川新闻》，二十军杨森创办的《坦途周刊》，二十一军刘湘创办的《大中华报》，二十四军刘文辉创办的《四川日报》，二十九军田颂尧创办的《成都国民日报》等。有的军阀还同时办有好几家报纸、刊物，此外还设立了通讯社。军队报纸大多数由军人出钱，请报人、师爷或军长、师长的心腹主笔，以宣传自己的"政绩"。但由于战争频繁，军队流动性大，这些报刊常常不能按时出版或出版时间不长，发行量也很小，只是军阀们的自娱自乐。

四、七嘴八舌的民营报刊

四川向来就有民营报刊的传统，几个股东出资，再雇用几个报人，便可开张办报，四川早期出版的近代报纸如《渝报》《启蒙通俗报》《重庆日报》等都是当时著名的民营报纸。民营报纸因大都由私人投资，必须讲求经济效益，因此在办报方针上尽可能满足大多数读者的口味，一改清末报纸以政论文章为主的局面，新闻报道在报纸版面上逐渐占据重要位置，评论形式、品种增多，并开始注重副刊文字，刊登各类广告，在文字上也尽量做到通俗易懂，增强可读性和趣味性。如成都的《国民公报》《四川公报》的增刊《娱闲录》，重庆的《商务日报》等都因可读性强而受到读者欢迎。1914年，《娱闲录》从《四川公报》独立出来单独发行，成为四川第一个文艺刊物，也是第一个刊登新闻图片的刊物。

民国初年，为适应各方读者的需要，巴蜀报刊的种类也增加了。1912年5月，四川首家文摘类报刊《报选》在成都创刊。《报选》选辑全国乃至世界各国报刊之精华，以较低的售价卖给读者，使读者能够花较少的钱而获得较多的知识，广开眼界。有意思的是，当时中国有南北两个政府，报纸对两个总统对各省发布的政令都照登不误，弄得读者无所适从。同年6月，四川第一家晚报《晚报》在成都发行，由四川临时参议会参议员樊孔周在参议会召开期间创办，樊孔周（？～1917，成都华阳人）既是四川有名的实业家，也是四川早期的出版家和报人，他一向敢说敢为，因此报纸以揭载参议会的内部消息为主，时常刊载讥讽议会、针砭时弊的文章，虽然让议员们不满意，却很受读者欢迎，销路日广，可惜时间不长，大约参议会闭幕即停刊。

1912年6月，四川历史上第一家妇女报刊《女界报》在成都出版。《女界报》以"光复神圣女权"为宗旨，由成都当时著名的女诗人曾兰为主笔。曾兰（1875～1917，四川成都人），从小性情温婉、诗书俱佳，15岁嫁与巴蜀学者吴虞（1874～1939，四川新繁人）为妻，她是四川最早接受新文化洗礼的杰出女性，著名的女诗人、书法家和小说家，也是四川第一位报刊女主笔，在《女界报》发刊词《〈女界〉缘起》中她奋笔疾书："妇女三从之外，加以七出，束缚压抑，惨无人理，谬种流传，积非成是；于是顺从之外无道德，针绣以外无教育，井臼以外无教育，筐筥以外无权利，脂粉以外无品性，胶蔽耳目，拘束形骸……吾辈自当一扫从来屏息低首，宛转依附，深闭幽锢，卑鄙污贱之戳辱桎梏，发愤而起，以光复神圣之女权。"《女界报》设有《世界大事》《中国要闻》《科学》《女界史》《时评》等栏目，曾兰在报上写了许多为妇女解放立言的文章，报社还有多名女记者。为了体现对女权的尊重，都督府总政处给了女记者自由进出都督府的"特权"，还在省议会召开期间专辟一室，作为女记者的采访处，这在四川新闻史上还是第一次。效仿《女界报》，四川以后又出版了《女国民报》《女鉴报》《家庭》等，这些妇女报刊高举反封建的大旗，推动了四川妇女解放运动的发展。

新闻事业的发展使各报更加重视新闻的来源，1912年，《公论日报》率先与世界著名通讯社英国路透社建立了联系，由路透社为该报提供国际新闻，成为四川第一家购买国外通讯社电稿的报社。1913年，四川本土的第一家通讯社——成都通讯社创立。因成立通讯社成本很低，有几个记者跑跑电报局和邮局就成，很快在全省就发展到上百家通讯社。为了促进新闻业界之间的交流，四川第一个新闻群众团体"成都报界公会"于1912年4月成立。报界公会由各报馆的编辑、记者组成，每星期聚议一次，互相交流办报的经验、沟通各方面信息，对外起到与官方交涉的作用，因此"报界势力大盛"。有意思的是记者们聚议的地点通常选择在人最多的茶馆，茶馆里往往是各种信息交流的平台，不仅给记者们提供了很多有价值的新闻线索，有时候说不定还可以获得独家新闻，"坐茶馆"成了民国时期老记们重要的工作方式。

在这一时期，四川也出现了一批著名的报人，他们中有创办《启蒙通俗报》《通俗日报》《通俗画报》《通俗新报》等多家报纸，开成都市民报风气之先的傅樵村；有"只手打孔家店"而名扬海内外，为多家报纸撰稿的吴虞；有当过记者，后来成为少年中国学会创始人之一的王光祈；有曾担任多家报刊主笔的著名报人孙少荆；还有因办文艺副刊而日后成为中国话剧运动创始人之一的曾孝谷和著名作家李劼人；以及创办和主持过多家报纸，而因疾恶如仇、言论犀利而被军阀忌恨，招来杀身之祸的樊孔周。

民国初年，四川在新闻事业得到发展的同时图书出版也有很大的发展，集编辑、印刷、发行于一体的新型图书出版机构逐步取代了以雕版印刷为主的书坊而成为主流。出版社出书的题材和内容也从书坊过去局限于经史子集及其注疏考证一类狭小的范围，转向了广泛出版国内外有关社会科学和自然科学的书籍，特别是一些新编教科书、科技读物和文艺书籍很受读者欢迎。与此同时，电报、电话、电影等新的传播媒介传到了四川，新的邮路在四川各地相继开通，给整个传播领域带来了欣欣向荣的新气象。

辛亥革命虽然推翻了中国最后一个封建王朝，建立了资产阶级民主共和国，但是由于资产阶级革命派的软弱妥协，革命胜利的果实很快被帝国主义和大地主大买办阶级在中国的代表袁世凯窃取。袁世凯在篡夺临时大总统的职位后，勾结中外反动派，疯狂镇压民主势力，企图在中国恢复封建帝制。为了维护反动独裁统治，袁世凯十分注意控制舆论。一方面拉拢、收买御用文人，创办御用报纸；另一方面限制人民群众的出版自由，残酷迫害反对他的新闻工作者，对持不同政见的报刊一律封杀。为了使其摧残舆论的暴行合法化，袁世凯统治时期，先后颁布了《戒严法》《治安警察法》《报纸条例》《出版法》等法律，对反对他的报刊进行摧残和迫害。据统计，从1913年至1916年四年间，全国至少有七十一家报纸被封，新闻记者中至少有二十四人被杀，六十多人被捕入狱，报纸从五百多家锐减到一百多家，成为继清代"文字狱"后中国传播史上最黑暗的时期。因为1913年是阴历的癸丑年，史称"癸丑报灾"[①]。

---

① 方汉奇：《中国近代报刊史》，山西人民出版社1981年版，第720页。

袁世凯独裁统治时期，地处西南一隅的四川新闻出版业也未能幸免。自袁世凯在四川的爪牙、四川军政府护理都督胡景伊上台后，一方面发布《保护新闻界通告》，明令"凡行政官厅不得任意逮捕主笔、封锁报馆，用特别优待""不得动辄封闭逮捕，以致摧残舆论，为国民之不幸"。另一方面，胡上台后不久就开始了对报界的摧残，先后查封了《四川民报》《中华国民报》《蜀报》《醒群报》《宪演报》《晨钟报》等"宣传共和"的报纸。《蜀报》的总编辑兼发行人、同盟会会员朱山，以"在武担山（成都北郊，原都督府所在地）照相测绘，意欲炮轰都督府"的莫须有的罪名而被斩首，成为继下小吾之后四川第二个因言论而被杀头的报人。都督府还对报人制定了苛刻的条件，如任编辑记者必须年满三十五周岁，同时还要向警察署交纳八百元的押金，限制了许多投身报业的青年人。"癸丑报灾"之后的1914年，成都的报纸从三十多家减少到只有三家。①刚刚在四川兴起的近代图书出版业也遭受很大的打击，书局纷纷关闭，尚存的几家也声明"不涉政治，不尚偏激"，转而出版儒家经典或言情、黑幕、武侠小说。

袁世凯的倒行逆施虽然给中国人民带来了巨大的灾难，但并不能扑灭中国人民反帝反封建的烈火，四川的新闻出版界采取了各种方式进行反抗，一些报纸被查封后很快又改头换面，继续发表反袁文章；一些报纸在副刊版上用嬉笑怒骂的方式讥讽袁世凯的卖国行为；甚至原本是袁世凯御用工具——共和党在四川办的报纸《西蜀新闻》也由拥袁转变为反袁。

值得一提的是川籍作家李宗吾在此期间出版的《厚黑学》。李宗吾（1879～1943），四川自贡人，中国近现代思想家、教育家、革命家，畅销书小说作者。他原名世全，入学后改名世楷，字宗儒，意在宗法儒教，尊奉孔夫子；二十五岁后，他思想大变，认为与其宗法孔孟之道，不如"宗法"自己，故改名为宗吾。他早年加入同盟会，辛亥革命后，曾在蜀军政府中任职，1913年辞官返乡。1912年，他以"独尊"之名，取佛祖"天上地下，唯我独尊"之意，在成都《公伦日报》上开始连载他的成名之作《厚黑学》。

李宗吾在书中佯狂创建"厚黑学"，戏言与儒教孔子、道教老子、佛教释迦牟尼并列，并自封为"厚黑教主"。他从钻研三国英雄的特长入手，发现盖世之雄的曹操"全在心黑"，与曹操并称双雄的刘备"全在脸厚"，与刘备

---

① 孙少荆：《成都报界回想录》，刊1919年《川报》增刊。

结盟的孙权则"黑不如操，厚不如备"，同他们的事业成就联系起来，得出了成功唯在"黑心厚脸"的结论。接着上推及楚汉战争中的项羽、刘邦，下推及二十四史中的历代帝王，认为古往今来的英雄豪杰的成功之道，"不过面厚心黑而已"。《厚黑学》分厚黑学、厚黑经、厚黑传习录三部分，构思于清末，而更多地讽刺了民国初年政治的黑暗以及官场的险恶，对封建社会的政治肮脏和官场腐败予以深刻揭露和严厉抨击，因其文笔犀利，讽刺辛辣，在读者中名噪一时，被誉为"不可多得的奇书"。而这样的书难免引起当权者的不满，在《公伦日报》上连载几期后就被当局下令禁止了，未能载完，直到1927年才收入《宗吾臆谈》一书中全文出版。1938年8月，李宗吾从《宗吾臆谈》中将《厚黑学》抽出，由重庆读书生活出版社重新出版。李宗吾死后被誉为"厚黑大师""影响中国20世纪的十大奇才怪杰"。《厚黑学》在几十年后还被反复再版，成为20世纪在中国发行量最大的"奇书"之一。

辛亥革命以后，四川办报办刊的热潮促进了巴蜀传播事业的发展。这一时期，大多数报纸完成了由传统报纸向现代报纸的转变，传统的册报的比例不断下降，铅印的单张的报纸逐渐增多，报纸和杂志在内容和形式上都有了明显的区分；在印刷技术上逐步由圆盘机、平版机代替了木刻版或活字印、石臼；各种类型的书局、出版机构也与报社、杂志社分家，专心于图书的出版发行，成为现代意义的出版社。在图书的贮存、传承和利用上也进入了一个新时期，1912年10月，四川第一家新式图书馆——四川图书馆在成都市少城公园（今人民公园）建立。图书馆开馆之初，就基藏海内官本、私家精刻及西方书籍二十余万卷，并设有公众阅览室供公众借阅，图书馆从此成为四川文化传播的一支新军。

第四节　五四时期的巴蜀传播事业

辛亥革命推翻了皇帝，但并没有完成资产阶级民主革命的任务，中国的封建制度并没有从根本上转变，中国在反动军阀的黑暗统治下，进一步滑向半殖民地半封建的深渊。在这种历史条件下，一部分进步知识分子发动了批判封建文化的新文化运动，再一次担当起传播先进文化的时代重任。

新文化运动以《新青年》杂志的创刊为标志，《新青年》高扬民主和科学的旗帜，在介绍各种新学说、新思想的同时把斗争矛头直指封建专制文化。

为《新青年》撰文的除了陈独秀、李大钊、鲁迅、胡适等人外，还有来自四川的吴虞。吴虞1905年赴日留学回川后，先后从事教学及主持报馆笔政，发表了一系列批判封建专制制度和传统儒学中的消极因素的文章，屡遭当局压制，他主持的报纸被查封，他本人也常遭"通缉"。1916年，在章士钊和谢无量介绍下，吴虞与陈独秀认识，不久吴虞在《新青年》上发表了第一篇文章《家族制度为专制制度之根据论》，陈独秀对吴虞的文章和观点十分欣赏，从此吴虞一发而不可收，在《新青年》杂志上连续发表了《读〈荀子〉书后》《消极革命之老庄》《礼论》《儒家主张阶级制度之害》等文章。特别是他在《新青年》六卷六号发表的《吃人与礼教》一文，对鲁迅小说《狂人日记》的主旨做出了精辟的阐释，把斗争的矛头直指封建礼教，一时间名声大震，成为新文化运动的号角。五四时期，吴虞与新文化运动领袖陈独秀一道，被公认为反对孔子最激烈、最有力的两位"健将"，在思想文化界产生了重大影响。胡适曾赞誉吴虞是"中国思想界的清道夫""四川省只手打孔家店的老英雄"①。

1917年，俄国十月革命前后，《新青年》的主要编辑人员如陈独秀、陈望道、李达、李大钊等人开始接受马克思主义，他们在《新青年》上大量地翻译和推介马克思主义关于阶级斗争和社会主义的学说，把《新青年》从一个民主主义刊物转变为宣传马克思主义的阵地。也是在这个时候，刚从中国大学法律系毕业，担任成都《群报》和《川报》驻京记者的王光祈（1892~1936，四川温江人），与中国共产党的创始人李大钊一道，在北京发起成立了革命组织"少年中国学会"，并创办了《少年中国》《少年世界》等刊物，出版《少年中国丛书》。学会以"本科学精神，为社会的活动，以创造少年中国"为宗旨，组织了具有空想社会主义性质的"工读互动团"，在社会上产生很大影响，吸引了众多的革命青年。与王光祈一道创办"少年中国学会"的还有他的同乡周太玄（1895~1968，四川新都人）。五四运动前周太玄去法国巴黎留学，在巴黎创办了第一家中国人在国外创办的国际通讯社——巴黎通讯社。在王光祈的介绍下，毛泽东、邓中夏、恽代英、赵世炎、张闻天等人先后加入"少年中国学会"，后来他们都成为早期的中国共产党人、坚定的马克思主义者。

1919年1至4月，第一次世界大战结束后的"巴黎和会"在法国巴黎召开。

---

① 胡适：《吴虞文录·序》卷上，民国25年（1936）成都吴氏爱智庐刊行。

在会上，帝国主义列强出卖中国的利益，将德国在中国的特权转让给日本。周太玄的巴黎通讯社在第一时间将这个消息率先发回国内，而成为引发五四运动的导火索。在五四运动爆发的第二天，五四运动的参加者王光祈就将北京学生火烧赵家楼的情况用电报发给《川报》，《川报》在新闻栏上率先刊登了五四运动爆发的消息，几天后又刊登了王光祈从北京发回的详细通讯。《川报》发行人兼总编辑李劼人（1891～1962，四川成都人）满怀爱国激情地为通讯加了长篇按语。在巴黎和会前后，王光祈一共写了五十多篇通讯，揭露帝国主义无理拒绝我国维护主权的正当要求，以及北洋政府对外奴颜婢膝、对内血腥镇压的罪行。他的这些通讯在四川群众尤其是在青少年学生中引起了强烈反响，也把四川的爱国学生运动推向了高潮。

新文化运动和五四运动，开启了中国革命的新纪元，成渝两地的一些青年知识分子纷纷创办刊物，组织社团，开展革命活动。1919年，少年中国学会在成都成立分会，并创办四川第一个宣传新文化运动的刊物《星期日》周刊。《星期日》由李劼人任主编。《星期日》的创刊目的非常明确，就是"在落后的四川传播新思想，开展新文化运动""《星期日》的目的是光明世界，《星期日》的希望是人人自觉"，该刊的社会问题、妇女问题等栏目，矛头直指封建势力，揭露旧社会的黑暗。该刊还登载李大钊、陈独秀、吴虞等人的特约专稿，并转载过毛泽东的文章《民众大联合》，在省内外发行五千份以上，是五四时期与李大钊创办的《每周评论》、毛泽东主编的《湘江评论》齐名，在全国具有很大影响的革命刊物。

此外，由四川学生联合会创办的《四川学生潮》和由吴先忧等人创办的《半月》杂志公开宣传俄国十月革命道路和科学社会主义，主张依靠工农联合人民进行武装革命。另一份批判旧势力、鼓吹革命的进步刊物《新蜀报》在重庆创刊，萧楚女、漆南薰、陈毅等曾在该刊担任编辑。陈毅（1901～1972，四川乐至人）是该刊的主要笔杆子，在他去北京中法大学以后，仍为该刊写了十多万字的小说、白话诗、杂文等。这一时期，以介绍新文化、传播新思想为总方针的进步刊物还有《威克烈》《直觉》《新空气》《新蜀报》《川东学生周刊》（川东学生联合会创办）等。当时，"四川人人羡慕新思想，容纳新思想，要算二十二行省中第一。就以各种出版物说，四川一省的销数占外省的第一位"。①

1922年2月7日，四川马克思主义运动的先驱、中国共产党和青年团在四川最早的创始人和负责人王右木（1887～1924，四川江油人）组织建立了四川第一个马克思主义革命组织"马克思主义读书会"，并在成都自费创办了四川第一家以宣传马克思主义为宗旨的刊物《人声》报。王右木在《人声》报创刊号发表的《本社宣言》中公开宣布："直接以马克思的基本要义，解释社会上的一切问题""对现实社会的一切罪恶现象，尽力地揭露和批评，以促进一般平民的阶级觉悟……""讨论马克思社会主义之学术及实际的一切问题；讨论新社会之一切建设问题"。《人声》报的出版，使马克思主义革命理论在四川广为传播，给徘徊不前的四川革命运动指明了方向。与此同时，四川留法学生赵世炎（1901～1927，四川酉阳人），在法国巴黎创办并编写刻印了中国共产党旅欧支部机关刊物《少年》。

这一时期，一些书局、书店也以传播新文化为己任，编辑印行各种进步书籍。如陈岳安（1889～1927，四川江安人）经营的"华阳书刊流通处"，就是成都地区开设较早的一家与外埠同业互通经贸往来的书店，书店不但从外埠大量引进《新青年》《少年中国》《湘江评论》《觉悟》等数十种进步刊物，还发行了大量有关社会科学的书籍，成为四川宣传新思想、新文化的重要阵地。后来一大批成为无产阶级革命家的四川青年，如李硕勋、刘伯坚、杨闇公、邓小平、陈毅、聂荣臻、李大章等人，都是在接触了这些进步书刊后走上革命道路的。

新文化运动和五四运动还揭开了中国新文学运动的序幕。受新文化运动的影响，五四以后，四川也陆续出现了一批在新文学运动中有影响的代表性人物，他们是：叶伯和、郭沫若、吴芳吉、阳翰笙、李劼人、巴金、艾芜、沙汀等。如叶伯和（1889～1945，四川成都人）在1920年5月自费印行的《诗歌集》，是与胡适《尝试集》同一年出版的中国最早的新文学个人诗集。叶伯和的诗歌语言自然、朴质、亲切，洋溢着进取、正直和善良的气质和精神，与五四时期所倡导的新文化完全一致，被称为中国的"泰戈尔"。同时，他还是著名的现代音乐理论家，出版了我国第一部《中国音乐史》。1921年8月，郭沫若（1892～1978，四川乐山人）的首部诗集《女神》由上海泰东图书局出

---

① 中共重庆市党史工作委员会：《五四运动地重庆》，重庆出版社1984年版，第237页。

版。《女神》收入了诗人1918至1921年的主要作品，共三辑五十七篇，其代表作有《凤凰涅槃》等。这些新诗反映了诗人在五四时期的爱国激情和反传统精神。诗人在继承中国古典诗歌传统的基础上，吸取了外国自由诗的形式，形成独特的艺术风格，成为中国新诗发轫时期最重要的一部诗集。郭沫若还与成仿吾、郁达夫等人在日本创办了中国第一个革命文学团体创造社，并致力于学术研究，建立了中西文化互释的学术思想。五四时期的另一巴蜀诗人吴芳吉（1896～1932，四川江津人）是中国现代文学史上一个比较特殊的诗人，是一位以才情奇崛、身世飘零著称，以生命热血书写诗歌的"愤怒"诗人，他的诗作《婉容词》《两父女》《巴人歌》等对新文学都产生过重大影响。毛泽东1920年曾赞扬吴芳吉的诗"才思奇捷，落笔非凡，芳吉知春，芝兰其香"。[1] 20世纪中国现代文学史上的巨匠巴金（1904～2005，四川成都人）也是受新文化的影响走上文学创作道路的。巴金出身于成都一个封建大家庭里，1920年，他入成都外国语专门学校读书就开始接受新思想，并受聘担任了进步刊物《半月》的编辑。1927年初赴法国留学，写成处女作长篇小说《灭亡》，从此登上文坛，并一步步从巴蜀走向世界，成为中外闻名的跨世纪的文学大师。

这一时期在巴蜀传播领域内除了以新文化运动和五四运动为重点外，也较为注重平民的教育、科学知识的普及以及历史文化的整理。平民教育家晏阳初（1893～1990，四川巴中人），1920年初从法国归来，深感中国人的文化素质太低，文盲众多，对民主政治一无所知，于是与陶行知等人创建了中华平民教育促进总会，第一个在中国首倡平民教育。他亲手编写了一本《平民千字课》，作为平民教育的教材，该书在四川出版发行后极受欢迎，短短几年时间，重订再版了十三次。另有教育家李家湘（1860～1926，四川富顺人），根据自己的教学经验，参考《康熙字典》《说文解字》等书，历经十年，编成了一本三十万字的供平民识字和儿童发蒙兼用的大众化识字课本《集字韵释》，被当时的四川省行政公署批准为小学的正式课本，深受老师和学生的欢迎。为了普及平民教育，五四以后，成都还开办了四川第一个通俗教育馆，设于少城公园（今人民公园）内，对平民进行科普知识和教育的普及。

---

[1] 张放：《飘零的身世，奇崛的才情——吴芳吉先生的价值》，《西南民族大学学报》2007年第4期。

五四时期是一个多元社会思潮激荡的时期，在强调学术兼容的背景下，以反传统著称的新文化运动也有一部分转入了"整理国故"中，并被一部分新文化人所认同。在五四前后，四川涌现出了张森楷（1858～1928，四川合川人）、刘咸（1896～1932，四川双流人）、蒙文通（1894～1968，四川盐亭人）等为代表的"蜀学宿儒"，在史学研究上做出了杰出成绩。在方志方面，民国时期，北洋政府和南京政府曾多次下令各地纂修地方志，并颁行《修志事例概要》，四川各地县志编修高潮迭起。1924年，军阀杨森在任四川军务督理时，曾下令设立"四川通志局"，着手重修《四川通志》，并请出四川现代传播事业的开创者之一的宋育仁出来主持，宋育仁拟订了《重修四川通志序列》，但编修工作时断时续，最后终因宋育仁去世而艰难搁浅，只好将编修成稿的三百余册一百七十卷共计三十万字交由四川省图书馆接收保存。

第五节　中国共产党成立后的巴蜀传播事业

1921年7月，中国第一个以马克思列宁主义为行动指南的、完全新式的无产阶级政党——中国共产党在上海诞生。随着马克思主义的广泛传播和工人运动的发展，四川重庆、成都先后自发成立了社会主义青年团。1923年夏，成都团组织书记王右木到南京参加中国社会主义青年团第二次代表大会，会后赴上海与中共中央取得了联系，回来后在团组织的基础上秘密组建了四川最早的共产党组织——中共成都独立小组，直属党中央领导，并开始领导四川的革命。1926年2月，经中共中央批准，中共重庆地方执行委员会成立。直到1928年，中共四川省委正式产生，统一领导全川的革命斗争。

从五四运动到抗日战争爆发，是四川现代史上阶级斗争最为激烈的时期，各类矛盾交织，斗争空前复杂。从1919年实行"防区制"以后，四川就进入了长达十四年的军阀割据和混战时期，在大大小小的军阀统治下，共产党人的生存条件十分恶劣，无数革命先烈为革命献出了生命，中共四川省委曾先后有八任主要负责人被反动军阀杀害。就是在这样十分艰难的条件下，共产党人仍然利用报刊宣传马克思主义、宣传党的主张，把报刊作为团结人民、教育群众、打击敌人的有力武器。如由共产党人恽代英创办的《励进周刊》，由共产党人杨闇公、吴玉章创办的《赤心评论》等都是党直接领导下的，产生过重要影响的革命报刊。1929年，中共重庆地委军事委员会创办了《新社会日报》，报纸在创刊宣言中声明，要"抱着大无畏的精神，站在时代的前头"，成为"为被压迫民众痛苦呼吁的总机关"；1931年，中共四川省委机关报《四川晓报》在成都秘密创刊，该报在《发刊词》中宣告：本报是穷人的喉舌，完全是以穷人们的利益为发表言论和记载事实的标准。这些报纸由于积极宣传共产党的政治主张，矛头直指帝国主义和反动军阀，往往刊发不久后便被当局查封，而办报人则遭到逮捕甚至惨遭杀害。

在这一时期，共产党人还利用一切合法的手段开展报刊宣传。如在重庆创刊的《四川国民》，是国民党四川临时执行委员会的机关报，但却是共产党员冉钧以国民党人的名义创办的。该报宣传孙中山联俄、联共、扶助农工的三大政策，指导群众反帝反封建的斗争，撰稿、编辑、发行几乎都由冉钧一人担任。《四川日报》表面上是国民党省党部的报纸，但在国共合作期间，完全被共产党员掌握，他们在报上热情地讴歌共产党的主张，旗帜鲜明地揭露国民党右派，成了国民党左派和共产党合作的机关报。更有意思的是军阀杨森在占领成都后，为了附庸风雅，曾花钱请人办了一份《甲子日刊》，社会主义青年团成都地委趁机承办了该报，共产党员王右木担任了该报的主编。《甲子日刊》利用杨森"建设新四川"的口号，反对防区制，宣传还政于民，颂扬十月革命，介绍新生的社会主义制度，还发表了纪念"五一"国际劳动节和悼念列宁的社论。由军阀势力掌握的《华西日报》也曾任用不少共产党员和进步人士，在报上改头换面宣传共产党的主张，出现了"军阀出钱，共产党办报"的特殊现象。

1932年，中国工农红军第四方面军从鄂豫皖地区突围，向西转移入川，解放了通（江）、南（江）、巴（中），建立了川陕革命根据地，并成立了中共川陕省委和川陕苏维埃政权。川陕苏区迅速扩大，最多时达二十二个县，五百多万人，成为仅次于中央苏区的第二大红色根据地。川陕省委和苏维埃政权十分重视新闻宣传工作，苏维埃政府的文化教育委员会下设出版局，统一管理川陕省报刊、图书、课本的出版发行工作；1933年8月，川陕苏区巴中县工农书店开业；10月，川陕苏区建立和扩大了石印、木印和铅印三个印刷局。在川陕苏区存在的两年时间内，苏区先后创办了《共产党》（中共川陕省委机关报）、《赤化全川》（西北革命军事委员会机关报）、《川北穷人》《苏维埃》（川陕省苏维埃政府机关报）、《红军》（红四方面军总政治部机关报）、《南江报》《战场日报》《少年先锋》《经济建设》等十七种报刊。由于苏区的物质条件十分艰苦，这些报刊大多数采用手刻油印，编排简单，出版也不能定期，但报刊紧紧围绕土地革命和武装斗争这个中心，宣传共产党、苏维埃和红军的政策，发挥了重要作用。川陕苏区的出版局还出版有《干部必读》《红色战士丛书》《土地法令》《劳动法令》《共产主义ABC》《革命三字经》《列宁小学课本》《红色战士读本》等图书一百二十多种，满足了革命宣传和苏区教育的需要。

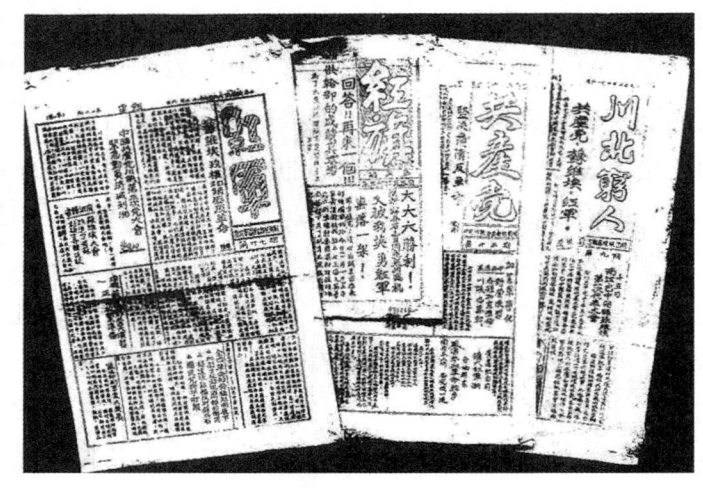

川陕苏区出版的红军报刊

在当年的川陕苏区还有一个奇特的传播现象，就是漫山遍野镌刻在石头上的标语、口号、对联甚至布告，多达四千多件，其中位于四川通江县沙溪乡的石刻标语"赤化全川"，每个字高约一丈五、宽一丈，几十里外都能看见，是1933年2月由川陕省委宣传部组织五十多个石工用时一个月錾刻而成，被誉为"石刻标语之王"。其他还有《劳动法令》《中华苏维埃宪政大纲》《中国共产党十大纲领》等石刻文献，虽历经风吹雨打，至今仍赫然醒目，清晰可辨。这些近乎原始的传播方式在革命战争时期却发挥了鼓舞群众、震慑敌人的作用，可称四川传播文化史上的一大奇观。

第六章 巴蜀近现代传播事业的发展

第一节 重庆：抗战时期的新闻中心

　　1937年7月7日，驻华日军悍然发动"七七事变"，日本开始全面侵华。在这外敌入侵、民族生死危亡之际，在中国共产党的努力下，国共第二次合作，建立了广泛的抗日民族统一战线。日寇发起全面进攻，北平、上海、南京、武汉、广州等大城市相继沦陷，国内东中部地区的大量政府机关、文化机构、学校、工厂以及难民撤至四川。1937年10月以后，由蒋介石领导的南京国民政府所属机构陆续迁至重庆，并将重庆改为国民政府行政院直辖市，1940年9月国民政府发布命令，正式定重庆市为"陪都"，重庆成为抗战时期中国乃至第二次世界大战反法西斯同盟远东的政治、军事、经济、文化、外交的中心，也是新闻出版及文化传播的中心。

　　重庆是一座具有两千多年历史的文化名城，远在旧石器时代，这里就有人类活动的足迹，商周时期曾是巴国的都城，"巴"之称谓，民间相传是因汇集于重庆的嘉陵江和长江形如古篆字的"巴"而得来。隋文帝时期，因渝水（嘉陵江古称）绕城，巴州改称渝州，成为以后重庆的简称；北宋徽宗崇宁元年（1102），改渝州为恭州；南宋光宗皇帝先封恭王于此，后即帝位，自诩"双重喜庆"，遂将恭州升为重庆府，得名"重庆"。自元代建四川省后，重庆就是四川省的一部分，直至20世纪末建立直辖市。

　　在巴蜀近现代史上，重庆有着非常重要的地位。早在19世纪下半叶，帝国主义的势力沿着长江而上，打开曾经"据天险而拒天下"的夔门深入到西南内陆地区，在重庆开关设埠，重庆就成为一个通江达海的重要港口，一个在巴蜀近代史上领风气之先的城市。1891年，四川历史上第一家民族工业企业森昌泰和森昌正火柴厂在重庆诞生；1897年，重庆诞生了巴蜀第一家近代报纸《渝报》；同时，重庆又是一个具有光荣革命传统的城市，1863年，第一次重庆教案，揭开了四川人民反教会侵略的序幕；1890—1899年，重庆大足余栋臣领导进行了长达十年之久的反洋教武装起义；发表中国第一份"人权宣言"——《革命军》的作者邹容也出生在重庆。各种新的思想、新的学说就像巴蜀两条最大的河流长江和嘉陵江在重庆交汇,使它成为孕育革命的摇篮,中国早期的无产阶级革命家如萧楚女、恽代英、吴玉章、杨闇公等都曾在这里工作、战斗过;而一大批优秀的巴蜀儿女如赵世炎、聂荣臻、陈毅、邓小平等人,都是从这里出发东出夔门、远渡重洋去寻求救国图存的真理。

一、抗战时期巴蜀新闻报刊概况

抗日战争爆发以后,重庆成为战时陪都,北京、上海、南京、武汉等沦陷区的一大批全国性著名大报、大刊随国民政府陆续内迁到重庆,全国许多新闻记者和文化界人士也纷纷来到内地。而四川本土的新闻报刊也在统一战线的旗帜下日趋活跃起来,使巴蜀地区的新闻传播事业出现了空前的繁荣。特别是1941年太平洋战争爆发后,重庆成为战时全国乃至远东地区的政治、经济、文化的中心,也是战时全国和远东地区的新闻舆论宣传中心,云集了国内外一大批新闻媒体。据统计,当时在四川出版的各类报纸近二百种,刊物约一千六百多种,这在四川报刊史上是空前的纪录,在中国报纸史上也是罕见的,其中具有全国影响的报刊大多集中在成渝两地,仅在重庆的报刊杂志社就达一千家以上,约占当时全国报刊的一半。[①]形成了各类不同政治背景、不同文化观念、不同办报风格的新闻报刊百花齐放、共同发展的格局。

从办报的主体来看,这一时期主要有三种不同类型的报刊:

第一种类型是中国共产党主办和领导下的报刊。它们中有先后由中共中央长江局、南方局,四川省委领导的,中国共产党在国民党统治区公开出版发行的大型机关报《新华日报》和《群众》周刊;有中共四川省工委直接领导的《四川日报》《国难三日刊》,中共自贡市委办的《正确日报》,中共江安县委办的《江声周刊》,中共资中特支办的《小战士》,由共产党人主办的《华西晚报》《星芒报》《时事新刊》《大声周刊》《救亡周报》等,还有由党领导下的进步报刊《妇女生活》《抗战文艺》《全民抗战》《抗战星期刊》《抗战先锋》等。这些报纸始终坚持正确的办报方针,积极开展抗日救亡的宣传,高举坚持抗战、反对投降,坚持团结、反对分裂,坚持进步、反对倒退的旗帜。如由共产党员车耀先、张曙时创办的《大声周刊》《建设晚报》,由中共领导的抗日救亡团体星芒社主办的《星芒周报》,积极宣传毛泽东提出的"持

---

① 周勇:《重庆通史》第三卷《近代史》(下),重庆出版社2003年版,第1319页。

久战"的战略方针，批驳"速胜论"和"亡国论"，刊登八路军、新四军打击日寇的报道。报纸受到国民党投降派的嫉恨，曾多次被当局查封，编辑人员被逮捕甚至惨遭杀害，但仍然坚持战斗，表现了共产党人不屈不挠的精神。

第二种类型是由国民党和国民政府及地方势力办的报刊。抗战初期，有一大批由国民党、青年党、三青团办的报刊迁入四川，如国民党中央的机关报《中央日报》，国民党中央宣传部的《成都中央日报》，国民党军队系统主办的《扫荡报》，国民党中央军校政治部主办的《党军日报》，孔祥熙控制的、国民政府规定为财务公告的定点报纸《时事新报》，中国青年党机关报《新中国日报》《中央日报扫荡报联合版》，以及国民党创办的《中央周刊》《民意》《妇女运动》《黄埔周刊》等。四川省各地方政府办的报纸有《华西日报》《新边区报》《诚报》《建国日报》《新四川》《政教旬刊》等，重庆三青团创办的《西南日报》，国民党各县党部办的报纸有《忠报》《富顺三日报》《珙县民报》《奉节三日刊》《青白日报》《綦江朝报》《彭水周刊》《沐川旬刊》等。这些报刊在编辑思想和办报方针上几乎如出一辙，把重点放在鼓吹"一个领袖、一个政府、一个主义"上，美化国民党政府和蒋介石的统治，把矛头对准共产党领导的八路军、新四军，制造分裂和摩擦。但在抗战期间，抗日救国仍是大多数报纸宣传的主调。如各报都曾大量地报道国民党正面战场抗击日军的情况，动员大后方的民众支援前方，以及报道世界反法西斯战争取得的胜利，在全民抗战中发挥了积极的作用。在国共合作、统一战线的条件下，一些国民党地方派系的报纸，如《华西日报》《建国日报》《时事新报》等甚至还吸收了一些共产党员和进步人士参加办报，为报纸增加了不少亮色。

第三种类型是"中间"或以中间面目出现的民营报刊。这些报纸中有1902年创刊于天津，以"不党、不卖、不私、不盲"作为社训的老牌民营报纸《大公报》；有由旧中国新闻巨子陈铭德（1897—1989，重庆长寿人）夫妇创办的、以"民间"报纸特色独立于报界的《新民报》；还有著名报人成舍我创办、打着无党派旗号的《世界日报》。作为四川本土的民营报刊，则有在重庆出版的《新蜀报》《大公晚报》《陪都晚报》《生活晚报》等，在成都出版的《时事新刊》《成都快报》《新新新闻》等。虽然以上报纸都喜欢标榜自己客观中立、不党不私、不偏不倚，但在民族矛盾和阶级矛盾异常纷繁复杂的抗战时期，要做到所谓的中立是不可能的，因此在办报的实践中，要么在一段时间内、要么在某些问题上表现出来的不是偏左就是偏右，但总的说来在民族危亡之际，大多数报纸都能把宣传抗日救国放在第一位。

抗战期间，除了成渝两地成为中国报业的重镇外，四川省内中等城市和小县城也创办了不少报刊，最少的两三种，较多的如地处川东门户的万县则多达十来种。①即使是在偏僻的少数民族地区如西康省，也办有大量的报纸刊物。

抗战期间，特别是太平洋战争爆发以后，重庆成为世界反法西斯联盟在远东地区的指挥中心，一些外国驻华机构和外国人在重庆办有英文报纸，如《益世报》《自由西报》《英文日报》《国际要闻周报》《大美晚报（渝版）》等，一些世界著名的外国通讯社、报刊社也纷纷向重庆派驻新闻机构和记者，如英国的路透社，美国的美联社、合众社，法国的哈瓦斯社，苏联的塔斯社以及英国的《泰晤士报》，美国的《纽约时报》《时代周刊》，法国的《巴黎日报》，苏联的《消息报》等，它们在报道中国的抗战进程、宣传战时首都重庆方面发挥了独特的作用。②

二、抗战时期巴蜀新闻宣传的特点

从抗日战争爆发到抗战胜利结束，这十四年在巴蜀传播史上极为重要，这一时期，巴蜀地区在继唐宋以后再次成为全国印刷出版的中心，报刊宣传也呈现出许多新的特点：

（一）报刊的品种更加齐全

抗战时期，四川的报刊可谓种类繁多、百花齐放。报纸种类除了有日报、三日报、周报、旬报以外，特别是针对城市市民的晚报有了很大的发展。这是因为抗战以后，成渝两地和川内的主要城市拥入了大量的难民，与前方残酷的战争形成强烈反差的是大后方休闲的生活，人们更需要放松因战争和轰炸带来的紧张情绪，因此休闲味较浓的晚报受到市民的欢迎，仅在重庆一地出版的晚报就有《新蜀夜报》《大公晚报》《中央晚报》《南京晚报》《建国晚报》《陪都晚报》《生活晚报》等十来家，在成都一地出版的晚报就有《民声报晚刊》《复兴日报晚刊》《华西晚报》《西南新闻晚报》《成都晚报》《南京夜报》《新民报晚刊（成都版）》等十多家。

除了晚报以外，针对其他不同读者群的报纸也多了起来，如以妇女为主要

---

① 向纯武：《抗战时期的四川报刊》，成都出版社1990年版。
② 周勇：《重庆通史》第三卷《近代史》（下），重庆出版社2003年版，第1320页。

对象的《妇女生活》《妇女周刊》《妇女导报》《丰都妇女》等，以学生为主要对象的《中国学生导报》《成都市学生导报》《大学周刊》等，以少年儿童为主要对象的《儿童周刊》《儿童报》《千字报》等，还有针对外国来华人员的外文报纸和针对四川涉藏地区的藏文报纸。不同类型的报刊满足了不同层次读者的需求，呈现出多元发展的趋势。

（二）新闻采访得到加强

虽然民国初期，报纸已开始有了访员、特派员、特派记者等采访人员，但大多数报纸仍实行采编合一，记者往往是报社在社会上聘用的兼职人员。如五四前夕，王光祈就是《川报》聘请的驻北京的特派员。抗战时期，各报都加强了记者队伍的建设，广泛开展采访活动。1938年1月，《新蜀报》特派记者温田丰到延安采访，撰写了《毛泽东的印象和谈话》，毛泽东亲笔校正了此稿，并为《新蜀报》题词："发扬民气，建设新四川，造成抗日战争的有力根据地。"这是在国统区对中共领袖的第一次正面报道。1939年，中央社记者刘尊棋、《扫荡报》记者耿白坚和《新民报》记者张西洛，随前线抗战将士慰问团赴延安，访问了毛泽东。毛泽东发表了《和中央社、扫荡报、新民报三记者谈话》，这篇谈话在重庆《新华日报》上转载后在大后方引起强烈反响，中华人民共和国成立后被选入《毛泽东选集》。1944年，主要由各国派驻重庆的新闻记者组成的"中外记者西北参观团"一行二十一人，到达延安参观访问三十多天，回重庆后将自己的所见所闻作了大量的客观报道，用生动的事实驳斥了国民党顽固派对解放区的负面宣传。抗战期间，无论是国民党正面战场，还是敌后根据地，都活跃着一大批优秀的战地记者，他们秉持新闻记者客观公正的职业精神，用自己手中的笔为中华民族的解放事业努力工作，有的甚至献出了宝贵的生命。

新闻采访工作的加强还培养成就了一大批名记者，如中国现代著名记者、新闻家、社会活动家范长江就是其中的杰出代表。范长江（1909～1970，四川内江人），原名范希天，早年曾参加共产党领导的"八一"南昌起义，1932年进入北京大学哲学系学习。1933年后，积极参加抗日救亡运动，并为北平《晨报》《世界日报》，天津《益世报》等撰稿。1935年7月，他以《大公报》特约通讯员的名义，深入中国西北地区进行为期十个月的考察采访。所写旅行通讯《中国的西北角》《塞上行》在《大公报》上连载，通讯第一次公开报道了红军长征，在国统区引起轰动。1936年12月西安事变后，范长江赴延安，受到毛泽东的接见,回来后发表通讯《陕北之行》等,第一次向人们介绍中国共产党提出的抗日民族统一战线的主张。抗战爆发后,他致力于抗日救亡宣传,作为战地记者多次奔赴抗日前线,写下了《川军在前线》等许多脍炙人口的战地通讯。1937年11月8日,他发起创立了中国青年新闻记者协会(简称"青记"),并被推选为"青记"的总干事。1939年,他加入中国共产党。抗战时期,他还参加了香港《华商报》的创办工作,担任过新华社华中总分社社长、《新华日报》(华中版)社长和华中新闻专科学校校长等职务。新中国成立后,范长江历任新华通讯社总编辑、人民日报社社长、政务院新闻总署副署长等职,是新中国新闻事业的奠基人和开拓者之一。为了纪念范长江为中国新闻事业所做出的卓越贡献,他创建中国青年记者协会的时间后被国务院确定为中国记者节,以他名字命名的范长江新闻奖已成为我国新闻界的最高奖。

(三)报纸副刊得到重视

"副刊"是指在报纸上集中刊登知识性、文学性、休闲性内容的版面,因为报纸以新闻报道为主,故这些带有休闲性质的内容只能称"副"。副刊始于清末民初,1914年7月,《四川公报》创办的副刊《娱闲乐》被认为是巴蜀报纸中最早的副刊。五四运动以后,报纸的副刊迅速发展,各类报纸都在副刊上采用短篇小说、散文、白话诗、杂文等形式宣传新理论、新思想、新文化,深受读者欢迎。抗日战争期间,不少全国性的报纸内迁重庆、成都,全国的文化名人荟萃巴蜀,也使这一时期的报纸副刊发展到一个前所未有的高峰。各大报几乎都有自己的品牌副刊和品牌栏目,如《新华日报》的《新华副刊》、《大公报》的《文综》、《新民报》的《西方夜谭》、《新蜀报》的《新副》、《华西晚报》的《艺坛》、《商务日报》的《茶座》等。而每个副刊都集聚了一大批作者,其中不乏名作家、名诗人、文坛高手,如郭沫若、茅盾、夏衍、阳翰笙、何其芳、田汉、叶圣陶、李劼人、老舍、艾芜、沙汀、丁玲、胡风、郑振铎、柳亚子、张恨水、艾青、陈白尘、袁水拍等都是报纸副刊的热心作者。他们的

抗战时期重庆出版的部分报刊

作品精彩纷呈，争奇斗妍，促进了抗战文艺的发展。抗战期间，许多活跃在戏剧舞台上的佳作，如郭沫若的著名历史剧《屈原》《棠棣之花》，阳翰笙的历史剧《天国春秋》等都是最先在副刊上连载的。各类题材的宣传画、木刻画、漫画、摄影作品等，也是副刊上刊载得很多的内容。报纸副刊的种类也多了起来，除文艺副刊外，又有了综合性副刊政论性副刊及各种专刊、纪念刊等。

（四）新闻研究和新闻教育得到发展

民国初年，现代资产阶级新闻学被介绍到中国，中国一些青年知识分子开始关注新闻学的研究，1918年起，北京大学首开新闻学课程，不久后成立了中国历史上第一个新闻学研究团体——新闻学研究会，中国的第一批新闻学著作，如徐宝璜的《新闻学大纲》、邵飘萍的《实际应用新闻学》、戈公振的《中国报学史》陆续问世。五四以后，新闻学的研究有所沉寂，而抗战时期地处大后方的四川，由于新闻机构和新闻从业人员云集，抗战的新闻实践对新闻理论提出了更高的要求，新闻学的研究和教育又开始活跃起来。抗战初期，中国新闻学会、中国青年新闻记者学会等全国性的新闻团体迁至重庆，并在重庆、成都等地成立了分会，四川本土也成立了新闻团体，如重庆报业公会、成都新闻记者公会等。各新闻团体积极开展各种活动，经常举办座谈会、联谊会、摄影展、时事报告会，庆祝记者节。各新闻团体创办的新闻学术刊物有《新闻战线》《新闻记者》《学习生活》《新闻学季刊》《青年记者》《战时记者》等，开展学术研究，出版学术论文集。

由于国内一些著名的高等院校相继内迁入川，新闻教育也空前活跃，中央大学、中央政治学校、复旦大学、燕京大学、上海民治新闻专科学校等内迁学校都设有新闻系，并创立了重庆新闻学院、四川大学新闻系，开启了巴蜀地区的新闻教育。各学校聘请国内的名编辑、名记者和外籍新闻学者前来授课，并与美国密苏里新闻学院和哥伦比亚新闻学院等世界名校开展学术交流，举办世界报刊展等活动。抗战期间，巴蜀地区的新闻院校为反法西斯战争培养了大批国际宣传和新闻人才。为表彰《大公报》在抗战期间所做的贡献，美国密苏里大学新闻学院还授予《大公报》荣誉奖章。

三、抗战时期的巴蜀广播事业

抗战时期，巴蜀地区的新闻报刊空前繁荣的同时，广播事业也有了很大的发展。无线广播作为电子媒介产生于20世纪20年代：1920年，世界上第一座无线广播电台在美国匹兹堡诞生；1923年1月，美国人奥斯邦在上海开办第一座广播电台；1926年10月，中国人刘瀚建立了我国自办的第一座广播电台——哈尔滨广播无线电台。1932年，四川军阀刘湘以四川善后督办的名义在重庆设立无线广播电台，这是中国西部最早开办的无线广播电台，当时仅播新闻、川戏、歌曲等节目。1934年，国民政府为控制四川局势，令交通部在成都筹建广播电台和国际电台成都支台。1936年9月，成都广播电台建成播音。1938年抗日战争全面爆发后，国民政府的喉舌"中央广播电台"随国民党中央广播事业指导委员会、中央广播事业管理处迁至重庆，独家垄断广播事业，原重庆广播电台遂被撤销。中央广播电台办有新闻、一周大事、评论、教育、音乐以及家庭、儿童等栏目。1939年2月，国民政府在重庆建成短波广播电台，开始播音。1940年1月，为适应远东地区反法西斯战争的需要，该台改名为国际广播电台，以不同的波长、定向或不定向天线，使用十七种语言对不同国家和地区播音，节目以新闻和时事述评为主，成为国民政府"国际宣传之喉舌"。1940年，在日军向西南进逼的形势下，国民政府在西昌筹建西康广播电台，1943年5月开播，其广播范围包括四川、西康、西藏和亚洲西部地区。

广播具有辐射范围大、受众广等特点，是战时宣传最有力的工具。1939年5月31日，中共代表团团长周恩来曾应邀在中央广播电台发表题为"二期抗战的重心"的广播演讲，号召全国最好的兵力、最优秀的人才深入敌后，在那里建立根据地，争取二期抗战的胜利。这篇广播演讲震撼了国统区人民，产生了巨大影响。

第二节 《新华日报》：抗战的又一个方面军

中国共产党成立以后，十分重视党的新闻宣传工作，中央和地方的党组织出版和发行了许多有影响的报刊。1922年9月13日，中国共产党的第一份中央机关报《向导》周报创刊。为无产阶级新闻事业揭开了崭新的一页。在第一、二次国内革命战争中，继《向导》周报之后，中国共产党又先后创办中央机关报《热血日报》（1925）、《布尔塞维克》（1927）、《红色中华》（1931）、《新中华报》（1937）等。1937年7月，抗日战争全面爆发，受中共中央委托，以周恩来为首的中共代表团赴南京与蒋介石举行建立抗日民族统一战线的谈判。在谈判中双方商定，由中国共产党在国民党统治区办一张公开的日报。

1938年1月，中国共产党在国民党统治区创办的第一张，也是唯一面向全国的大型日报，同时也是中共中央在抗战时期的中央机关报《新华日报》在汉口创办。

一、《新华日报》的办报经历

《新华日报》创刊后就经受着战火的洗礼，1938年岁末，汉口在日本侵略者的重兵进攻下最终失守。10月25日，《新华日报》（汉口版）在炮火中坚持办完了最后一期，报上发表了周恩来亲临编辑部口授的社论《告别武汉同胞》。而就在同一天，另一份《新华日报》却在重庆开始出报了。《新华日报》（重庆版）从1938年10月25日诞生，到1947年2月28日被国民党当局封闭，在川共计出版时间九年一个月零十八天，是新民主主义革命时期中国共产党办的时间最长、影响最大的中央机关报。《新华日报》在汉口时期由中共中央长江局直接领导，在重庆时期先后由中共中央南方局、中共四川省委直接领导，我党的领导人周恩来、董必武、叶剑英、王若飞、吴玉章、邓颖超等同志都曾领导过报社的工作。尤其是周恩来同志，不但亲自领导了《新华日报》的工作，还亲自审阅报纸的社论和重要新闻，撰写社论、代论、专论和重大新闻，亲自过问《新华日报》从编辑、出版、发行到财务的全部工作。《新华日报》第一任社长为潘梓年，任期六年。1946年5月，中共南方局和中共代表团迁往南京后，中共四川省委宣传部长傅钟、省委副书记张友渔先后兼任《新华日报》社长；第一任总编辑为华岗，先后继任总编辑或代总编辑的有吴克坚、章汉夫、夏衍、张友渔、熊复（1915～1995，四川邻水人）。对于《新华日报》在抗日战争中的地位和作用，毛泽东同志曾经做出过高度评价："《新华日报》如同八路军、新四军一样，是中共领导下的又一个方面军。"在地处国民党统治区心脏的重庆，群众称誉《新华日报》报馆为"小延安"，是在黑暗中引路的灯塔和冲锋的号角，是夺取抗战胜利的鼓动者和组织者。《新华日报》的办报思想、办报理念和办报方针极大地丰富了无产阶级新闻事业的理论和实践，也在巴蜀传播文化史上写下了光辉的篇章。

二、《新华日报》的办报经验

《新华日报》作为中国共产党在特定的历史时期办的一张有影响的大报，积累了在复杂条件下办好党报的丰富经验。总结《新华日报》在这一时期办报的特点，可以归纳为以下几个方面：

（一）始终坚持正确的政治方向，坚持无产阶级新闻事业的党性原则

《新华日报》作为中国共产党在国民党统治区的机关报，首先必须是党的"耳目和喉舌"，是"集体的宣传者、鼓动者和组织者"，这是党领导下的无产阶级新闻事业应具备的党性原则。《新华日报》始终坚定地站在党的立场上，宣传中国共产党的政治纲领和政治主张，宣传党在抗日战争时期坚持抗战、坚持团结、坚持进步的方针政策，报道解放区军民生产建设情况和在敌后坚持抗战的八路军和新四军的英勇战绩。同时，又高举党的统一战线旗帜，团结各种政治力量，揭露国民党当局的黑暗统治和消极抗战、积极反共的阴谋。《新华日报》还大量刊登共产党领导和著名进步人士的讲话、文章，发表了毛泽东的《论持久战》《新民主主义论》《改造我们的学习》《整顿党的作风》《反对党八股》《在延安文艺座谈会上的讲话》《论联合政府》等多篇文章，忠实地宣传了马克思主义和党的路线方针政策，为党赢得了民心，在国统区复杂的环境里为人们拨开了迷雾，指明了方向。

《新华日报》是在特殊时期办的一张特殊报纸，面对着国民党当局的新闻检查和种种压制，《新华日报》既敢于说出真理、敢于对敌斗争，又善于说出真理、善于对敌斗争。1941年1月，震惊中外的"皖南事变"发生。在此紧急关头，周恩来勇敢机智地领导《新华日报》与国民党当局进行了有理、有利、有节的斗争。1月11日，正值《新华日报》创刊三周年之际，周恩来在报社的庆祝会上，强烈谴责国民党顽固派的罪行。第二天，《新华日报》在发表庆祝活动消息和周恩来的讲话时，遭到国民党新闻检查官的无理阻挠，《新华日报》不得不用"新×军"来代替"新四军"躲过新闻检查。1月17日，国民党当局宣布取消新四军番号并下令向新四军部队进攻。为了向国统区人民和世界舆论揭露国民党当局这一破坏团结、破坏国共合作的阴谋，《新华日报》于第二天在报纸的第二版用了占六栏的版面刊登了周恩来的亲笔题词"为江南死难者志哀"，在第三版用占五栏的篇幅刊登了周恩来的题诗："千古奇冤，江南一叶；同室操戈，相煎何急！？"并用抗拒新闻检查的办法直接见报。《新华日报》这天的销量从平时的一千份一下子猛增到五千份，起到了以正视听的作用。对《新华日报》的稿件，国民党新闻检查官常常以"内容不合适"为由不准刊发，《新华日报》便采用"开天窗"的方式，在版面上留出空白，以昭告公众，抗议国民党当局的新闻检查制度。

（二）始终坚持走群众路线，全心全意为人民服务

《新华日报》在《敬告本报读者》的社论里曾经公开宣告："本报既为中共机关报，又以人民喉舌自期""要使报纸从各方面贯彻党的政策，从各方面反映人民的呼声和要求，使《新华日报》真正做到不仅是中共的机关报，同时要成为人民自己的报纸"。作为共产党联系国民党统治区广大

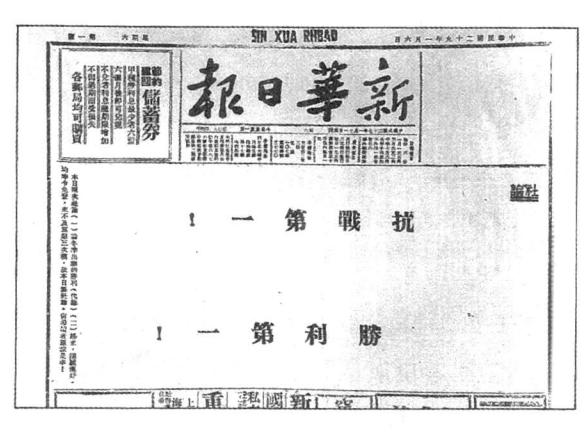

《新华日报》"开天窗"的版面

群众的重要工具和桥梁，《新华日报》十分重视与人民群众保持密切联系，把全心全意为人民服务作为办报的根本宗旨。不仅在新闻宣传中注意体现人民的意志，反映人民群众尤其是下层劳动群众的呼声、愿望和要求，成为更有力的团结抗战的号角和人民大众的喉舌，而且通过各种方式广泛开展群众工作。《新华日报》的版面上开设有《工人园地》《青年生活》《妇女之路》等专刊，经常在报上组织讨论工运、青运、妇运等问题；还举办各种类型的"读书会"，推介各种社科普及读物，帮助读者提高政治觉悟和文化水平。《新华日报》编辑部还专门设有一个社会服务处和社会服务专栏。社会服务处主要作联系读者的工作，每天要接待几十名来访的读者，回答上百封读者的来信；社会服务专栏则主要为读者提供法律、医药、寻职、求学、婚姻等方面的咨询服务，以及看书、购物、旅行等方面的指导，甚至还提供代购书刊、戏票、车船票的服务，深受广大读者的欢迎。

在1942年延安的整风运动中，毛泽东亲自领导了《解放日报》的改版。同年3月14日，毛泽东在给周恩来的电报中指出："关于改进《解放日报》已有讨论，使之增强党性与反映群众。《新华日报》亦宜有所改进。"在党中央的直接指导下，《新华日报》随即也进行了改版。改版的指导思想是：坚持通俗化、大众化和密切联系群众的方针，使具有普通文化水平的人都能看懂，使报纸更好地适应国民党统治区的社会环境，充分发挥报纸的群众性和战斗性。在改版前，《新华日报》多次登出启事，从编辑方针、报纸编排、社论专论、新闻编辑、通讯特写、专页专栏、各版版面等方面广泛征求读者意见。在征求读

者意见的同时，全体编辑人员围绕改版问题进行了深入的讨论。改版后创办了文化性综合副刊《新华副刊》，融思想性、战斗性、知识性于一体；创办了《团结》专刊，教育国统区地下党员，团结革命知识分子；增辟了边鉴栏目，介绍有关抗日民主根据地的成就；开设国际述评栏目，加强对国际问题的分析评论。改版后无论内容和形式都令人耳目一新。《新华日报》的改版，可以说是中国共产党党报历史上第一次新闻改革，它为以后党报的历次新闻改革积累了宝贵的经验。

（三）坚持全党办报、群众办报的方针，重视新闻队伍的建设

"全党办报、群众办报"是中国共产党的新闻工作路线，正如毛泽东所说："我们的报纸也要靠大家来办，靠全体人民群众来办，靠全党来办，而不能只靠少数人关起门来办。"① 《新华日报》之所以能在国民党统治区十分艰难的生存环境中扎下根来，这是与《新华日报》坚持"全党办报、群众办报"的办报方针分不开的。

首先，党的领导人亲自参加报纸实践，并为报纸写评论、写文章。毛泽东等中央领导对《新华日报》的工作给予了极大的关注。毛泽东就曾亲笔为《新华日报》写过代论，还为《新华日报》抗战两周年纪念特刊撰写了评论《当前时局的最大危机》。据统计，周恩来在《新华日报》上发表的社论、代论、专论和其他文章约有一百零八篇二十四万余字。当时中共南方局的几乎所有领导成员，如董必武、叶剑英、王若飞、吴玉章、邓颖超等都曾为《新华日报》撰写过文章。

其次，《新华日报》有一支立场坚定、精通业务的马克思主义的新闻队伍。当时在国民党统治区办报，条件十分艰苦，有时候甚至还要冒着生命危险，尽管如此，《新华日报》仍然集聚了一大批优秀的新闻工作者。如报社的编辑中有夏衍、熊复、楼适夷、胡风、胡绳、林默涵、李普、徐光霄、李亚群等人，记者中有石西民、陆诒、陈克寒、龚澎、张企程、孟秋江等人，他们个个都既有很高的政治觉悟又十分熟悉办报业务。《新华日报》很重视办报队伍中的思想建设和业务建设。在报社的学习会上，周恩来、董必武、王若飞、吴玉章等党的领导人，经常给报社工作人员传达中央指示，报告国内外形势，讲革命前途，讲先烈们为人民不惜抛头颅、洒热血的革命气节。在业务建设上，

---

① 《毛泽东新闻工作文选》，新华出版社1983年版，第114页。

报社经常围绕共产党在国统区怎么办报进行有组织的研究和探索，加强对国外党报的研究；要求每一个办报人员既能做编采工作，又要学会校对、排字、印刷，成为业务上的多面手。经过九年多的办报实践，特别是经过1942年的整风运动，《新华日报》为党和人民的新闻事业培养出一大批又红又专的优秀新闻人才。

再次，《新华日报》还有一支庞大的业余作者和通讯员队伍。由于爱国民族统一战线的建立，《新华日报》在民主党派、文化界和广大知识分子中吸引了一大批热情的作者。如国民政府文化工作委员会的主要领导人郭沫若，一直是《新华副刊》的主要撰稿人，他先后为《新华副刊》写了六十多篇评论、杂文、史论，具有强烈的战斗性和很高的学术价值。阳翰笙、何其芳、田汉、老舍、徐迟、周立波、陈荒煤、艾青、吴晗、陶行知等著名的作家、艺术家、教育家和科学工作者，都经常主动给《新华日报》写稿。其他各界爱国民主人士，如沈钧儒、李公朴、陈铭枢、黄炎培、张申府、柳亚子、史良等，也经常利用《新华日报》这个民主讲坛发表对时局的意见。

《新华日报》的通讯员多数是青年人，其中也有大学生，其中部分是中共地下党员。编辑部设有专人做通联工作，特别注意加强与工农通讯员的联系。报社采取刊登《征文启事》和开辟工人写作园地的方式培养工人通讯员。1942年，在纪念"七七事变"五周年之际，《新华日报》曾以"抗战中的好人"为题征求群众来稿，一个月就征集到稿件二百多篇，其中不少是普通工人、农民、职员、士兵写的稿件，这些稿件大多以亲历、亲见的事实为据，有血有肉、生动感人。有的通讯员在报社的培养下参加了革命，或被报社介绍到解放区或抗日前线工作；有的通讯员从业余成长为专业，进报社担任了编辑、记者。这种与通讯员的血肉关系，是《新华日报》所独有的。

三、《新华日报》的经营特色

《新华日报》之所以能够在十分艰难的环境下生存下来，也与它的经营特色分不开。《新华日报》社长潘梓年熟悉报纸的经营，被誉为中共第一报人，早年他在北新书局主编过《北新》《洪流》等进步刊物，在中共江苏省委主办过《真话报》，1937年，潘梓年根据中央的指示先后在南京、武汉、重庆等地负责筹办《新华日报》。在战时物资缺乏的不利条件下，他四处奔走，办交涉、找房子、搞设备，通过各种渠道筹集办报经费。《新华日报》的办报经费除由中共南方局拨付一部分外，大部分靠自己筹集。在潘梓年的领导下，报社通过接受党员和党外人士捐助，开展多种经营等方式获得了办报所需资金。《新华日报》还以无息贷款支持和协助经营管理等方式，帮助资助报社的民族资本家办了两个酒精厂；派出地下党员经营造纸厂和炼油厂，为报社提供印刷需要的纸张、油墨、汽油等物资。报纸还开展了广告业务，为了减少发行的成本，报社还自办发行，组织报童上街卖报。《新华日报》在长期的经营管理上总结出一整套经验：编得好、印得清、出得早、销得快，使报纸在重庆众多的报刊中具有很强的竞争力，其发行量始终超过国民党中央的机关报《中央日报》和国民党军事系统的《扫荡报》，成为重庆销量最大的报纸之一。《新华日报》期发数一般有三万多份，最高时达到六万份。

《新华日报》除办好报纸外，还出版发行革命书刊。报社的图书课和门市部先后出版发行了"抗大军事丛书""时事丛书""马列丛书"等社科书籍、抗战文献和介绍苏联的图书数百种，还将《新华日报》与《群众》周刊所载重要文章印成单行本，并特约专家著译各种有助抗战的知识性图书，编为"新群丛书"（四十余种）出版发行。《新华日报》在四川的成都、自贡、西昌、乐山、雅安、新津等地设有分销处，除担任《新华日报》与《群众》周刊的发行外，还翻印发行《新中华报》《共产党人》《解放》《军政杂志》等延安出版的报刊，为读者代订十五种进步杂志，出售俄、英、法、德四个语种的外文书。《新华日报》成为国统区出版发行革命书刊的重要据点，不但宣传了团结抗战，也给报社带来了可观的收入。

1946年4月，抗日战争胜利后，根据斗争的需要，《新华日报》改为中共四川省委的机关报，由中共四川省委宣传部长傅钟和省委副书记张友渔先后兼任新华日报社社长，熊复任总编辑。在党的领导下，《新华日报》团结各民主力量，反卖国、反独裁、反内战，同国民党政权进行了坚决的斗争。1947年2月，国民党当局撕毁停战协议，悍然发动内战，并强令《新华日报》停刊。2月28日早晨，国民党军警宪兵突然包围报社，在搜查报社的同时强迫工作人员撤离；3月5日，新华日报社及中共在川人员开始向延安撤退；3月4日，新华日报成都分馆的大门上贴出了《忍痛告别启事》，启事中称："……现在本报虽横遭摧折，被迫停业撤退，但这七年中，读者与社会人士给予我们的爱护，我们永远不会忘记……谁也看得出光明的前途已一天迫近一天，本报与读者再见面的日子，一定不会太远……"

第三节　抗战时期的巴蜀传播事业

抗日战争把四川的传播事业和传播文化推向了历史上又一个鼎盛时期，四川不仅成为全国新闻传播的中心，也是全国的图书出版中心、文化传播中心和对外文化交流中心。

一、抗战期间的巴蜀图书出版

抗战前，上海是全国的图书出版中心，国内有名的出版社如商务印书馆、中华书局、世界书局等都集中在上海地区，上海地区所刊行的图书占全国图书出版总数的百分之七十以上，1936年达到了百分之八十。上海沦陷后，全国的出版中心先是转移到武汉，然后又转移到重庆，1940年以后，四川已成为抗战时期全国图书出版的中心，这是继唐宋以后，四川再次成为中国的出版印刷中心。据统计，从1938年到1946年，仅成都、重庆两地的图书出版机构就有六百多家，出版图书八千余种，占全国图书出版发行总数的一半以上。

抗日战争时期，四川的图书出版机构主要分为三种类型：一种是由中国共产党直接领导的出版机构，如生活书店、新知书店、中国出版社、读书生活出版社、新华日报馆、成都战时出版社、国讯书店等；一种是由国民党官办的出版社，如正中书局、汗血书店、独立出版社、中国文化服务社等；还有一种是民营出版社，包括由上海内迁四川的老资格的商务印书馆、中华书局、世界书局、大东书局、开明书店、文化生活出版社等，也有由进步人士在四川本土创办的自力书局、今日出版社、五十年代出版社、建国书店、作家书屋、文化生活出版社、正风出版社、莽原出版社、群益出版社、立信会计书社等。尽管各出版社政治背景不同、出书品种各异，但在民族危亡之际，坚持团结进步、抗日救国仍为图书出版的主流，尤其是由中国共产党直接领导或支持的进步图书出版机构如生活书店、新知书店、读书生活出版社在其中发挥了重要的作用。

抗战期间，国内最有影响的出版机构要数由中国现代杰出的出版家和新闻记者邹韬奋创办并领导的生活书店。生活书店1932年7月在《生活》周刊社书报代办部的基础上于上海建立。1937年11月生活书店重庆分店成立，1938年1月在成都设分店，1938年8月总店迁至重庆。生活书店的出版宗旨是"促进大众文化，供应抗战需要，发展服务精神"。出版的图书以社会科学为主，兼及文艺和大众通俗读物、青年读物。抗战期间，生活书店曾先后出版"世界学术名著译丛",包括《资本论》《反杜林论》《家庭私有制和国家的起源》《雇佣劳动与资本》等马克思主义经典著作;"战时社会科学丛书",包括胡绳的《新哲学人生观》、沈志远的《新经济学大纲》;"青年自学丛书""世界知识战时丛书""战时大众知识丛书"等通俗政治书籍以及姚雪垠、曹靖华、丁玲、宋之的等人的文学作品。生活书店在重庆还以生生出版社、学术出版、妇女出版社等名义出版图书,并创办了《全民抗战》《文艺阵地》《理论与实践》《读书月报》《战时教育》《妇女生活》等杂志,成为当时中国革命出版事业的一支中坚力量。

抗战期间,生活书店以及在全国各地的分店因坚持团结进步,多次被国民党当局查封或勒令停业;1943年12月,以生活、读书、新知三店为核心,联合十三家出版机构成立了"新出版业联合总处",这是抗战期间出版业的统一战线团体。邹韬奋把他毕生的精力都献给了他热爱的图书出版事业,1944年,邹韬奋病逝后,根据他生前的愿望,中共中央追认他为中国共产党党员,毛泽东亲笔为他题词:"热爱人民,真诚地为人民服务,鞠躬尽瘁,死而后已,这就是邹韬奋先生的精神。"新中国成立后,以他的名字命名的"韬奋出版奖",成为当代中国出最高奖项。

抗战时期是一批川籍著名作家、学者十分活跃、著作颇丰的时期。郭沫若的著名历史剧《屈原》《棠棣之花》《虎符》《孔雀胆》《南冠草》,史论《甲申三百年祭》《青铜时代》《十批判书》等,阳翰笙(1902~1993,四川高县人)的历史剧《天国春秋》《草莽英雄》等,沙汀(1904~1992,四川安县人)的小说《在其香居茶馆里》《奇异的旅程》《兽迹》等,艾芜(1904~1992,四川新都人)的《逃荒》《春天》等,巴金的《旅途通讯》等都是在这一时期出版,并产生很大影响的作品。另外,重庆生活书店还出版过四川第一个妇女联合会的组织者和主席、川籍留德女学生胡兰畦(1901~1994,四川成都人)根据自己亲身经历所著的《在德国女牢中》,该书被译成多国文字广为流传,推动了当时世界反法西斯运动。胡兰畦还出席过苏联第一次作家代表大会,是唯一见过高尔基的中国女作家。

抗战期间,国民党公布《战时图书杂志原稿审查办法》和《修正抗战图书杂志审查标准》,成立图书杂志审查委员会,对进步文化出版事业进行摧残和迫害,以限制言论出版自由。据统计,在重庆一地被查禁的图书就达二千余种,期刊二百余种,占出版书刊的百分之二十左右。许多宣传马克思主义和进步思想的书刊都在查禁之列。除了查禁、扣检、停发革命书刊外，国民党军警、特务还对国统区的进步书店直接查封和迫害，就连当时在国内有重大影响的生活书店、读书出版社和新知书店的处境都十分困难，多次遭到查封或被迫停业，工作人员被逮捕和关押。面对国民党对进步文化出版事业的摧残和迫害，致力于抗日书刊印行的一批进步书店进行了坚决的斗争，并冲破阻力出版了大量有影响的进步图书。据有关材料统计，从抗战开始到皖南事变的三年多时间，生活书店出版的抗战书刊是国统区各进步书店最多的，总数达三百种以上，内容包括从全面抗战到华北游击战，从抗战理论著作到抗日战士通俗读本，从抗战的政治、经济到文化、教育。读书出版社迁到重庆后，出版了被国民党列入禁书目录的《大众哲学》《通俗社会科学二十讲》《社会常识读本》以及《陕行纪实》《五月的延安》等书。新知书店以出版文艺书籍为主，其总店从桂林迁到重庆后，曾出版"世界文学译丛"，包括曹靖华翻译的《虹》、聊伊翻译的《前线》、茅盾翻译的《复仇的火焰》以及宋之的创作的剧本《祖国在召唤》等。

二、抗战期间的巴蜀文化传播

抗战期间，重庆既是全国图书出版的中心，又是全国抗战文艺宣传的中心。抗战爆发后，"中华全国文艺界抗敌协会""中华全国戏剧界抗敌协会"等全国性的抗日爱国文化团体相继迁渝，一大批文化界的著名进步人士云集四川，使全川的抗日宣传活动进入高潮。与此同时，一批影响较大的文艺刊物如《抗战文艺》《中原》《文艺阵地》《全民抗战》《全民周刊》等均在重庆出版发行。1938年10月，中华全国戏剧界抗敌协会在重庆举办了全国首届戏剧节，参演剧团有二十个，公演剧目四十个，观众达数十万人次，所得收入全部捐献给抗战前线；戏剧节期间还有二十五个街头演剧队，进行了为期三天的大规模街头剧演出，盛况空前。1941年10月，中华全国戏剧界抗敌协会在雾都重庆首创历史上特有的"雾季公演"，上演了郭沫若的《屈原》《棠棣之花》、阳翰笙的《天国春秋》、街头剧《放下你的鞭子》等一大批优秀剧目，使战时中国戏剧运动迎来了前所未有的黄金时期。各艺术团体，如郭沫若领导的中国万岁剧团和孩子剧团，陈白尘等人领导的中华剧艺社，夏衍、金山等人领导的中国艺术剧社，赵丹、白杨、魏鹤龄等电影界人士组成的演员剧团等，还纷纷组织到四川成都、川南、川东等地演出，进行爱国主义教育，动员后方支援前线或鼓舞抗战将士的士气。

抗战期间,四川的电影事业有了很大发展。电影最早于1903年10月在四川出现,从日本游学归来的成都图书局主人傅樵村带回来第一架幻灯式"电影机",放映"电光戏",在成都引起轰动。1909年,日本留学生陈果(四川成都人)在成都玉带桥街开办了成都第一家"电戏放映馆",开始放映纪录片。1925年秋,四川开始有了摄制电影的活动,当时留学法国的吴特生和卢丕漠在重庆拍摄无声新闻短片《革命阵亡将士》。1932年,重庆曾筹组过西南爱国影片公司,但未摄制出影片机构就解体了。[1]抗战爆发后,中央电影制片厂和中央电影摄影场从南京迁到重庆,一大批电影工作者也汇集四川。他们在组织演员剧团,开展话剧运动的同时,先后在四川摄制了《保家乡》《好丈夫》《塞上风云》《克复台儿庄》等故事片以及一大批新闻纪录片[2],其中由川籍著名电影艺术家阳翰笙编剧的电影《塞上风云》大受欢迎。与之相应,电影放映业也在四川蓬勃发展起来,重庆、成都等较大城市新建了一批电影院,除了放映国产影片外,还放映国外的故事片和纪录片,如美国反映反法西斯侵略的第一部电影讽刺剧《大独裁者》在成渝各电影院放映时就引起了很大轰动。1941年,重庆还先后创办了《中国电影》和《电影与戏剧》两种杂志,刊登电影评介文章,传播电影知识。

抗战期间,四川的美术界也异常活跃,美术界人士纷纷拿起自己的画笔投入到抗日宣传中去。在重庆曾举办过第三届全国美术展,展出十七天,盛况空前。据报载,"前往参观者平均每日约一万人计,总数在十四万人以上"。在重庆、成都等地,还先后举办了以抗战为题材的木刻展、漫画展、书法展和摄影展。一批川籍画家佳作迭出。如川籍画家、中国现代卓越的人物画大师蒋兆和(1904~1986,四川泸州人),于1941年至1943年在沦陷区的北平创作完成了抗日巨画《流民图》。这是一幅长二十六米、高二米的巨幅历史长卷,它描绘了手无寸铁的中国百姓在日寇的铁蹄下颠沛流离的悲惨场面。画中一百多个人物栩栩如生、呼之欲出,其场面催人泪下,无需任何笔墨上的解说,就足以浓缩真实的历史和中国人民满腔的悲愤。1943年10月,《流民图》在北平展出,观展的人络绎不绝,开展几小时后就被日本宪兵禁展。此后,蒋兆和又冒

---

[1] 四川省地方志编纂委员会:《四川省志·文化艺术志》,四川人民出版社2000年版,第408页。
[2] 重庆文化局:《抗战时期在重庆拍摄的电影》,载《抗战电影回顾》,1985年。

死带着《流民图》到上海展出，同样引起巨大的轰动，再次遭禁并被当局没收。《流民图》在1944年以后便下落不明，新中国成立后在上海重新发现时已经破烂不堪了。

又如川籍画家、以画虎著称的张善子（1882～1940，四川内江人），抗战期间为全民族的抗日救亡运动奔走呼号，并在国内开了用国画形式宣传抗日的先河。面对当时日本飞机狂轰滥炸重庆，张善子把满腔愤恨凝诸笔端，挥笔画了一幅猛虎扑日图。图上二十八只猛虎，奔腾跳跃，正扑向落日。老虎象征着当时中国的二十八个行省，落日代表日本，此画题为《怒吼吧，中国》，并在画的左下角题道："雄大王风，一放怒吼；威撼河山，势吞小丑！"充分表达了中国人民打败日本帝国主义的气概和决心。为争取国际社会对中国抗战的同情和支持，张善子在周恩来的支持下带着自己和八弟张大千的作品共一百八十多件出国举办画展，募集抗日捐款。先后在法国、美国等地展出，前后约两年时间，举办过一百多次画展，共募得捐款二十余万美元，全部寄回国内支援抗战。赴法展出期间，法国总统亲自前往参观。在美国展出以后，为了表达中美人民的友谊，张善子将巨画《中国怒吼了》赠送给美国总统罗斯福，罗斯福将其悬挂于白宫林肯的肖像旁。张善子赠送给美国援华空军志愿队"飞虎队"的另一幅国画《飞虎图》，至今仍珍藏在美国国家博物馆内。

在外敌的入侵下，中国人民更加珍视中华民族优秀的传统文化。当时北平的故宫博物院珍藏着一百多万件珍贵的历史文物，它是中华民族共有的财富。抗日战争全面爆发后，为保护这些文物不至遭战火毁灭或被日本帝国主义掠夺，故宫博物院决定采取文物避敌南迁之策。一万六千多箱文物历尽艰险，几经波折，分南、中、北三路辗转迁徙至四川，分储于巴县、乐山、峨眉山等地，抗战胜利后，所有文物悉数运回，竟没有一件丢失和损伤。这里面包含着故宫博物院工作人员的不畏艰险，尽职尽责，也有四川人民做出的贡献，是四川人民在反法西斯战争环境下创造的保护人类文化遗产的伟大奇迹。

抗战期间，四川的历史文化遗产得到了很好的保护和挖掘。如在抗战期间，四川先后完成对前蜀皇帝王建陵墓永陵、大足石刻的考古发掘工作，发现了八思巴蒙古文石碑遗存、蜀石刻残片以及目前国内最早的雕版印刷品《陀罗尼经咒》等珍贵历史文物。1941年5月，川籍画家张大千一行赴甘肃省敦煌莫高窟考察，痴迷于敦煌浩大精美的艺术，决定留下来临摹壁画。张大千首先将莫高窟壁画编了号，共编得三百零九号，在此基础上开始临摹壁画，在两年零七个月时间内共临摹壁画二百七十六幅，使残缺者完整，变色者复原。1943年，行政院通过决议，成立国立敦煌艺术研究所筹委会，张大千被聘为委员，并在兰州、重庆举办《张大千临摹敦煌壁画展览》，引起轰动。著名学者陈寅恪认为："敦煌学，今日文化学术研究之主流也。大千先生临摹北朝、唐、五代之壁画，介绍于世人，使得窥见此宝之一斑，其成绩固已超出以前研究的范围。何况其天才独具，虽是临摹之本，兼有创造之功，实能于吾民族艺术之上开辟一新境界。其为敦煌学领域中不朽之盛事，更无论矣。"

三、抗战时期巴蜀的对外传播

抗战期间，四川作为中国抗日战争的大后方，太平洋战争爆发后又成为远东战场的指挥中心和后方基地引来了全世界的瞩目，与此同时，对外文化交流和传播日趋频繁。1944年5月17日，美国总统罗斯福为支持中国人民抗战，对重庆人民在日机疯狂轰炸下所表现出来的英勇不屈的精神表示敬意，特亲笔致书一封，由美驻华大使转交国民政府，并在重庆各报刊出。抗战期间，各国文化界、艺术界、教育界纷纷派出代表团来川访问、交流。以宋庆龄为名誉会长、吴玉章等人为常务理事的中苏文化协会，在促进两国之间的文化交流方面做了大量工作，用举办研究会、座谈会、俄语讲习班、讲演会、音乐会、美术作品展，与苏联友人通信，出版刊物等方式介绍苏联抵抗德国法西斯战争的情况，鼓舞人民抗战。在英国文化协会的资助下成立了中英科学合作馆。该馆由英国著名科学家李约瑟主持，抗战期间向中国科学界提供了大量英美等国的工具书和设备，赠送原版图书七千册及一百六十七种美英科学及工程杂志，李约瑟还从中国选取自然、人文学科杂志和论文介绍到国外交流和发表。

1943年5月，在美国纽约召开的纪念哥白尼四百周年诞辰的大会上，美国、加拿大及南美各国百余所大学和科研机构的科学家、教育家评选川籍平民教育家晏阳初为"全球十位最具革命性贡献的世界伟人"，与爱因斯坦、杜威、奥维拉·莱特、亨利·福特等齐名，晏阳初是唯一获此殊荣的亚洲人。在美国通过的援华法案中，其中特列了"晏阳初条款"。为了回报罗斯福总统和美国人民对中国抗战的支持，1941年，宋美龄代表中国政府向美国人民赠送了一对来自四川的大熊猫，除张善子将巨画《中国怒吼了》赠送给美国总统罗斯福外，我国著名花鸟画家张书也向罗斯福总统赠送了他创作的象征和平的《百鸽图》。1945年，国民政府决定在重庆筹建罗斯福图书馆，以纪念已故的美国总统罗斯福。

抗战期间，国内新闻界与国际新闻界的交流也更加频繁。美国新闻界和文化界的许多名记者、名编辑、名作家，如美国著名作家海明威、美国著名记者埃德加·斯诺、安娜·路易斯·斯特朗和史沫特莱以及美国报业大亨、《时代》《生活》《幸福》三大杂志的发行人卢斯夫妇等都曾赴重庆访问。我国新闻出版界著名教授舒宗侨应中、美、英战时图片宣传机构——联合国幻灯供应社的邀请，在重庆创办了以刊载新闻图片为主的《联合画报》。美国朋友不但对中国人民的抗战表示同情和支持，而且把在中国的所见所闻向世界作了报道。中共南方局还派出共产党员和进步文化人士参加美国战时新闻处的工作，打破国民党顽固派的新闻封锁，组织中外记者到解放区去参观访问，并通过他们全面地阐述共产党在整个抗战中的政治主张，宣传中共领导的解放区取得的伟大成就，揭露国民党制造摩擦的内战政策，在国际舆论上争取到广泛的同情和支持。

第四节　解放战争中的巴蜀传播事业

1945年8月15日，日本宣布无条件投降，中国人民经过十四年艰苦卓绝的抗战终于取得了最后胜利。在抗战中，四川人民做出了巨大的牺牲。据统计，从1937年至1945年，四川共提供兵员三百五十万人，在正面战场上抵御日本侵略者的全国抗日军人中，每五个人中就有一个人来自四川；"川军"牺牲巨大，伤亡人数共计六十四万余人，约占全国抗日军队伤亡人数的五分之一；四川共给抗日军民的粮食总额在八千万石以上，占全国征粮总额的三分之一。此外，抗战期间的各种捐物捐款，其中绝大部分是由四川人民负担的。正因为这样，四川人民特别珍惜这来之不易的和平。

然而，在欢庆胜利的锣鼓声还没停息的时候，内战的阴云却日益逼近。国民党军队在美国政府的支持下，抢先接收大城市和交通要道；而中共军队拒绝了蒋介石"原地驻防"的命令，继续收复失地，国共两军随时可能发生军事冲突。为改善两党关系，避免内战，国共两党的谈判再次提到议事日程。1945年8月28日，由毛泽东率领的中共代表团在全国人民的期盼下，应蒋介石之邀抵达重庆，进行国共两党的和平谈判。

对国共两党的谈判和中共代表团在重庆的活动，《新华日报》及重庆各大报纸都做了大量的报道。毛泽东偕周恩来、王若飞等抵渝时，一些报社派记者到机场采访。第二天，《大公报》就发表了该报记者子冈的特写《毛泽东先生到重庆》，对毛泽东作了生动、真实的描写，成为传诵一时的佳作。《新华日报》发表了题为"毛泽东同志来渝"的社论，表达了共产党实现和平建国的愿望。在渝期间，毛泽东接见了美联社、合众国际社、路透社的记者，向他们宣传了中共和平建国的方针；应邀出席了《大公报》为他举办的午宴，在席间与新闻界人士纵论民主；还专程拜访了民主人士、著名报人和诗人柳亚子先生，并将其旧作《沁园春·咏雪》一词相赠，在《新民报》上刊出后一时传为佳话。

一、解放战争中巴蜀报刊反新闻检查的斗争

1945年10月10日，国共双方在重庆正式签署《政府与中共代表会谈纪要》。1946年1月，历时二十二天的政治协商会议在重庆闭幕。但人们久久期盼的和平并没有到来，在政治协商会议闭幕后十天，重庆就发生了国民党特务捣毁重庆各界庆祝政协成立大会的会场，殴打郭沫若、施复亮、李公朴等民主人士的"较场口事件"。《新华日报》等报立即对事件进行了报道，并发表了社论《较场口的暴行》，谴责国民党破坏"双十协定"，企图挑起内战的行径。而国民党中央通讯社在报道中却将打人者说成是受害者，同时由国民党中宣部向各报社发出通知，强行规定"共产党在较场口捣乱的事件"由中央社统一发布消息，各报不得自行报道。《新华日报》冲破阻力发表了揭露较场口事件的真相，并刊登了重庆各报四十二名记者联名写给中央社的抗议信。同天，周恩来收到一封附有一颗手枪子弹的恐吓信，《新华日报》立即披露了这封恐吓信，很快收到了来自全国各界寄来的抗议书和慰问信。

《新华日报》在反对国民党独裁政权的斗争中，并非孤军奋战，而是得到除国民党控制的少数报纸外的大多数报纸的支持。如中国民主同盟的机关报《民主报》就坚定地站在中共一边。《民主报》于1946年2月1日在重庆创刊，发行人为中国著名的民主革命家、中国民主同盟的领导人张澜。《民主报》的任务就是反映和发表民盟和其他民主党派、人民团体的政治主张，声援、响应中共提出的各种政治号召，揭露反动当局黑暗的政治。《民主报》由于旗帜鲜明，言论公道，群众反应热烈，很快就扩大了影响。《民主报》与《新华日报》并肩战斗，反对内战，反对独裁，要求民主，发挥了战斗作用，因而与《新华日报》一道被誉为国民党统治区的两大火炬。

与《新华日报》并肩战斗的还有《新民报》《商务周报》《自由画报》（1945年10月创刊）、《工商导报》（1946年4月创刊）、《自由导报》（1945年10月创刊）、《中国民主报》（1946年3月创刊）、《正义报》（1946年4月创刊）等报纸。一些原属于国民党地方军阀的报纸，如《西方日报》（1947年10月创刊）、《华西日报》《华西晚报》等，在中共统一战线政策的影响下，吸收了大量中共地下党员和进步人士参与办报，在政治上也倾向于革命。

对于国民党独裁政权对新闻出版界的压制，新闻出版界进行了坚决的斗争。国民党政权为了控制舆论，压制民主，在抗战时期就实行了极为苛刻的新闻出版管制，先后颁布了《战时新闻检查办法》《图书杂志查禁解禁暂行办法》《战时新闻违检惩罚方法》《统一书刊审检办法》《战时出版品审查办法及禁载标准》《战时书刊审查规则》《新闻报社杂志社图记刊制规程》等十多个法令和法规，并实行了极其严格的新闻检查。1945年7月1日，黄炎培、章伯钧等六位国民参政员应中共邀请去延安访问，黄炎培回重庆后，很快写出了《延安归来》一书，对在解放区的所见所闻作了客观的介绍。这本书显然无法通过国民党检查机关的检查而合法出版。党所领导的进步文化界决定不送检而自行出版发行，并在出版界掀起了一场拒检运动。当时重庆有三四十家重要杂志，其中有十六家杂志在拒检声明上签了字，并宣布从9月1日起，这些杂志不再将原稿送审，并把这一决定正式函告国民党中宣部、宪政实施协进会、国民参政会。8月27日，重庆杂志社举行联谊会，参加联谊会的三十三家杂志都在拒检声明上签了字。9月1日，《新华日报》发表了《为笔的解放而斗争》一文，抨击国民党长期执行的原稿审查办法是反民主的制度，提出废除新闻检查，给人民以新闻、出版和言论自由。

重庆出版界的拒检运动很快得到了成都出版界的支持。9月8日，成都有三十九家报社、通讯社、杂志社响应拒检运动，并发表了《致重庆杂志社联谊会的公开信》，信中指出："八年来以战时为借口的检查制度，严重地糟蹋了中国人民的言论自由，损害了中国文化界的尊严和信誉。现在战争已经结束，一切钳制言论自由的战时法令完全失去了存在的依据，政府既然不能采取及时的措施，我们为了保卫中国人民的言论自由，当然有理由自动宣布检查制度的死亡！"面对国民党检查机关继续实施的"出版特许"制度，重庆的三十五家出版社联合向政治协商会议提呈了意见书。意见书要求废止《出版法》、取消期刊登记办法和一切非法检扣，还揭露了国民党阻挠进步书刊出版的一些主要手法，如用繁苛的登记手续拖延出版时间，不让期刊正常出版，利用特务和军警随意检扣书刊，通过邮局限制进步书刊的发行等卑劣手段。

声势浩大的拒检运动，使国民党政府感到手足无措，他们不得不有限度地取消了原稿检查制度，但却始终没有放弃钳制舆论的企图，而是采取直接由宣传部门颁发训令的办法，威胁和迫使各报刊社编辑部进行"内检"。不久，蒋介石发动了全面内战，便脱下所有伪装的外衣，对一切进步的报刊图书以及报社、杂志社、出版社进行公开的查禁和捣毁。1947年2月，《新华日报》首当其冲，被国民党重庆卫戍警备机关强令停刊，重庆警备司令部和国民党特务机关同时出动，包围袭击了中共驻渝办事处《新华日报》的驻地，搜查了所有办公室，抢走了部分财物。不久，《民主报》《西方日报》《华西晚报》《蜀南晚报》《嘉陵日报》《晓风周报》《中国夜报》和《新民报》副刊《呼吸》等都因"捏造事实、侮辱国军""诋毁政府""为共党张目"等罪名被勒令停刊。同时，国民党特务、军警还大肆逮捕参加或支持爱国民主运动的记者、编辑。

1947年春，国民党统治区学生运动高涨，国民党当局对进步学生以及同情和支持学生的教师、记者进行了大搜捕。在重庆，被捕的二百多人中，就有《民主报》《大公报》《商务周报》《国民公报》等报的记者多达三十多人；同年，国民党当局在成都进行了"六二"大逮捕，在《华西晚报》《华西日报》《民众时报》《胜利报》工作的进步报人大多数都上了国民党特务机关的黑名单。《华西晚报》共有员工十五人，其中有九人被捕，报社被砸被封。在《民众时报》工作的杨伯恺、孙文石、刘汉章、罗启雄等中共党员、民盟成员和进步新闻工作者被捕入狱。成都解放前夕，杨伯恺等人被国民党特务杀害于青羊宫十二桥。

二、在黑暗中坚持战斗的地下报刊

抗日战争结束以后，1946年5月，国民政府决定"还都"南京，抗战期间随国民政府从沿海地区迁往四川的报刊社、出版社、通讯社、新闻院校等也陆续返回原驻地，四川很快失去了战时国内新闻出版中心的地位。再加上国民党当局对进步报刊的疯狂镇压，新华日报社被迫从重庆撤到延安，所有共产党领导下的报刊都被迫转入地下，一些有军阀背景的民营报纸如《西方日报》也因为"同情中共、抨击政府"遭到查封，四川的新闻出版业随之跌入了历史低谷，只有少数几家中间偏右的报刊在风雨飘摇中勉强维持。

1947年，一家"灰皮红心"、没有刊名，也没有编者的油印刊物在风雨如磐的重庆出现。原来是原受新华日报领导的刊物《彷徨》与党组织失去了联系，几个负责刊物编辑和发行的地下党员刘镕铸、蒋一苇、陈然、吴劢儒等在一起商量后决定：一边继续出版杂志，一边寻找党组织。他们将从香港转来的《群众》杂志和新华社的通讯稿摘编下来，以油印小报的方式，向有联系的可靠人士分发。不久，他们与中共重庆地下市委取得了联系，重庆地下市委决定在原有杂志社的基础上，创办中共重庆地下市委的机关报《挺进报》。《挺进报》仍为油印报，以刊登新华社电讯稿为主，其新闻来源主要靠一台英国造的收音机，直接收听陕北的延安新华广播电台播放的新闻，将其记录整理而成。并由内部传看改为主要寄给敌方人员，开展对敌攻心战。为了加强对《挺进报》的领导，中共重庆地下市委还成立了挺进报支部，由地下党员刘镕铸、陈然先后任书记。《挺进报》共出版二十三期，除了积极支持国统区学生反饥饿、反内战、反迫害的斗争外，还刊登了毛泽东的《目前形势和我们的任务》等文章以及增出了《论大反攻》《耕者有其田》《被俘人物志》等特刊，报道了大量人民解放军在各大战场节节胜利的消息，为迎接新中国的诞生做准备。

《挺进报》的出现就像一枚炸弹在重庆爆炸，蒋介石指令军统局特务头子毛人凤限期破案，军统局投入了大批军警、特务侦破此案。1948年4月，由于党内出现叛徒，川东地区中共党组织遭到严重破坏，《挺进报》特支书记陈然等人因叛徒出卖被捕，被关进了"中美合作所"集中营，《挺进报》被迫停刊；停刊三个月后，《挺进报》又重新恢复，直到1949年1月再一次遭到敌人破坏，负责抄收电讯的程谦谋被捕，《挺进报》第二次停刊；同年3月，《挺进报》新的工作班子组成，由重庆社会大学党支部书记朱镜领导；同年7月，朱镜被捕，《挺进报》第三次停刊。为了革命的信仰，共产党人抛头颅洒热血，前仆后继，曾经参加过《挺进报》工作的地下党员陈然、程谦谋、江竹筠、刘国志等共十一人在重庆解放前夕被国民党反动派杀害于渣滓洞或白公馆。他们中的大多数人以后成了杨益言、罗广斌创作的长篇小说《红岩》中的人物原型，他们的事迹曾经感动和教育了新中国几代青年人。

与《挺进报》类似的报纸还有在成都出版的《XNCR》和《火炬报》。《XNCR》是由中共川康特委主办的地下报纸，该报以延安新华广播电台的呼号"XNCR"为报名，由中共川康特委副书记马识途领导，成都市工委委员王放负责收听记录。小报刊登的内容不仅有许多华北解放区的胜利消息和新华社发言人的精彩发言，而且有不少中共中央的重要文件。《XNCR》在成都出现后，国民党当局下令限期破获，在党组织的安排下，工作人员安全转移。

　　《火炬报》于1949年7月创刊于成都，由中共川西边临时工作委员会领导的川康边人民游击纵队主办。主办人是《华西晚报》的原编辑、共产党员秦世禄。《火炬报》刊登的全是解放区广播电台播送的解放战争胜利的消息、解放区报纸刊登的社论和文章，以及党中央的决议和党的领导人的讲话。报纸刊登的第一篇文章，就是毛泽东的《论人民民主专政》。报纸还刊载了刘文辉部起义等重大新闻。为了迎接解放，报纸还发表过《东方红》《没有共产党就没有新中国》《三大纪律八项注意》等在解放区广为流传的革命歌曲。《火炬报》就像一支熊熊燃烧的火炬，给生活在黎明前黑暗中的四川人民带来了光明和希望。

下编

当代巴蜀传播文化

巴蜀文化通史 | 传播文化卷

第七章 新中国成立初期的巴蜀传播事业

第一节　新中国成立初期的巴蜀新闻传播

新中国的诞生推翻了压在中国人民头上的帝国主义、封建主义和官僚资本主义三座大山，建立了人民民主的社会主义制度，为巴蜀新闻传播事业揭开了崭新的一页。

一、新中国成立初期的巴蜀新闻事业

1949年12月10日，重庆解放还不到半个月，中共中央西南局的机关报《新华日报》便在重庆创刊，毛泽东为报纸题写了报名。这是新中国成立以后在西南地区出版的最早的一份中共机关报。时任中共中央西南局领导的邓小平、刘伯承、贺龙等同志都很重视《新华日报》的工作。作为西南局第一书记的邓小平，自从1920年离开四川广安老家赴法国勤工俭学到1949年率刘邓大军解放四川，其间曾有两次办报的经历：第一次是在法国留学期间，他从事过中国共产党旅欧支部机关刊物《少年》的刻印工作；第二次是在红军时期，他担任过红军总政治部机关报《红星报》的主编。两次办报的经历使他深知报纸的作用。1950年5月16日，邓小平在《西南新闻工作会议上的报告》中强调："拿笔杆子是实行领导的主要方法""出报纸、办广播、出刊物和小册子在贯彻实现领导意图上，就比其他方法更有效、更广泛，作用大得多"。他指出办报有三个条件：结合实际，联系群众，批评与自我批评，并肯定了《新华日报》的成绩。贺龙同志也十分关心《新华日报》的工作，1950年12月10日，是《新华日报》创刊一周年的纪念日，这一天报纸的第一版刊登了贺龙的题词："新华日报创刊周年纪念：把一年来与人民群众建立的亲密联系，更广泛地贯彻下去，成为国家建设生活中的战斗武器。"《新华日报》继承和发扬了在抗日战争、解放战争中的光荣传统，积极投入到新中国的建设中，因此受到广大读者的欢迎。

新中国成立初期，巴蜀地区被划为川西、川南、川北、川东四个行政区和西康省，自1950年起，这四个行政区和西康省的中共机关报《川西日报》《川南日报》《川北日报》《川东日报》和《西康日报》相继创刊。这些报纸大多

是在接管国民党办的报纸的基础上,由中共地下党员和进步的新闻工作者以及入川部队中的青年知识分子组成工作队伍。这一时期,面对国民党反动派留下的烂摊子,可以说是百废待兴、百端待举,各级党报的主要任务是围绕征粮、清匪、反霸、减租、退押、土地改革、抗美援朝、进军西藏等党的中心工作,宣传党的路线方针政策,反映人民群众的呼声。新闻报道的重点则放在荡涤旧社会遗留下的污泥浊水,恢复生产、发展经济,反映劳动人民当家做主的新生活和精神风貌。在各级党委的领导下,这一时期的四川报业呈现出蓬勃发展的景象。

1952年9月,根据中央人民政府的决定,撤销原川西、川南、川北、川东四个行政区,恢复四川省的建制。新成立的四川省委决定,原《川西日报》《川南日报》《川北日报》《川东日报》停刊,合办《四川日报》,作为中共四川省委的机关报。《四川日报》于1952年9月在省会成都创刊,毛泽东为《四川日报》题写了报名。1954年西南行政区撤销,1955年西康省撤销,《新华日报》和《西康日报》先后停刊,原《新华日报》和《西康日报》的部分工作人员也合并到《四川日报》。

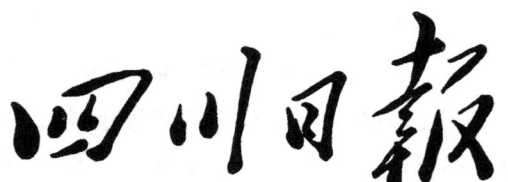

毛泽东为《四川日报》题写的报名

新中国成立初期,四川的报业发展迎来了第一个高潮,短短几年,新办报纸超过二百家,其中有十四个市、地、州办起委机关报,如《重庆日报》(中共重庆市委机关报)、《万县日报》(中共万县地委机关报)、《新乐日报》(中共乐山地委机关报)、《自贡日报》(中共自贡市委机关报)、《大众报》(中共绵阳地委机关报)、《前锋报》(中共遂宁地委机关报)、《通川报》(中共达县地委机关报)、《群众报》(中共涪陵地委机关报)、《剑门报》(中共广元地委机关报)、《川南报》(中共泸州地委机关报)、《南充日报》(中共南充地委机关报)、《宜宾日报》(中共宜宾地委机关报)、《阿坝报》(中共阿坝藏族羌族自治州委机关报)、《甘孜报》(中共甘孜藏族自治州委机关报)等;各县也纷纷办起了县报,最多时超过百家;同时,各种群团组织也办有自己的报纸,如《西南工人日报》《四川工人报》《重庆工人报》《四川农民报》《四川青年报》等;各类专业性报纸,如《西南铁道报》《重庆铁道报》《四川邮电报》《四川林业报》《四川石油工人报》等相继出版；一些新中国成立前办的倾向进步的民营报纸，如《大公报》《新民报》《工商导报》等在新中国成立后也被批准继续出版，初步形成了以党报为核心的门类齐全的报纸体系。

二、新中国成立初期巴蜀新闻事业的特点

新中国成立初期，是社会主义的新闻事业形成和发展的时期，巴蜀地区的新闻传播事业呈现出以下主要特征：

（一）坚持社会主义党性原则，宣传党的路线方针政策

党性原则，既是社会主义新闻事业区别于一切资产阶级新闻事业的根本特征，也是党的新闻工作的光荣传统，是由党领导下的社会主义新闻事业的性质所决定的。新中国成立后，中共各级党委机关报及党领导下的其他各类报纸，首要任务是宣传马克思主义、毛泽东思想，宣传党和政府在各个时期的路线方针政策，通过新闻手段来宣传自己的观点，影响读者的思想，把读者引导到发挥新闻报道对人民群众的鼓舞、启迪和指导作用，这就是党性原则的基本内容。

新中国成立之初，清匪反霸、减租退押、土地改革、抗美援朝、"三反""五反"、合作化运动、社会主义改造、整风运动等接踵而至，这些重大事件中各种社会矛盾错综复杂，必须认真贯彻落实党的政策，正确区分和处理两类不同性质的矛盾。如在土地改革中，在川康渝地区就实行了与老解放区不同的政策，除没收地主的土地外，对富农和工商业主则采取了保护的政策；而在四川少数民族地区，对土司、头人等也实行了较为缓和的政策。在三反五反运动中，针对运动初期的一些过火行为，中央采取了"过去从宽、今后从严，斗争从严、处理从宽，当严者严之、当宽者宽之"的政策，四川各报对这些政策都及时地进行了宣传贯彻。各报在大力宣传党的政策的同时，还充分发挥典型宣传的作用，如对在征粮中与土匪英勇斗争而牺牲的党的好女儿丁佑君，在抗美援朝中英勇献身的闻名全国的特等功臣黄继光、邱少云，工业战线上的劳动模范黄荣昌、田景琦，农业战线上的劳动模范罗士发、张泗州，财贸战线上的劳动模范蔡大发、童翠娥等英雄模范人物进行宣传。这些生长在巴蜀大地的英雄模范人物，都曾经在全省起到了很好的榜样和示范作用，有的还在全国产生很大影响。

（二）重视经济宣传与经济报道，服务经济建设

新中国成立后，党的工作重心从革命战争逐步转移到和平建设，党报的宣传也从以阶级斗争为主逐步转移到以经济宣传和报道为主。解放战争期间，国民党当局积极反共、坚持内战，造成物价飞涨、工商凋敝，人民生活痛苦不堪，在四川留下了一个烂摊子。新中国成立初期，各级党报都把宣传重点放到恢复和发展城乡经济上。在农村，土地改革完成后，突出宣传了农业大生产和互助合作运动，并针对一些农村干部产生的"歇气换班"思想，在报纸上展开讨论；在城市，着重宣传恢复生产、稳定物价、打击奸商，开展增产节约运动，发挥国有经济的主导作用，活跃城乡物资交流，满足人民群众生活需要等。

1953年9月，中共中央向全党、全国人民提出了过渡时期的总路线，即"在一个相当长的时期内逐步实现国家的社会主义工业化，逐步实现国家对农业、手工业和私营工商业的社会主义改造"。四川各报根据总路线的精神，对"一化三改造"作了集中突出的宣传。随着国家对农业、手工业和私营工商业社会主义改造的完成，四川掀起了一轮社会主义建设的新高潮。在经济建设中，继新中国第一条铁路——成渝铁路建成通车以后，四川第一条出川铁路——宝成铁路也全线通车；成都连接拉萨的第一条公路——川藏公路全线开通；重庆电厂、成都热电厂、狮子滩水电站、中梁山煤矿等一大批重点能源工程相继完工；农业连续七年获得丰收，粮食总产量比1949年增长48.9%……对这些社会主义建设的新成就、新气象，各报都满怀热情地进行了报道，给人们带来了巨大的鼓舞。但在着重反映工农业生产高潮和群众干劲的同时，报纸上也开始出现了一些浮夸的现象，特别是在1958年，随着"总路线""大跃进"和"人民公社"这"三面红旗"的提出，报纸上虚报粮食增产、钢铁高产之风愈演愈烈，各报竞放"卫星"，出现了"亩产粮食万斤""日产钢铁万吨"等违背客观规律的笑话。

（三）开展批评与自我批评，发挥舆论监督作用

批评和自我批评是党的光荣传统和优良作风，1950年4月22日，中共中央《关于在报纸刊物上展开批评与自我批评的决定》公开发表。1954年7月17日，中共中央在《关于改进报纸工作的决议》中再次强调："报纸是党用来开展批评与自我批评的最尖锐的武器。"这两个重要文件为新闻批评创造了良好的政治环境与舆论环境。1952年11月28日，中共四川省委做出了《改进四川日报工作的决定》，该决定中强调要"大力支持报纸开展批评与自我批评，各地要正

确对待报纸上的批评"。

由于从中央到地方各级党委和政府的重视，1950年到1956年，是四川各级党报开展批评与自我批评的最好时期。报纸不但公开地刊载来自人民群众的批评，包括对党和政府工作提出的批评意见，而且在刊载批评以后，有关党委立即采取支持和保护的态度，并督促被批评者接受批评，改正错误。如新中国成立初期，西南局机关报《新华日报》对重庆等地党政军机关团体任意招考和抽调在校学生，造成教育工作混乱的现象进行了批评，邓小平对此非常重视，亲自听取汇报并作出指示，要求限期改正；《川西日报》对川西区党委个别工作人员对来访群众态度生硬、缺乏礼貌进行了批评，时任区党委第一书记的李井泉还化名以一个普通读者的身份给编辑部写信，对报纸批评表示支持；1950年5月，《川北日报》上发表了一篇对川北行署干部宿舍发生火灾的批评，稿件送审时，时任区党委第一书记的胡耀邦在稿件的结尾加上"领导思想上的麻痹疏忽，也是造成该失火事件的原因之一"的语句。接着报纸公开刊登了行署有关领导的检讨，并发表了短评《打开窗子》，希望进一步发扬批评与自我批评的作风，让广大群众的意见反映给党和政府。《四川日报》还经常选择典型事例，对党和政府机关里的官僚主义、不正之风以及压制批评的种种错误进行批评，大大增强了党和政府的威信和报纸在人民群众中的公信力。遗憾的是，这些优良作风在以后的"反右"和"反右倾"斗争中丧失殆尽。

（四）加强新闻改革，适应读者需要

1956年7月1日，《人民日报》就报纸改版发表社论《致读者》，开始了中共党报史上第二次大规模的新闻改革。《致读者》中宣布这次改革的方向为：一、扩大报道范围；二、开展自由讨论；三、改进文风。随即，中共中央向各省、市、自治区转发了《人民日报》给中央的报告，要求各地党委所属报纸开展同样的检查，以改进报纸的工作，这是继延安时期《解放日报》和《新华日报》改版后中国共产党领导的第二次新闻改革。四川各报纷纷联系自己的实际，找准报纸改革的方向。《四川日报》针对报纸存在的"内容单调，形式枯燥；文章冗长，消息迟缓；言论量少质低，很难解决问题；报喜不报忧，掩盖工作中出现的矛盾；批评淡如水，不敢大胆干预生活"等问题，提出了新闻报道要短、浅、近、快、多的标准，并着手解决影响新闻质量的群众工作、记者工作，以及编辑、组版、制订报道计划等体制性问题。在实行了一系列改革措施后，《四川日报》的面貌发生了很大的变化：版面上长文章少了，新闻短了，数量多了，报道面广了；言论和批评报道有所加强；既增加了对中心工作的指导，又照顾到各方面读者的需要。四川各地、各类报纸同《四川日报》一样，通过改革在新闻业务方面都有不同程度的改进，受到读者的欢迎。但由于政治斗争形势的变化，这次改革并未能坚持下去。

三、巴蜀民族地区新闻事业的发展

新中国成立后，四川民族地区的新闻事业也有了很大的发展。历史上巴蜀地区就是一个多民族聚居的地区，新中国成立初期经过行政区划调整后的四川，仍世居着十四个少数民族。四川是全国最大的彝族聚居区，全国第二大涉藏地区和全国唯一的羌族聚居区。新中国成立前，在国民党政府和军阀政权的统治下，四川各少数民族几乎没有本民族的新闻出版事业。新中国成立后，实行了民族区域自治政策，民族文化得到了保护，民族地区开始有了自己的报纸和刊物。

1953年1月1日，新中国成立以来四川第一份民族地区办的报纸《岷山报》（后更名为《阿坝报》）在茂县创刊（报社后迁至马尔康）。《岷山报》是中共阿坝藏族羌族自治州委机关报，分汉文版和藏文版。报纸立足雪山草地，面向藏、羌、回、汉各族干部群众，宣传马列主义、毛泽东思想，宣传共产党在各个时期的路线、方针、政策，宣传在党的民族政策的光辉照耀下，雪山草地取得的新成就、发生的新变化、出现的新面貌。

《甘孜报》是中共甘孜藏族自治州委机关报，于1954年8月创刊，创办初期因设在自治州首府康定而曾取名《康定报》，分别用藏、汉两种文字出版。《甘孜报》的办报宗旨是：以马列主义、毛泽东思想为指导思想，根据共产党在各个历史时期的路线、方针、政策，围绕民族团结和民族地区的经济、文化、社会发展状况进行宣传报道。创办初期，报纸的读者对象主要是民族领袖人物（土司、头人、活佛、堪布）、一般知识分子和民族干部；1956年后，围绕涉藏地区的民主改革，报纸本着"团结、进步、发展"的原则和党在涉藏地区民主改革的政策，报道了涉藏地区这一伟大的历史变革。报纸反映了广大藏族农奴的呼声，用大量铁的事实揭露封建农奴制度的黑暗和封建农奴主的残暴统治，报道了民主改革后农牧民当家做主和工农业生产发展的新气象。

凉山彝族自治州是全国最大的彝族聚居地，《凉山日报》创刊于1958年5月1日，报社设在州政府所在地西昌市，是中共凉山彝族自治州委机关报，有汉、彝两种文字出版。《凉山日报》长期实行"立足凉山，面向基层，小报小办、突出特点"的办报方针，宣传报道中突出民族特点，注意与本地联系、与历史联系、与发展变化联系、与党的政策联系、与风土人情风俗习惯联系，在选稿、用稿上坚持民族化、通俗化的标准。报纸还坚持群众办报，做通讯工作，注意在彝族干部群众中建立通讯员队伍，更好地反映彝族群众的呼声、愿望和要求。

1956年6月1日，地处川东的原涪陵地区所属的酉阳土家族苗族自治县创办了巴蜀地区唯一的土家族苗族自治县党委机关报《酉阳报》，因土家族、苗族没有自己的文字，报纸仍使用汉文，办报方针是弘扬民族文化，增进民族团结，为振兴地方民族经济鼓与呼。报纸向全国公开发行。

在各民族地区的报纸以民族宣传为主的基础上，《四川日报》等全省性的大报也把对少数民族的宣传报道放在突出地位。报纸经常辟有报道各少数民族地区的专版或专栏，围绕着一个时期和阶段党在民族地区的中心工作，开展具有民族特色的新闻宣传。如对各少数民族自治区（州）成立的报道，对修建康藏公路、支援西藏的报道，对甘（孜）、阿（坝）、凉（山）实行民主改革、废除奴隶制的报道，对民族地区社会主义建设中的新面貌、新气象和典型经验的报道等。

四、社会主义道路艰辛探索中的巴蜀新闻事业

与无产阶级夺取政权的斗争一样，社会主义道路也并不是一帆风顺的，它注定有挫折、有失败、有教训。在新中国成立初期频繁的政治运动中，虽然已出现一些脱离实际的"左"的苗头，但还不太严重。根据党的八大精神和党内外出现的新情况、新问题，中央决定从整顿党的作风入手。这次整风，是为了克服官僚主义、宗派主义和主观主义，正确处理人民内部矛盾，全面认真地检查领导者与群众之间、党与非党群众之间的关系，暴露其中的矛盾并加以解决，在政策和策略上要求采取"和风细雨"的方式。于是响应党的号召，各民主党派和党外群众纷纷在报纸上发表自己的意见和看法，帮助各级党组织整风。但谁也没有想到，1957年6月，形势突然发生了逆转，在《人民日报》连续刊登了《这是为什么》等三篇社论以后，四川各报在报纸宣传上也来了一个一百八十度的大转弯，从客观反映"大鸣大放"的意见转移到集中火力批判右派的言论。《四川日报》在反右斗争中批判"右派"的稿件，每天少则一个

版，多则三个版，在报上点名揭露批判的右派分子多达八十九人，一大批干部和知识分子被划为右派而受到伤害。

自反右派斗争开始，"左"的路线和思想在党内逐渐占据了统治地位，紧接着"反右倾"、社教运动、"四清"运动直到"文化大革命"，政治运动一个接着一个，我国的新闻媒介也被一步步推到了"阶级斗争"的风口浪尖。1966年，一场史无前例的"无产阶级文化大革命"爆发了。"文化大革命"初期，四川各报根据新华社电稿大量刊登中央报刊及自己组织的文章，批《海瑞罢官》、批"三家村"，以后发展到对四川思想文化界的一些有影响的知名人士，如李伏伽、张黎群、马识途、李亚群、沙汀、徐中舒、卿希泰等点名批判。1966年8月，《中国共产党中央委员会关于无产阶级文化大革命的决定》和毛泽东的《炮打司令部——我的一张大字报》，使斗争的矛头迅速转向了"党内一小撮走资本主义道路的当权派"。报纸刊登了各地几万、几十万人揪斗中共西南局、四川省委主要领导干部李井泉、廖志高、任白戈等人的新闻以及整版的批判文章，并株连了一大批干部、群众。以后"文化大革命"全面爆发，从"破四旧、立四新"到"横扫一切牛鬼蛇神"，全国陷入了一场内乱，报纸完全成为"无产阶级专政的工具"。

"文化大革命"是一场空前的浩劫，而新闻传播领域又是其中受害很深的重灾区。特别是在"左"的错误思想的影响下和林彪、江青反革命集团对舆论工具的控制下，我国的新闻事业遭到了严重的破坏。"文化大革命"期间，四川的大多数报纸被迫停刊，留下少部分报纸也被造反派夺权，并纷纷更名为《红色电讯》《卫东报》《东方红报》《红乐山报》《红内江报》等。一段时间，各地报纸只刊登新华社电讯稿，不刊登地方新闻。后来虽然恢复了地方新闻，但在"以阶级斗争为纲"的年代，大多数是极左的宣传，报纸的版面上充斥着"假、大、全"的所谓典型报道，评论文章则是"小报抄大报，大报抄'梁效'（清华大学和北京大学"两校"的谐音，林彪、江青反革命集团的御用写作班子）"。报纸的指导性变成了"指挥性"，报纸成了"不见面的司令员"，在读者面前居高临下、发号施令。报纸批评沦为林彪、江青反革命集团镇压人民、迫害干部的武器，"棒子、棍子、帽子"满天飞，稍有不同意见，便"口诛笔伐，再踏上一只脚，叫你永世不得翻身"。党的实事求是的优良作风和新闻真实性的原则受到粗暴的践踏，即使是在当时我国的国民经济已处于即将崩溃的边缘，报纸上仍然是到处"莺歌燕舞""形势一片大好"，根本无任何真实性可言。一大批新闻工作者同广大知识分子一道，被打成"臭老九""黑五类"，关进了"牛棚"，或者进了"五七干校"。"文化大革命"使中国新闻事业、中国传播文化遭遇极大挫折，它给我们留下的教训需要我们永远牢记。

第二节　新中国成立初期的巴蜀书刊出版

抗日战争时期，巴蜀地区曾一度成为全国图书出版的基地和中心。抗战胜利以后，由于抗战期间从全国各地内迁四川的各大出版机构纷纷返回原地，再加上国民党当局对进步图书出版事业的迫害和摧残，国统区物价飞涨、民不聊生，致使巴蜀的图书出版业一蹶不振、每况愈下，到新中国成立前夕，除少数几个由国民党政权控制的出版机构外，大多数民营出版机构奄奄一息。在生存环境日益恶化的情况下，一些共产党领导下的和进步的出版机构按照党的指示隐蔽下来，积蓄力量、长夜待旦。

一、新中国成立初期的巴蜀图书出版

新中国成立以后，巴蜀的图书出版事业进入了一个新的历史发展时期。1950年，成渝两地的军管会从国民党官僚资本家手中接管了一大批出版社、书店和印刷厂，并在此基础上建立了新中国第一个由党领导的人民的出版发行机构——新华书店西南总分店，统一管理西南地区图书的编、印、发。在巴蜀地区还未全境解放的情况下，新华书店西南总分店担负起了出版、印行宣传党的各项政策的书籍、毛泽东著作以及中小学校急需的教科书的任务。1950年12月，在新华书店西南总分店出版部的基础上，新中国巴蜀地区的第一个出版社西南人民出版社在重庆成立（出版社在运行两年后，1953年初因西南大机构调整而撤销）。1951年，川西人民出版社、川南人民出版社、川北人民出版社相继成立；1952年，因行政区调整，川西人民出版社、川南人民出版社、川北人民出版社合并为四川人民出版社。新中国成立初期，四川省相继成立的出版社还有四川民族出版社、西南人民出版社、西南工人出版社、西南青年出版社、重庆联合图书出版社、西南卫生书报社等。初期保留的几家私营出版社在新中国成立后不久都基本停止了出版活动。

四川是新解放区，当时广大群众对中国共产党的政策不够了解，再加上百

废待兴，政权还有待巩固，因此紧密配合党和政府的中心工作宣传党的政策，便成为出版社的首要任务。在清匪反霸、减租退押、镇反、土地改革、三反五反、宣传《婚姻法》、扫盲等各种运动中，出版社都要用各种形式，如唱词、小说、故事、通俗解说和图解等编辑出版图书和小册子加以配合。针对四川农村地区地域辽阔，农民人数众多，出版物的重点是农村读物，要照顾农民购买力差、文化程度低的特点，编辑出版图书的原则是字大、本薄、价廉。1953年，前四川出版的图书主要以通俗小册子为主。如《西南地区土地改革文件》《人民民主政权建设文件汇编》《镇压反革命手册》《怎么种庄稼》《争取婚姻自由》《婚姻法解答》《农民识字课本》《妇女字课本》《农村卫生常识》《农民三字经》《新中国的伟大建设——成渝铁路》《供销合作社讲话》《互助组问答》《农业生产十项政策讲话》等，这些图书通俗易懂，有力地配合了当时的政治运动和经济建设。

1953年以后，从中央到地方对图书出版工作的领导有所加强。四川省相继成立了四川民族出版社和西南人民出版社。作为地方出版社，其主要任务是如何使书籍更好地满足广大人民群众的需要，更富有地方特色，更好地贯彻地方化、群众化、通俗化的"三化"方针。出版的重点除了以满足农村需要的通俗读物为主以外，也适当地出一些中、高级读物，满足不同层次读者的需求。在政治读物方面，既有总路线通俗讲话《我们国家怎么过渡到社会主义》《农业生产合作社好处多》《农业生产合作社大发展提纲》《向私营工商业者谈改造资本主义工商业》《谈谈农村小商小贩的社会主义改造》《农村党支部怎么领导农业生产合作社》《宪法草案宣讲》等通俗读物，也有《毛泽东思想是创造性地发展了马克思列宁主义》《阶级、政党和领袖的关系》《不断革命论和革命发展阶段论》《毛主席四篇哲学论文》《四川人民反帝斗争档案资料》等中、高级读物，并出版了一些自然科学方面的书籍，如《稻作论文选》《植物病理学基础》《伤科按摩术》《牙体修复学》《四川棉花栽培学》《四川中医志》《中医妇科治疗学》《妇产科医师手册》《四川农业土壤气温雨量分布图》等。

这一时期，文艺书籍的出版开始得到重视，四川出版了如《四川短篇小说选》《川剧传统剧目汇编》《新诗民族化群众化问题的初探》《红岩》（话剧）、《求婚》（剧本）、《晨歌》（诗集）、《竹号》（诗集）、《西山义旗》（精装连环画）、《久旱逢甘雨》（曲艺集）、《爸爸当了劳动模范》（儿童文学）等文艺作品。新中国成立后，四川的一些著名作家焕发了青春，不断有新作在省内外出版，李劼人长篇小说《大波》、艾芜的长篇小说《百炼成钢》、沙汀的短篇小说散文集《过渡》、马识途的长篇小说《清江壮歌》等。如李劼人创作的《大波》以成都为背景，真实而深刻地描写了从甲午战争到辛亥革命前后二十年间四川广阔的社会生活及历史巨变，可以说是一部生动形象的巴蜀近现代史。同时，他还修改再版了长篇小说《死水微澜》《暴风雨前》，连同《大波》构成"三部曲"，确立了他在近现代文学史上的地位。原重庆中共地下党党员罗广斌、杨益言，根据他们在重庆"中美合作所"集中营的亲身经历写下了革命回忆录《在烈火中永生》，1957年出版后在读者中产生很大影响。他们在此基础上创作了长篇小说《红岩》，并于1961年在中国青年出版社出版。这部反映革命先烈为人民的解放事业而前仆后继的红色经典，塑造了许云峰、江姐、成岗、刘思扬等一大批英雄人物，具有深刻的思想意义，出版后多次再版，发行量高达三百五十万册，创造了新中国长篇小说出版发行之最，并被翻译成多国文字向海外发行，成为20世纪60年代国内最畅销的书籍。

这一时期，四川的美术出版也得到长足的发展。由于四川的绘画艺术有着悠久的历史，名画家众多，创作基础深厚，各出版社除大力出版四川传统的绵竹年画、梁平年画等群众喜闻乐见的美术作品外，也出版了一些比较高档的画册和名家画页，如《石涛山水》《龚半千课图画稿》《杜甫诗意画》《四川版画选（1949—1959）》等，还出版了反映巴蜀文化特色的《四川工艺美术集》《四川陶器工艺》《成都盆景》《峨眉山》《成都风光》等平装和精装本画册。1959年，在民主德国莱比锡市举行的国际书籍艺术展览会上，川籍版画家吴凡（重庆人）创作的版画《蒲公英》技压群芳，获得一枚金质奖章，这是新中国四川画家第一次获得国际性大奖。

二、新中国成立初期民族图书出版

新中国成立以后，四川的民族图书出版事业也从无到有，有了很大的发展。1953年初，西南人民出版社撤销以后，即抽调了一批人员到成都筹建四川民族出版社，同年7月，四川民族出版社成立。四川民族出版社的出书范围和编辑方针是：出版少数民族的通俗图书、图片、画册，以四川省、西康省（后并入四川和西藏）等地的藏族同胞和彝族同胞为主要读者对象，适当照顾四川、青海、云南的藏族同胞。出版社编辑部设有藏文编辑室、彝文编辑室、汉文编辑室、美术编辑室，用藏、彝、汉三种文字出书。四川民族出版社出版的第一本书是《毛主席派来了医生》（藏汉文对照），以后又编辑出版了《曲梅巴贞》《光明照耀西藏》《我们可爱的祖国》《实用藏文文法》《藏族寓言故事》《彝文检字法》等大量藏、彝、汉三种文字的读物。为了在少数民族地区普及文化教育，四川民族出版社还编辑出版了大量藏文版和彝文版的小学课本、农民识字课本和干部课本。为了方便藏族人民的生活生产，每年都要出版大量的藏历历书；并着手整理藏族和彝族等少数民族的历史典籍，如藏族的《格萨尔王传》、彝族的《勒俄特依》、羌族的《羌戈大战》陆续被整理出版。到"文化大革命"前，四川民族出版社共出版藏、彝、汉文图书一百四十多种，印行百余万册。

值得一提的是，为抢救巴蜀传统的雕版印刷技艺，1956年，四川人民出版社成立了"木刻书屋"，专门搜集新中国成立前遗存的木刻雕版，用传统的方法印刷出版线装古籍。该书屋从成都大慈寺、贲园书库、墨耕堂、志古堂、眉山三苏祠等共计收得图书二百四十九种，较完整的大中小各种书版共计五万多块，并按版片的完整程度、挖补工作量的大小，有计划地选择一部分限量印刷出版，其中包括《音韵学丛书》《医学初阶》《梦溪笔谈》《杜诗镜铨》《金匮要略浅注方论合编》《伤寒论条辨》《戴东原集》等雕版书，并在社会上发行。1956年，四川人民出版社还将雕版印刷的《梦溪笔谈》送到"莱比锡万国博览会"参展，获得优秀奖。

修纂志书在巴蜀有悠久的历史，最早可追溯到西晋蜀陈寿所修《三国志》，以后各朝代修志不断，清末民初因四川动乱时间较长，修志一度停顿。新中国成立以后，人民政府非常重视修志工作。1960年，四川省成立了省志编辑委员会，由时任省长李大章领衔，开始编修新省志，同时开展地方文献的整理出版工作，省志编委会先后与省政协联合编辑出版了《四川文史资料选辑》十七辑，后因"文化大革命"中断。

三、新中国成立初期的巴蜀期刊出版

新中国成立以后，巴蜀地区的期刊也有了很大的发展。1950年全省刊物仅有二十五种，期刊年总印发六十八万五千万册，其中大多数期刊隶属出版社，如西南人民出版社下属的期刊就有《西南文艺》《西南妇女》《西南农林》《说古唱今》等。1952年，中央人民政府政务院颁布了《期刊登记办法》，四川陆续新办了一批期刊，主要有《音乐世界》《红领巾》《四川文艺》《星星》

《红岩》《四川教育》《支部生活》《四川大学学报》等。这些期刊从总的编辑方针来说，仍然是围绕党和政府的中心工作，宣传党的路线、方针、政策、但也注意从各自的专业领域出发，突出特色。从1959年开始的三年严重困难时期，四川的期刊大幅度削减，公开发行的期刊由二十七种压缩至四种，"文化大革命"开始后，期刊出版受到更大的打击，地方期刊一家也没有保留。

四、社会主义道路艰辛探索中的巴蜀图书出版事业

在社会主义初级阶段，与中国的新闻事业一样，中国的图书出版事业经历了一个曲折的过程。以1957年的反右斗争为转折点，我国的图书出版事业也卷入到以阶级斗争为中心的政治旋涡中，受到极左路线和思想的影响。1958年，在"大跃进"、人民公社化运动、社会主义建设总路线"三面红旗"的"指引"下，巴蜀的图书出版也曾出现了"大跃进"，出版了一大批宣传"跑步进入共产主义"的脱离实际、粗制滥造甚至内容虚假的图书。1958年一年全省出版图书五百一十一种，无一不是歌颂总路线、"大跃进"、人民公社的唱词、民歌、年画、挂图，有的所谓图书薄得只有两三个页码。随着"千万不要忘记阶级斗争"的提出，阶级斗争和阶级教育成为图书出版的主题。如《社会主义时期的阶级斗争》《翻身不忘阶级仇》《宜宾白毛女——罗昌秀》《夺印》《罪恶的地主庄园》《资产阶级罪恶录》《不忘阶级苦》等。

在文艺创作领域内，"左"的倾向也日趋严重，出现了简单粗暴、无限上纲，把文艺创作与政治问题混淆起来的现象。早在20世纪50年代初，《西南文艺》就曾对作家刘盛亚的小说《再生记》开展了批判，这是"左"倾思想在四川文化领域的初次表现。1957年的反右派斗争中，一些文艺作品被当成"反党反社会主义的毒草"被批判，而一些作家、诗人因此而被打成右派。如原《星星》诗刊编辑、诗人流沙河就因他的诗歌《草木篇》受到了批判，并被划为"右派"，蒙冤达二十一年；当时年仅十六岁。以后成为我国著名剧作家的魏明伦因撰文为《草木篇》鸣不平而受到牵连，在被批判后下放农村劳动。随着阶级斗争更加"激烈"，"利用小说反党"被认为是"一大发明"，更多的作家成为无产阶级专政的对象，如原乐山地区文教局局长李伏伽，因在《四川文学》上发表了《师道》《曲折的路》《夏三虫》《灯》等作品，被指责为"疯狂攻击党的领导和社会主义制度"而在《四川日报》上遭到猛烈批判。

1966年至1976年的十年"文化大革命"，是中国文化在历史上的一次空前的浩劫。"文化大革命"开始后,各出版社编辑部的工作基本停顿。1967年1月,四川人民出版社改名为"东方红出版社",主要任务是租型印制各种开本的《毛泽东选集》《毛主席语录》、毛主席画像、林彪画像和毛主席语录招贴画、语录画和政治宣传画等,出版、印刷、发行"红宝书"被当成压倒一切的政治任务。在"文化大革命"开始的几个月,四川曾创造印发《毛泽东选集》一百万册、《毛主席语录》三百多万册、《毛主席著作选读本》及其他单行本二千多万册、毛泽东画像一百七十多万张的纪录。1970年恢复四川人民出版社社名后,开始出版其他图书,但大多数仍是适应当时的政治需要,存在着严重的错误,如《彻底粉碎右倾翻案风》《孔老二、林彪、刘文彩》《儒法斗争文选》《批判〈水浒〉对农民革命的歪曲》《资产阶级就在党内》等。在"文化大革命"中,知识分子进一步受到迫害,川籍作家巴金、阳翰笙、艾芜、沙汀、何其芳、马识途等人无一幸免。受林彪、江青等人迫害,长篇小说《红岩》的作者之一罗广斌被迫害致死。"文化大革命"期间四川的图书出版事业被严重破坏,被损毁的图书和稿件难以计数,是传播文化的又一次灾难。

第三节　新中国成立初期的巴蜀广播电视电影

巴蜀地区的无线广播事业,是在无线电技术和无线电通信事业的基础上逐步建立起来的。1932年,四川善后督办公署在重庆设立重庆广播电台,被认为是巴蜀无线广播事业的开端;1936年9月,成都广播电台建成播音,并设立了国际支台;抗日战争时期,作为大后方,国民党中央广播电台内迁重庆,并创办了国际广播电台,使四川一度成为中国广播传播的中心。至1949年,四川有各类广播电台十三座,其中地方性电台四座,私营广播电台六座,国民党政府的电台三座,但因为战争和经济的原因,大多数电台都不能正常播音。

一、新中国成立初期的巴蜀广播事业

1950年1月4日,重庆刚解放一个月,在重庆上清寺原国民党政府的国际广播电台被国民党军警炸毁的废墟上,重庆人民广播电台正式播音。它的播出,是人民广播在巴蜀大地的第一声。第二天,在接管的四座国民党电台的基础上重建的成都人民广播电台也开始播音,至此,以成渝为中心的人民无线广播网初步形成。1950年5月,西南人民广播电台建成。西南人民广播电台作为西南

行政大区一级广播电台，担负着西南大区的广播宣传任务，并指导西南各省（区、市）广播电台的业务。1951年，西南人民广播电台建台一周年时。时任中共中央西南局第一书记的邓小平为电台题词："人民的广播事业，是传播政策，教育人民，同敌人斗争的最重要的武器之一。"并对西南人民广播电台在配合恢复生产、土地改革、抗美援朝和镇压反革命中所作的宣传给予了高度评价。1954年，因西南行政大区撤销，西南人民广播电台停止播音。1952年9月，主要针对少数民族地区的西康人民广播电台在雅安开播。1952年10月1日，四川人民广播电台在合并川西、川南、川北人民广播电台的基础上创建并开始播音。作为四川省委、省政府的宣传机构，四川人民广播电台承担着对全省宣传党和政府的方针政策和传播国内外新闻的任务，这标志着以四川人民广播电台为中心，覆盖全省的广播宣传网络基本建立。

广播节目是广播电台联系党和人民群众的桥梁和纽带，是宣传党和政府的方针政策的窗口。广播节目按性质分，有新闻类、教育类、知识类、文艺类、服务类和特定对象类等。每种节目中又有品种繁多的栏目。节目和栏目都有各自的主旨、形式和风格，在广播电台形成整个节目系统和节目格局。四川人民广播电台在长期的广播宣传工作中，随着社会发展、形势变化、听众要求、宣传任务，不断调整和创新节目和栏目，探索出了一条符合巴蜀地区特点的广播宣传的路子。在新闻类节目中，重点办好《四川新闻和报纸摘要》《全省广播台站联播》的同时，还开办了《四川各地》《巴蜀通讯》等新闻性专题和栏目，《新闻评论》等广播评论；在教育类节目中，围绕党的中心工作，针对不同专题开办不同类型的学习讲座；在文艺类节目中，办好音乐、戏曲、文学、曲艺、广播剧等节目；在服务类节目中，开办节目预告、广播体操、天气预报、广播广告等；在特定对象类节目中，办好对农民、工人、青少年等不同对象的广播节目。在四川人民广播电台建台几十年的风雨历程中，通过不断演进，节目更加贴近实际、贴近听众、贴近生活。

重庆人民广播电台，是新中国成立以后四川境内最早建立的人民广播电台。重庆作为西南重镇、原西南军政委员会的所在地，重庆人民广播电台是重庆市委、市政府的重要喉舌，在配合党在各个时期的中心工作，宣传党的路线、方针、政策上发挥了重要作用。重庆人民广播电台的主要栏目有《重要新闻》《工矿联播》《对农村广播》《解放军生活》《青年节目》《妇女节目多》《少年儿童节目》《财经节目》等，后来又创办了反映山城人民政治、经济、文化生活的

《重庆生活》。针对土地改革、镇压反革命、抗美援朝、"三反""五反"等重大事件和重大节日的纪念大会，重庆人民广播电台都要进行实况广播或举办广播大会，开展宣传鼓动。1966年"文化大革命"开始，重庆人民广播电台实行军管，节目几经停办和恢复，这一状况一直持续到"文化大革命"结束。

20世纪50年代，成都市曾两度建立广播电台：第一次是人民解放军入城后建立的成都人民广播电台，1950年1月5日开始播音，1952年12月底停播；第二次是在"大跃进"期间中共成都市委决定重建成都人民广播电台，1959年1月1日开始播音，直至今天。成都人民广播电台两次建台的主要节目有《闻节目》《市政之声》《职工生活》《农业战线》《文化教育》《文艺节目》等，文艺广播还增办了《革命故事》《川剧欣赏》《周末文艺晚会》。"文化大革命"中，成都人民广播电台自办节目停办，新闻报道每天读"两报一刊"，文艺节目仅播送八个"革命样板戏"。1973年，在中共成都市委的支持下，成都人民广播电台顶着"崇洋媚外"的压力开办了《业余英语广播讲座》节目，受到社会公众的热烈欢迎。

"文化大革命"以前，除成渝两地外，四川省内还建有自贡人民广播电台。

新中国成立后，四川少数民族地区的广播事业也从无到有、从小到大地发展起来。1951年春，中共西康区委为了在藏族、彝族人民聚居的西康地区更好地宣传党的民族政策和传播政令、时事，从十分紧张的地方事业维持费中拿出资金，筹备建立了主要是面向涉藏地区和彝区的西康人民广播电台。西康人民广播电台于1951年9月1日正式播音。1953年春，西康人民广播电台又增装一千瓦短波机一台，向边远的涉藏地区、彝区进行定向发射。建台伊始，电台在转播中央人民广播电台和西南人民广播电台的《藏语节目》的同时，就开始试办民族语言播音。1955年9月30日，西康人民广播电台随西康省建制撤销而停止播音，10月1日，四川人民广播电台接办原西康人民广播电台《藏语节目》，正式播音。《藏语节目》的服务对象主要是涉藏地区藏族干部群众，使用康巴语广播。它的主要任务是宣传党的民族政策，传达政府法令，丰富涉藏地区群众文化生活，促进藏族与各兄弟民族的团结和进步。节目的构成具有综合性，以消息为主，有通讯、讲话、专稿等。播出全国性的政治、经济重要新闻和省外其他地区（主要是涉藏地区）的报道约占百分之四十五，省内的报道约占百分之五十五。20世纪50年代发生在涉藏地区的重大事件，如庆祝成阿公路（成都至阿坝）建成通车，平定西藏叛乱事件，电台的记者都深入到当地采访，并发回专题报道。电台还不断加强采编力量，实现了自编、自译、自播，在宣传内容与节目编排组合等方面进行了探索，一些节目采用了文字报道与现场音响、民族音乐融为一体的编排方式，具有鲜明的民族性和亲切的现场感。四川人民广播电台的藏语广播不但在四川的涉藏地区产生了很大影响，而且将影响扩展至与四川交界的青海、甘肃、云南、西藏等地。

1954年2月，四川第一个农村有线广播站——灌县（今成都都江堰）石羊乡有线广播站开播。有线广播，是一种以导线传输和喇叭入户为特点的广播媒体，特别适应我国人口众多、居住分散的广大农村的需要。四川的农村有线广播是在乡镇广播收音站的基础上建立的，镇广播站的建设先于乡。1951年，重庆市南岸区的海棠溪镇和弹子石镇、綦江县的古剑镇、荣昌县的昌元镇、潼南县的梓潼镇、江津县的九江镇等建立了第一批广播收音放大站，其后扩建为乡有线广播站。有线广播站既收音又扩音，带动喇叭多，收听范围广，能够把党和政府的声音和时事新闻最方便、快捷地传达到基层农民群众中去，受到当地党政领导和广大听众的欢迎，被农民称赞为"通向北京的金桥"。农村有线广播的中心是县广播站，到1955年，全省建立起了三十六个县广播站，到1959年达到一百四十二个。

1965年12月，毛泽东的"努力办好广播，为全中国人民服务和全世界人民服务"的题词发表，为适应"传播毛泽东思想和无产阶级司令部战斗号令"的需要，全省各地加快了农村广播网的普及。到1972年底，全省县级广播站达到一百九十九个，公社广播站达到六千六百三十个，安挂广播喇叭六百三十三万余只，农村广播通播率达到百分之七十五点七，农村广播网在四川基本普及。各级有线广播站还打破了农村广播站只转播中央及省级广播电台的节目，开始转为抓自办节目，针对当地的实际，组织内容较为丰富、形式较为活泼的宣传，使广播更好地为推动本县的工作服务，也使广播站的听众大为增加。

在办好对少数民族地区无线广播的同时，少数民族地区广播站的建设也受到重视。1952年，四川首先在彝族聚居的凉山州建立收音站。1953年起，在藏族聚居的阿坝州和甘孜州相继建立了收音站；从1956年起，少数民族地区开始发展农村广播网，陆续建立了县有线广播站，并着手在区、社建立广播放大站。1965年，毛泽东为人民广播的题词发表，阿坝藏族羌族自治州的汶川县雁门公社，依靠当地羌、藏、回、汉等各族人民的力量，在省广播事业局的指导帮助下，建成了全省少数民族地区第一个农村广播站，此后，农村广播站的建设逐渐在"三州"由点到面展开。各地的广播站和广播放大站不仅及时转播中央及省台的新闻节目，还努力办好自办节目，使用本民族语言广播，更好地为各族人民服务。

二、新中国成立初期的巴蜀电视事业

电视的出现和发展，使人类的传播事业进入了一个新的阶段。1958年5月，新中国第一座电视台在北京建成，定名为北京电视台（中央电视台前身）。同年，四川省由成都市牵头，组织四川人民广播电台、成都电讯工程学院等单位开始筹备成都电视台，成为全国筹建最早的四家省级电视台之一。1960年5月1日，成都电视台开始试播黑白电视节目，试播时即开办了新闻节目。1960年10月1日，成都电视台第一次转播了省市各界人民庆祝国庆节大会的实况。1961年5月4日，成都电视台播出了第一部自己制作的电视新闻片《朱德委员长同成都人民欢度"五一"国际劳动节》。1970年9月，北京至西南地区的六百路微波干线开通，10月1日，北京电视台通过国家微波干线将节目传送到成都，成都电视台首次成功地转播了北京市庆祝国庆节的实况。成都市区和郊区的几千名干部群众在黑白电视接收机上第一次看到毛主席和中央领导检阅游行队伍的盛况，兴奋异常。

1971年，四川省革命委员会根据中央关于电视实行中央和省两级覆盖的方针，将成都电视台划归四川省广播事业局领导，并在全省规划布点，建设电视发射转播台，并决定成都电视台恢复自办节目，把办好新闻节目列为重点。成都电视台成立了新闻部，开办了《图片报道》《简明新闻》《四川电视新闻》，对这个时期四川发生的一系列重大事件，如1973年2月四川甘孜藏族自治州境内发生强烈地震，1974年3月西南交通干线成昆铁路胜利建成通车，1976年9月毛泽东主席逝世，1976年10月庆祝粉碎江青反革命集团等重大事件，成都电视台都通过口播新闻、新闻图片、录像新闻和实况报道等方式进行了报道，成为历史最真实、最客观、最形象的记录者。从1971年开始，成都电视台便投入了彩色电视的设备研制和基建工程；1973年10月1日，成都电视台开始试播彩色电视节目。1977年5月，龙泉山电视中心发射台彩色发射机开播，用二频道向全省发出彩色信号。1977年，成都电视台播出的节目覆盖面已达到全省一百多个县。1978年8月1日，成都电视台正式更名为四川电视台，并成为四川省广播电

视网的中心台，这标志着四川的电视事业进入了新的发展时期。

三、新中国成立初期的巴蜀电影事业

新中国成立后，四川的电影生产可以说是从无到有。电影放映在四川有着悠久的历史。1903年10月，从日本游学归来的成都图书局主人傅樵村带回第一架幻灯式"电影机"，放映"电光戏"，在成都引起轰动。1909年，日本留学生陈果（成都人）在成都玉带桥街开办了成都第一家"电戏放映馆"，开始放映纪录片。1934年，著名的上海电影界万氏三兄弟入川，与成都人邹昕楷合作创办了成都历史上第一家电影公司——大同影片公司，并着手拍摄第一部有声故事片《峨眉山下》，但很快就夭折了。抗战爆发后，上海、南京等地的电影制片厂和影剧界人士大量内迁，拍摄了一批反映抗战题材的故事片和纪录片，但抗战胜利后，这些电影制片厂和影剧界人士陆续回到原地，四川本土没有一家电影制片厂。1946年后，在中共领导下，由川籍革命文艺家阳翰笙为负责人的联华影艺社，在重庆、上海等地先后拍摄了《八千里路云和月》《一江春水向东流》《万家灯火》等优秀影片，阳翰笙还亲自将画家张乐平创作的漫画《三毛流浪记》搬上了银幕，为中国的电影事业做出了卓越贡献。

1958年7月，经国务院批准，四川第一家电影制片厂、也是国家布点在西南地区最大的综合电影制片生产基地——峨眉电影制片厂在成都建立，它与长春电影制片厂、北京电影制片厂、上海电影制片厂、西安电影制片厂、珠江电影制片厂、八一电影制片厂等并列形成全国"七大厂"的电影制片格局。当年，峨影厂便开始了四川第一部故事片《嘉陵江边》的拍摄筹备工作。不到一年，《嘉陵江边》便摄制完毕，首次在成渝两地公映。这部由四川籍老作家沙汀根据自己创作的短篇小说《这就是战斗》改编的电影，以现实主义的手法表现省内的先进人物形象，具有浓郁的巴蜀地方特色。1961年7月1日，峨眉电影制片厂与长春电影制片厂合作拍摄的彩色故事片《达吉和她的父亲》在全国上映，这是国内第一部反映彝族当代生活的故事片，以鲜明的民族特色受到广大观众的好评。第二年，峨眉电影制片厂又将川剧故事《乔太守乱点鸳鸯谱》首次搬上了银幕，使川剧这个古老的地方剧种通过电影发扬光大。1962年，因国民经济调整，峨眉电影制片厂下马，1965年又恢复重建。但1966年进入"文化大革命"的十年动乱，峨影厂除制作了一些适应当时政治需要的纪录片和洗印"革命样板戏"外，再没有摄制一部故事片。

第四节　新中国成立初期的巴蜀文化传播

古往今来，巴蜀文坛英才辈出、名流竞秀，文化艺术园地里百花争妍、姹紫嫣红。新中国成立后，在党的"为社会主义服务、为人民服务"的"双为"方针和"百花齐放、百家争鸣"的"双百"方针的指引下，古老的巴蜀文化艺术更是青春焕发、重放异彩，进入了一个崭新的发展时期。

一、新中国成立初期的巴蜀文学艺术

1950年11月，在原西北军政大学艺术学院的基础上，新中国成立后四川第一所综合性艺术高等学府——西南人民艺术学院成立。1951年8月，新中国成立后四川的第一份文艺刊物——《西南文艺》创刊。1951年12月，西南区第一次戏曲工作会议在重庆召开，四川戏曲界代表齐聚山城。1953年1月23日，四川省首届文学艺术工作者代表大会召开，选举产生了四川省首届文学艺术界联合会，著名作家沙汀当选为文联主席，李劼人、常苏民、陈翔鹤等人当选为副主席；同月，西南人民艺术剧院、四川省话剧团、重庆话剧团等艺术团体分别成立。1953年10月，西南音乐专科学校（四川音乐学院的前身）和西南美术专科学校（四川美术学院的前身）成立。

新中国成立后的巴蜀文艺舞台繁花似锦。川剧是我国地方戏曲中水平高、影响大的著名剧种之一，也是最具巴蜀文化特色的艺术表演形式之一。新中国成立后，作为优秀的传统艺术，川剧受到党和政府的重视。1951年12月，由中共中央西南局和西南军政委员会主持召开了西南区第一次戏曲工作会议，西南区川剧艺术的代表人物首次聚在一起，切磋技艺，交流川剧"三改"（改制、改戏、改人）的经验，并进行为期六天的观摩演出。党和政府的关怀使川剧这门古老的艺术焕发了青春。1952年10月，在第一届全国戏曲观摩演出大会上，四川川剧代表团大获成功、走红京城，获得的奖项数居各省、市、自治区参演团前列。1953年，川剧表演艺术家陈书舫参加第三届赴朝慰问团慰问演出。1959年7月，在外交部部长陈毅的直接关怀下，"中国川剧团"第一次走出国门，赴波兰、捷克、保加利亚、民主德国等国访问演出。演出前后历时一百四十二天，演出六十九场，所到之处座无虚席，川剧艺术以它独特的魅力倾倒了近八万外国观众。

与此同时，巴蜀其他舞台艺术形式也得到了很大的发展。曲艺是具有巴蜀

文化特色的艺术形式，起源于汉代巴蜀的说唱艺术，在长期的发展中形成了后世的扬琴、评书、相书、竹琴、金钱板、清音等艺术形式。新中国成产后，四川曲艺佳音频出，1957年8月，四川曲艺演员李月秋在莫斯科第六届世界青年联欢节上演唱的清音《小放风筝》《忆我郎》《青杠叶》等荣获声乐比赛第一名。1958年，四川扬琴表演艺术家徐述参加全国曲艺会演，在中南海演唱四川扬琴《拷红》，受到周恩来等国家领导人接见。

四川在音乐艺术方面有深厚的基础。王光祈、叶伯和等人都是20世纪中国著名的音乐理论家。川籍著名花腔女高音歌唱家、音乐教育家郎毓秀1944年就任四川省立艺术专科学校声乐教授，新中国成立后先后任西南音乐专科学校和四川音乐学院声乐教授、音协四川分会副主席，她擅长演唱西洋歌剧和艺术歌曲，对中国民族传统唱法有深入研究。她演唱的代表曲目《玫瑰三愿》《绣荷包》《在那遥远的地方》在国内外都享有盛誉。

四川是多民族聚居地区，汉族地区的花灯、龙舞、狮舞、莲箫等民间舞蹈，藏、羌、彝族地区的少数民族舞蹈，各具特色。1946年，中国首届边疆音乐舞蹈大会在重庆召开。新中国成立后，在党和政府的关怀、扶植下，四川的民族民间舞蹈面貌一新，出现了一大批优秀的作品，如《披毡献给毛主席》《康巴的春天》《巴山背二哥》《阿哥追》等。1958年，在四川省专业艺术团体观摩会演中，凉山彝族自治州歌舞团演出的彝族集体舞《快乐的哆嗦》脱颖而出，成为新中国成立后四川省创作的在全国最有影响的舞蹈作品。该作品曾荣获中华民族20世纪经典作品金像奖。

二、新中国成立初期的巴蜀群众文化

群众文化是社会主义文化事业的重要组成部分。四川的群众文化源远流长，民间文化的内容和形式极为丰富，春日踏青、端午竞舟、重九登高、舞龙灯、耍狮子、灯会、花会等文化节庆终年不断，川剧坐唱、散打评书、皮影杂技、逗说笑唱等艺术形式喜闻乐见。新中国成立前，巴蜀屡遭战火、天灾人祸，民众饱受军阀割据之苦，川人却不失诙谐、幽默、风趣，常以歌谣、小调、山歌、笑话等文艺形式自娱自乐，排解心中的积怨和不满、苦中作乐。新中国成立后，劳动人民翻身当家做主人，就像四川一首家喻户晓的民歌中所唱的"太阳出来啰喂，喜洋洋啰啷啰"。随着人们物质生活水平的提高，对精神文化生活的需求也越来越大，为了满足人民群众日益增长的文化需求，四川各

地的公共文化建设从无到有，文化馆、群众艺术馆、文化站如雨后春笋般建立起来，遍布城乡，丰富多彩的群众文化活动吸引了各行各业、各界人士的广泛参与。各文艺团体、新华书店、电影放映队还送戏、送书、送电影到工厂、农村、军营和偏僻的少数民族地区。群众文化同样具有鲜明的时代特征，新中国成立之初，从土地改革、抗美援朝、三反五反到社会主义改造，各地都用群众喜闻乐见的文艺形式，向群众宣传党和政府的政策、法令，颂扬新人新事新思想，传播科技、卫生知识，进行社会主义、爱国主义和集体主义教育，让群众文化成为讴歌社会主义新生活、憧憬美好未来、体现时代精神的最强音。

图书馆和博物馆是文化传播的重要载体和阵地。新中国成立前，四川只有成渝两地有少量的图书馆，而且以私营为主。新中国成立后，在中央发出"向科学进军"的号召下，四川各地在接管旧政权留下的图书馆和接受私家馆藏赠予的基础上开始着手公共图书馆的建设。至20世纪60年代，全省有县以上公共图书馆三十九所、高等院校图书馆三十二所、科学和专门图书馆十余所，初步形成以公共图书馆、高等院校图书馆、科学和专门图书馆为主体的四川图书馆格局。

四川有着丰富的历史文化遗产，但至新中国成立前夕，全省仅有博物馆三座，且处境十分困难。新中国成立后，四川在原四川博物馆、川西人民博物馆的基础上成立了四川省博物馆，在原西南博物院的基础上成立了重庆市博物馆，以后又陆续建立了成都杜甫草堂博物馆、重庆红岩革命纪念馆、宜宾赵一曼纪念馆、铜梁邱少云纪念馆、中江黄继光纪念馆、大邑地主庄园陈列馆以及自然科学类和高等院校类博物馆，至20世纪70年代初，全省共有博物馆二十座。博物馆事业的发展不但有效地促进了对传统文化的保护、开发和利用，而且成为对人民群众，尤其是青少年进行爱国主义和民族精神教育最好的课堂。

三、社会主义道路艰辛探索中的巴蜀文化传播

文艺与政治总有着难以割舍的关系，因此文化艺术的传播不可能不受到政治的影响。早在20世纪50年代初，《西南文艺》就曾对作家刘盛亚的小说《再生记》开展过批判，第一次把文艺创作与政治问题混淆起来。1955年，四川文艺界开展了对"胡风反革命集团"的批判、清查，胡风在四川省代表团的全国人大代表资格被宣布撤销，这是"左"倾思想在四川文化领域的初次表现。在1957年的反右斗争中，四川的一些文艺作品被简单粗暴地无限上纲，一些文艺

工作者因此而被打成"右派";1966年爆发的"无产阶级文化大革命",则是彻头彻尾的"革文化的命"。在"文化大革命"中,一大批优秀的中外文艺作品被当作宣扬"封、资、修"受到批判,几乎所有的传统艺术门类都被视为"牛鬼蛇神""才子佳人"遭到禁锢;一大批作家、艺术家受到迫害或被下放劳动;大部分艺术馆、图书馆、博物馆被迫关闭,不计其数的珍贵的图书、文献资料、历史文物或被封存,或遭焚毁,或遭抢劫,损失惨重。文化的百花园里一片凋零。

第八章 改革开放后的巴蜀传播事业

第一节　改革开放后的巴蜀新闻传播

1976年10月，"文化大革命"结束。1978年12月，具有深远历史意义的中国共产党第十一届三中全会在北京召开，它标志着中国进入了改革开放的新时期，也迎来了四川新闻传播事业的第二个春天。

一、巴蜀新闻改革"三部曲"

从1978年底到2009年，社会主义的新闻传播事业正好经历了又一个三十年，这三十年是改革开放的三十年，也是波澜起伏的三十年，虽然其中也有曲折、有风浪，但在党的基本路线和中国特色社会主义旗帜指引下，中国新闻改革总的趋势是由浅入深、由表及里地蓬勃发展。三十年的新闻改革，四川的新闻传播事业大体经历了三个阶段：

（一）拨乱反正、正本清源（1979～1985）

在极左路线统治时期，四川的报纸不仅数量少，而且品种单一，党的十一届三中全会以后，不仅大多数"文化大革命"期间停办的报纸恢复发行，而且新增了大量的报纸，报纸的结构也发生了变化，由过去单一的党报体制走向了多种类、多层次的结构，以适应党在新时期工作重点的转移和不同层次读者的需要。除有以宣传党的中心工作为主的省、市、地、州、县各级党委机关报，还有由政府各部门、各系统办的指导部门工作的行业报；除有面向一般读者的综合性报纸，还有面向工人、农民、解放军等不同行业及老年、青年、少年、儿童、妇女等不同对象的专业报；除有大量经济类、科技类、文化教育类、体育类报纸，还有不少反映精神文明建设、法制建设、军地两用人才和文摘类报纸。在各类报纸中，尤以经济、信息、科技类报纸增幅最大，体现了改革初期全党以经济工作为中心的特点。报纸开始打破过去受行政区划的限制，不仅中央及外省的新闻单位在川内设有分社、记者站或办事处，也有报社设在四川而面向全国发行的跨地区的报纸。各种企业报、大专院校报，以及其他一些单位内部发行的报纸如雨后春笋般遍地开花，整个报业呈现出空前繁荣的局面。

这一阶段，四川新闻传播事业的最大变化是办报指导方针的变化。报纸开始摒弃"报纸是阶级斗争工具"的"性质说"，重新肯定了新闻传播事业是以刊登时事为主、面向社会大众的传播机构，重新恢复了报纸作为"新闻纸"的本来面目，重新确认了新闻价值是选择新闻必不可少的标准，重新承认了报纸"具有植物也具有的那种为我们所承认的东西，即承认它有自己的内在规律"。[①]在新闻报道上，反对"假、大、空"，提倡"真、短、快、活、强"，在加强指导性的同时，强调真实性，增强可读性，提高服务性，并努力发扬党报实事求是、联系实际和批评与自我批评的光荣传统和优良作风。在报道内容上，从"以阶级斗争为纲"转变到以经济宣传为重点，为经济体制改革鼓与呼。

四川是中国改革开放总设计师邓小平的故乡，也是中国改革开放的重要策源地和先行省份之一。改革开放后，四川人民在党的领导下，秉承敢为天下先的优良传统，大胆解放思想，锐意开拓进取，在中国改革开放史上写下了多个"第一"：四川是全国最早推行家庭联产承包责任制的两个省份之一；四川在全国第一个摘掉人民公社的牌子，撤社建乡；四川在全国最早开始搞活国有大中型企业的试点；四川在全国最早进行企业的股份制改造；四川在全国率先提出"科技兴省"的战略；四川诞生了新中国成立后的第一家"当铺"、第一家民间银行……对这些在改革中涌现出来的新观念、新思想、新典型、新经验，四川的新闻媒体都不遗余力地进行了深入、及时、全面、客观的报道，在省内外产生了很大影响，为推动四川和全国的改革做出了积极贡献。在上层建筑领域内，四川的新闻媒体则根据中央和省委指示精神，联系本省实际，通过新闻、文章、评论，宣传建设有中国特色社会主义，宣传坚持四项基本原则，宣传社会主义精神文明建设，宣传四川人民在改革开放中焕发出来的勇于开拓、锐意进取的精神风貌。

在改革开放的形势下，四川的新闻媒体从改革新闻业务开始，逐步深入到报纸的指导思想、领导体制、机构设置、队伍建设、传播技术等方面的改革，为建设有中国特色社会主义新闻事业探索新路。同时，新闻改革的实践也呼唤着新闻理论，新闻界打破了我国长期以来"新闻无学"的羁绊，摆脱了"资产阶级新闻观点"的束缚，开始注重新闻理论的研究。《四川日报》和四川省社会科学院先后成立了新闻研究机构，引进现代新闻学、传播学理论，开展新闻

---

① 《马克思恩格斯全集》第一卷，人民出版社1997年版，第90页。

理论、新闻业务和新闻史的研究，《四川日报》新闻研究所还创办了新闻业务刊物《新闻界》；1981年，四川大学中文系开设新闻专业，招收本、专科生；1985年，四川省社会科学院开始招收新闻学硕士研究生，培养高层次的新闻研究和管理人才。以后，川内有多所大学成立了新闻传播学院、新闻系或新闻专业。新闻研究的深入、新闻人才的培养，反过来促进了新闻事业的发展。

（二）树立读者需要、社会需要等现代新闻理念（1985~1993）

很长时间里，我们只强调社会主义新闻事业是党和政府的耳目和喉舌，却忽视了社会主义新闻事业同时也是人民的耳目和喉舌；只强调报纸在传达党的路线、方针、政策中的作用，却忽视了报纸在反映人民群众的呼声、愿望和要求中的作用；只强调报纸宣传群众、教育群众的功能，却忽视报纸满足读者需要、为读者服务的功能。在这种"以传播者为中心"的传统新闻理念下，报纸总是居高临下，发号施令，成为"见不着面的司令员"。20世纪80年代中期，"读者需要、社会需要和以受众为中心"等现代新闻理念的引入，导致了对报纸的作用和功能的重新定位，从而引发了我国新闻媒体的巨大变化。

为了了解新时期广大干部群众对新闻媒体的新要求，各报根据不同的读者对象开展了大规模的读者调查。如《四川日报》在1987年、1988年连续两年开展读者调查问卷活动，广泛征求广大读者对报纸的意见，并将读者反馈的信息作为深化新闻改革的突破口，从改进报道、增强服务、满足读者需要着手，使之更加贴近实际、贴近群众、贴近生活。首先，各报从做好信息服务出发，广开渠道，提供国内外信息，增设了《信息之窗》《各地动态》《信息服务》《商品信息》《股市行情》《期货交易》《物价》等专刊专版，加强对知识性、娱乐性、服务性新闻的报道，扩大报道面，增加信息量；其次，加强与读者的联系和沟通，除直接开办为读者服务的栏目外，还采取灵活的方式及时刊登读者来信，增设读者点题、读者推荐、读者点评等栏目，增强读者的参与性；再次，新闻报道的样式更加丰富，深度报道、立体式报道、全方位报道、解释性报道等新的报道形式大量出现，会议新闻得到改进，版面编排更加生动活泼，对读者更有吸引力。新闻理念的转变，使报纸从内容到形式都焕然一新。

以受众为中心的现代新闻理念促进了媒介结构的改变，适应读者需要和口味的服务性、生活类报纸，如晚报、早报、都市报、家庭生活报、证券投资报、健康生活报、休闲报、旅游报、棋牌报、花卉报、美容报、时装报等大行其道。报纸的品种更加丰富多彩，以满足不同层次读者的不同需要。

以受众为中心的现代新闻理念还有利于发扬社会主义民主，发挥舆论监督作用，在报纸上开展批评与自我批评。党的十三大要求"发挥舆论监督作用，支持群众批评工作中的缺点错误，反对官僚主义，同各种不正之风做斗争"，党的十四大又明确提出"重视传播媒介的舆论监督，逐步完善监督机制"。针对贪污腐败、渎职失职，阻碍改革开放的人和事，各报发表了不少批评报道，为端正党风，争取社会风气的根本好转做出努力。《四川日报》曾就"省交通厅套汇走私的问题""成都铁路局利用部令专车非法贩烟案""长寿县女教师遭毒打事件"等进行了曝光批评。各报在舆论监督中还注意抓住群众普遍关心的问题，如《重庆日报》就对城市人民坐车难、洗澡难、吃水难、上厕所难等民生问题作了报道。针对批评报道采写难、审稿难、发表后易导致纠纷"打官司"难的问题，《四川日报》从1988年6月起，开展《批评报道为什么难》的讨论，五个月内收到来稿来信近一千件。许多来稿来信赞扬这次讨论是"扶正祛邪的一次创举""为老百姓撑腰壮胆"，时任四川省委常委、宣传部部长的许川称赞这次讨论为"四川民主建设过程中的一个篇章"。

在这个阶段，新闻改革也经历过一些曲折，主要是一些报纸受资产阶级自由化思潮的影响，放弃了社会主义新闻事业的党性原则，有的还提出用人民性代替党性，在新闻报道中出现了一些错误偏向。在党中央的领导下，这些偏向很快得到了纠正。在以后的新闻改革中，四川的新闻媒体始终坚持了坚定正确的政治方向。

（三）重新认定新闻事业的性质（1993~2008）

毫无疑问，新闻事业作为上层建筑的组成部分，属于意识形态的范畴，具有社会属性、阶级属性和政治属性。但是新闻和新闻媒体从它们诞生之日起，同时又具备另一些属性，那就是商品属性、市场属性和经济属性。然而在革命战争时期和计划经济年代，我们只强调新闻事业的阶级属性和政治属性，却忽视了新闻事业的商品属性和经济属性。把新闻事业当作宣传机构，把报社作为行政事业单位，几乎没有或者只有很少的经营行为，报纸的营运完全依靠财政拨款，以至于党的十一届三中全会以后，四川一家企业在《人民日报》上第一次刊登广告，成为轰动一时的新闻。①

---

① 四川省委宣传部、四川省社会科学院、四川日报：《敢为天下先——四川改革开放三十年大事记》，四川人民出版社2008年版，第70页。

党的十一届三中全会以后，我国的新闻传媒在把宣传的重心转移到经济宣传的同时，也开始把自己置身于市场经济之中。当党的十四大提出要建设社会主义市场经济体制，新闻界面对改革开放以来经济、社会条件的深刻变化，开始重新审视新闻事业的属性问题，并逐步形成了共识：新闻事业就其带有强烈的意识形态来说，它属于上层建筑的一部分，因此任何时候都必须坚持坚定正确的政治方向、坚持正确的社会舆论导向，始终把社会责任和社会效益放在第一位。但就其为社会提供经济活动和人们生活必不可少的信息、知识、娱乐产品的特征来说，属于第三产业中的信息产业或文化产业，必须遵循市场经济的规律，以最小的投入去获取最大的经济效益。这个理论的突破为我国新闻传播事业的发展提供了新的思路，即"事业性质，企业管理"：在保证党的新闻事业社会主义性质的前提下，用企业管理的方法来经营新闻媒体，使之成为市场经济的主体。这样，1993年以后的新闻改革的重点，已不在报纸的功能以及传播的内容和形式上，而是转移到报社的转制、改制以及报纸的产品、市场和经营管理上。

报纸一旦进入市场，便面临着激烈的市场竞争，竞争的直接目的是争夺受众，最终目的是争夺发行量和广告，这就进一步强化了读者和市场在报纸中的地位。在深化改革中，四川各报一方面竭力发挥自己的优势，扬长避短，不断花样翻新，追逐社会和受众关注的热点和焦点，占领市场的制高点；另一方面积极调整报纸内部结构，搞活媒介经营机制，提升经营管理部门的地位，改革劳动人事制度，精简机构，竞争上岗，奖勤罚懒，奖优罚劣，增强内部活力。改革使新闻单位真正成为市场经济的主体。

改革开放三十年，四川的新闻传播事业得到飞速发展。据统计，四川全省报纸从1978年的十六种发展到2008年的一百三十四种（含高校校报三十八种），位列全国各省（区、市）第五；报纸年总发行量由五点八六亿份增加到十五点七五亿份，每千人日均拥有报纸量由十六点五份增加到四十八点五份；全省还有各级各类用于本系统、本行业、本单位指导工作、交流经验、沟通信息的内部资料性报纸近五百家，四川成为中国西部重要的、最具竞争实力的报业强省。

二、四川报业改革的排头兵：《成都商报》与《华西都市报》

《商报》是成都人对《成都商报》的简称。

1994年1月1日，由成都市人民政府商业贸易委员会主办的《成都商报》创

《成都商报》创刊号

刊。这是一张贴近百姓生活，面向机关、单位、家庭广大读者群的经济类综合报纸，以其"创新、务实、理性、开朗"为宗旨，以大容量、高密度的新闻和信息服务读者。该报自创刊之日起，便引入市场经济的运行机制，实行全员招聘、多劳多得、按劳分配的劳动人事和分配制度，探索出了在市场经济条件下办报的路子。报社经营到第五个年头，便发展为对开十六版，日发行量四十万份，年广告量逾亿元的规模，1999年达到一点五亿元，2000年上升到二亿元，报纸发行量达到六十余万份。除此之外，《成都商报》还大胆探索跨媒体、跨行业、跨地区经营的路子，在全国各地合办或控股了多家报纸，以报业为依托，向相关产业扩张和渗透，成功地组建了发行投递公司、房地产开发公司、广告公司，并通过控股博瑞投资公司进行资本运营。1999年7月，《成都商报》以"博瑞传播"的名义成功"借壳"上市，成为国内第一家新闻传媒上市公司。进入21世纪以后，《成都商报》保持高速发展，目前仍是西部地区发行量和影响力最大的综合性城市市民生活日报之一。

四川报业改革的另一开拓者是《华西都市报》。

《华西都市报》于1995年1月1日创刊。如果说《成都商报》是按照全新的市场机制运行的新锐，《华西都市报》就是从传统的党委机关报阵营里派生出来的新军。《华西都市报》脱胎于四川省委机关报《四川日报》，企图在国内日报"行政化生存"和晚报"茶余饭后"的二元报业格局中，进行"第三条道路"探索。《华西都市报》在党报中率先提出"市民生活报"的定位，并成功进行了市场化运作，从而创造出全新的"市民生活报"理念和"都市报模式"，开启了中国都市报的新时代。《华西都市报》在"全心全意为市民服务"的办报方针指导下，强调市民的接受性和城市的服务性，求新、求快、求益、求趣，强化社会新闻、服务性新闻和新闻策划，尤其注重对重大事件、突发新闻作追踪报道和深度报道；在报纸营销方面，《华西都市报》探索出"敲门发行学"，依靠自有发行队伍对覆盖区域进行"洗楼"式的发行，并建立了适应市场的用人机制、发行机制和经营机制。报纸创刊时投资仅三百万元，创办当年日发行量就达到十万份，广告收入超千万元；到1997年，版数由创刊时的四开八版扩为对开十六版，日发行量达到四十万份，广告收入超亿元，并迈入了主流大报的行列。发展到今天，《华西都市报》发行量已达到一百一十五万份，成为中国西部发行量最大的综合性日报，五次荣登全球日报发行一百强、四次入选中国最具价值品牌，荣获国家新闻出版署"中国报业创新奖"。

《华西都市报》创刊号

自《成都商报》和《华西都市报》崛起，原本沉寂平庸的四川报业市场瞬时风云激荡，在两报之后又有多家都市类报纸诞生，一时间，四川报业市场群雄逐鹿，竞争异常激烈。与此同时，四川报业市场成为一种报业区域化竞争的典型模式，在全国遍地开花，甚至成为引领中国报业竞争的风向标。《成都商报》现象和《华西都市报》现象则成为国内新闻理论界最热门的研究课题。

在新旧世纪的交替时期，经过激烈的市场竞争的洗礼，强者恒强，四川报业竞争的格局开始从相对自由竞争走向垄断竞争。2000年9月，我国西部地区第一家报业集团——四川日报报业集团宣告成立，经过不断兼并、重组、并购、联合，至2008年，集团已是拥有包括《四川日报》《华西都市报》《天府早报》《四川农村日报》《文摘周报》《四川法制报》《金融投资报》《家庭与生活报》《人力资源报》《消费质量报》等在内的十一家报纸、两家期刊、三家网站，并进入发行、印刷、广告、旅游、文博等多个行业的跨媒介、跨地区的大型传媒集团。2007年，集团的总资产已达到十四亿余元，总收入八亿余元，成为四川文化产业的重点骨干企业。

2002年9月，成都日报报业集团成立，旗下有包括《成都日报》《成都商报》《成都晚报》《每日经济新闻》在内的四家报纸，包括《居周刊》《车周刊》《成都客》《高尔夫》《地产商》《黄金楼市》《时代教育》《青年作家》《校园消费》在内的十三家期刊和成都时代出版社、成都音像出版社两家出版社，总资产约十二亿元，至2004年，总收入八亿余元，广告收入七亿元，净利润一亿元，在四川报业中与四川报业集团分庭抗礼、平分秋色。2006年11

月，在成都市委、市政府的支持下，成都日报报业集团与成都广播电视台合并，组建成西部地区第一个跨媒介的现代综合传媒集团——成都传媒集团。

三、在改革中发展的巴蜀民族新闻事业

改革开放以前，在极左路线的影响下，特别是在"文化大革命"中，党的民族政策和宗教政策受到林彪、江青反革命集团的干扰破坏，四川少数民族地区的新闻传播事业受到摧残。在"文化大革命"期间，《凉山日报》《阿坝报》《甘孜报》等一度停刊。"文化大革命"结束以后，特别是党的十一届三中全会的召开，重新确立了党的实事求是的思想路线，党的民族政策和宗教政策得到了落实，四川少数民族地区的新闻传播事业进入了新的历史发展阶段。

党的十一届三中全会以后，各少数民族地区的报纸迅速把宣传重点转移到以经济建设为中心，大力加强改革开放的报道，宣传改革开放给民族地区带来的新成就和新变化，促进民族地区的经济发展和社会进步。《凉山日报》先后开辟了《经济信息》《凉山集市》《商品生产带头人》《政策解答》《科学种田》《农家顾问》等专栏、专页，还推出了会理县老街公社包干到户、米易县发展庭院经济、"立体农业"等民族地区农村改革典型的报道。《甘孜报》更加突出了民族地区的特色，开办了《康西风物》《康巴小志》等知识性栏目，增办了《五色海》副刊，加强国内外对涉藏地区丰富的自然资源和文化资源的了解，促进了涉藏地区的对外开放。《阿坝报》进一步加强了民族地区的经济建设和民族团结的宣传，开辟专栏，撰写评论，多方面、多角度系统地进行宣传报道，增强了境内藏、羌、汉、回各民族的团结，维护了涉藏地区的稳定。在改革的大潮中，各报还在内部进行人事制度、分配制度和机构的改革，增强把关意识、策划意识和营销意识，为报社的发展注入了活力。近年来，各报都更新设备，告别了"铅与火"的手工作坊时代，采用了电脑组版、激光照排，从过去的四开黑白小报，发展到现在的对开彩色大报，实现了报纸编排印的数字化、现代化，使四川少数民族地区的新闻传播事业的发展驶入了快车道。

第二节 改革开放后的巴蜀书刊出版

党的十一届三中全会所确立的思想路线，也为巴蜀图书出版事业的发展开辟了广阔的前景。改革开放三十年，是巴蜀图书出版事业走向繁荣的三十年。

一、改革开放后的巴蜀图书出版

"文化大革命"中,四川的出版社停的停、关的关,只保留了四川人民出版社一家,十年间仅出版图书(图片)一千多种。1980年至1984年,按照专业分工的原则,在四川人民出版社有关编辑室的基础上,四川相继组建了四川少年儿童出版社、四川科学技术出版社、四川教育出版社、巴蜀书社、四川文艺出版社、四川美术出版社,1985年又成立了四川辞书出版社;1981年,恢复了重庆出版社的建制;1985年以后,四川相继成立了七家大学出版社,再加上地图出版社、蜀蓉棋艺出版社、天地出版社和时代出版社,使全省的出版社达到二十一家,每年出书达一千种以上,使四川成为全国拥有地方出版社最多的省份,为建设出版大省创造了条件。

改革开放后,我国的图书出版业重新确立了图书出版工作"为社会主义服务、为人民服务"的方针,以及图书出版工作要"宣传马列主义、毛泽东思想,传播科学文化技术知识和成果,丰富人民精神生活"的三项任务。四川出版界根据四川的特点,提出了"立足本省,面向全国"的出版方针,着力打造"川版"图书,努力把四川建设成继北京、上海之后的又一个国内重要的图书出版基地,开创巴蜀图书出版事业的新局面。

改革开放初期,由于经历了"文化大革命"期间长时间的"书荒",使图书出版发行同时存在着"买书难"和"卖书难"的问题。人们刚从十年浩劫的冰封雪僵中苏醒过来,开始认真思考国家、民族和人类的命运,十分渴求那些新鲜的、有开拓性的、能适应社会发展趋势,迎接时代挑战的新思想、新理论、新知识、新方法的图书。四川人民出版社适应这种需要,与北京、上海等地的社科研究机构、出版社通力合作,于1984年推出了"走向未来丛书"。出版社专门成立了"走向未来丛书编辑室",安排了精兵强将进行选题组稿、编辑、设计、校对、出版,从选题到书稿都求精、求新、求异、求真。从1984年至1988年五年内共出书七十四种,每种的印数从数万册到二十多万册。这套大型系列丛

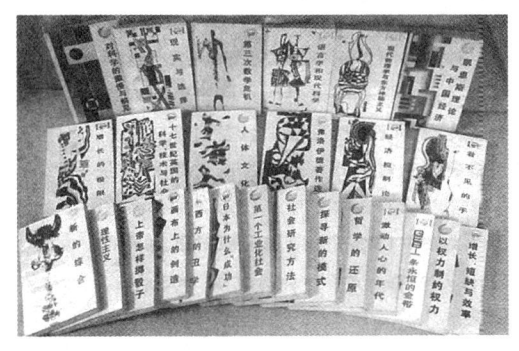

"走向未来丛书"部分图书

书，从不同角度展现了当今世界社会科学和自然科学的最新成果，对立志改革、开拓进取的人特别是青年人具有"盗火者"和"启蒙师"的作用。这套丛书一问世就在读者中引起强烈反响，书店供不应求，1986年获得全国优秀畅销书奖，其中多种单本书获全国多种奖项，"走向未来丛书"迅速成为品牌，在国内出版界掀起了一股"社科书热""丛书热"。

改革开放后，四川积极实施精品图书出版战略，大力扶持重点图书出版，承担了一大批国家大型文化工程的出版。如四川辞书出版社和湖北辞书出版社联合出版的《汉语大字典》，是国家级文化重点工程。该字典由我国著名的历史学家和古文字学家、四川大学历史系主任徐中舒先生主编，

《汉语大字典》

经过川、鄂两省三百多名专家、学者和教师花费十年的努力编纂而成。全书共分八卷，达二千五百万字，共收汉语单字五万六千多个，1986年出版第一卷，至1990年全部出齐，是当今世界收集汉字单字最多的一部字典，也是研究汉字最理想、最完备的巨型工具书，是我国文字史和字典史上不朽的里程碑。由四川辞书出版社1988年出版的另一本划时代的巨著，则是由徐中舒先生晚年主编的《甲骨文字典》，这本厚达一千六百一十八页的皇皇巨著既广泛汲取了国内甲骨文研究的最新成果，又融入了徐中舒数十年研究甲骨文的重要收获，是一部全面反映我国甲骨文研究水平的大型工具书。

据统计，仅"十一五"期间，四川省就有三十三种图书被列为全国重点图书出版项目。"川版"图书享誉书坛，获得全国、大区和省级各种奖项逐年增多，其中获国家级图书奖的就有《英藏敦煌文献》《中国民族服饰》《苗族史》《非线性经济的理论和方法》《中国抗日战争文学书系》《汉语大字典》《误入白虎堂》《探索与复杂性》《少男少女丛书》《科学家的故事丛书》《围棋基本定式100型》《中国科学技术史论文集》《归来的歌》《古代文史名著选译丛书》《华夏家书》《四川旅游》《中华人民共和国知识辞典》《中国铁路建设》等。据统计，改革开放三十年间，全省共有二千余种图书荣获省级

以上奖项，其中有多种获"中国图书奖""中国出版政府奖""中华优秀出版物奖"和中宣部"五个一工程"图书奖。

四川图书出版能够取得如此辉煌的成绩，与巴蜀文化的繁荣和发展是分不开的。改革开放以后，巴蜀地区一大批学者、作家焕发了青春，他们笔耕不辍，佳作迭出，四川各出版社出版的由四川学者编著或撰写的著作有《文心雕龙注拾遗》《藏汉大辞典》《全宋文》《四川通史》《四川近代史》《清代四川史》《大足石刻艺术》《唐卡艺术》《中国川剧通史》《成都城市史》《华阳国志校注》《巴蜀文化图典》《20世纪四川全纪录》等。在文学领域内，有巴金的《巴金近作》《巴金书简》《巴金中短篇小说》（上下集）、《巴金选集》（十卷），收有川籍作家郭沫若、巴金、阳翰笙、沙汀、艾芜、李劼人、何其芳、方敬等人作品的"中国现代作家选集"丛书。在自然科学领域内，有四川学者编著的《四川植被》《四川中药志》《四川古建筑》《长江鲟鱼类生物学及人工繁殖研究》等书籍。

二、改革开放后的巴蜀民族图书出版

党的十一届三中全会以后，四川少数民族图书出版也有了长足的发展。1985年，四川民族出版社恢复法人资格后，出版了大量少数民族图书，征订数一直名列国内各民族出版社前茅。其中影响较大的图书有《莲花遗教》《格萨尔王传》（共十四部）、《西藏人民抗英斗争的故事》《萨迦谱（续集）》《藏汉佛学辞典》《局迷旁医著选》《萨迦派教义选集》《汉彝辞典》《彝文金石图录》《物始记略》《彝族创世志》《多仁班智达传》《汤东吉布传》《玛尔巴泽师传》《木雅五学者传》《珀东班智达传》《释迦牟尼宿世篇》《智者入门》《四部医典释难》《汉藏史籍》《藏文文法概论》《三十颂泽解》《德格印经院》《真言集》《彝族史》《苗族史》《瑶族史》《纳西族史》《傣族史》《羌族史》《中国少数民族语言系列词典》丛书（十种）等数十种，其中有多部图书获中国图书奖、中国民族图书奖、优秀科技图书奖、四川省最佳图书奖。四川民族出版社还特别注意发掘、出版反映少数民族优秀文化遗产方面的图书，如彝族民间三大名著《勒俄特依》《玛姆特依》《妈妈的女儿》以及《典籍目录》《创业志》《彝医植物药》《彝医动物药》《凉山彝族谚话》《康巴藏族民间美术》《藏族史要》等。

在"文化大革命"期间曾受到严重冲击的藏族印经院，在党的十一届三

中全会以后也得到了很好的恢复。已有二百多年历史的德格印经院于1980年被列为省级文物保护单位并进行了修葺。1982年春起，印经院恢复经书刻版印刷，对残缺和少量遗失的书版重新雕刻、补齐；到1988年底，已补刻印版三万余块，使印版总数达二十五万余块。德格印经院在民主选举的管理委员会管理下制度更加严格、规范，出版印刷质量亦不断提高，大量地印行藏文典籍和藏族人民喜爱的唐卡、藏历等，不到十年时间，仅藏文《大藏经》（《甘珠尔》和《丹珠尔》）就印了六千二百多部。所印藏文典籍不但行销国内，而且远销印度、尼泊尔、日本和东南亚、西欧各国，为传播民族文化做出了贡献。1996年，德格印经院被国务院列为全国重点文物保护单位；2008年，德格印经院的雕版印刷工艺被列入国家级非物质文化遗产；2009年9月，由德格印经院等代表中国申请的雕版印刷工艺正式入选世界《人类非物质文化遗产代表作名录》。

三、改革开放后的巴蜀期刊出版

改革开放使巴蜀期刊出版迎来了一个黄金时期。"文化大革命"中，四川的期刊或关闭或停刊，曾出现过零纪录。"文化大革命"结束以后，四川的期刊逐步恢复，1978年，全省有期刊八十四种，社科刊物七种；1980年，全省有期刊一百九十一种，其中社科类刊物一百二十四种；2008年，全省有期刊三百三十六种，年总发行量七千七百二十四万册，期刊出版规模在全国位列第五。

具有浓郁的巴蜀文化特色，是新时期四川期刊的一大特色。如《四川画报》《重庆与世界》《龙门阵》《四川文物》《川剧艺术》《巴蜀曲苑》《四川烹饪》《四川文学》《红岩》《文史杂志》《西南旅游》《分忧》《民族》《凉山文艺》《贡嘎山》《草地》《星星》诗刊等期刊，向读者展示了四川美丽的自然风光、独特的风土人情、多彩的民族文化和悠久的历史文化传统，《杜甫研究学刊》《郭沫若学刊》，是国内研究这两位世界级巴蜀文化名人仅有的园地。

在社会科学领域内，四川的《社会科学研究》《中华文化论坛》《天府新论》《毛泽东思想研究》《经济学家》《经济体制改革》《农村经济》《宗教学研究》《四川大学学报》（社科版）、《西南交通大学学报》（社科版）、《西南民族大学学报》（社科版）等都是在全国有影响的人文社会科学期刊，多次被评为全国中文核心期刊或中国人文社会科学核心期刊，到2009年，四川省被列入全国中文核心期刊的就达七十六种。

在自然科学领域内，四川有《高压物理学报》《应用数学与力学》《核聚变与等离子物理》《强激光与粒子束》《生物医学工程》《四川中医》《四川动物》《四川丝绸》《华西口腔医学》等期刊，充分反映了四川丰富的自然资源和雄厚的科技实力。一些追踪当代最新技术的高科技期刊，已被国内外公认代表中国在该领域的最高水平，如《应用数学与力学》是第十四届国际理论和应用力学大会评定的十四种国际力学刊物之一，《爆炸与冲击》被第八届国际爆炸会议列为该领域的十大刊物之一。

四、改革开放后的巴蜀音像出版

改革开放以后，四川的音像出版业有了长足的发展。四川的音像出版业始于"文化大革命"期间，1971年，经中央批准在成都建立了成都唱片厂，生产出第一张唱片《东方红》。"文化大革命"结束后，成都唱片厂编辑四川唱片专辑，首批编辑出版川剧折子戏《秋江》《拷红》等。党的十一届三中全会以后，一批"文化大革命"中被禁锢的优秀传统节目和国外优秀音乐逐步开放，1980年，成都唱片厂就生产唱片一千八百六十六多万张。1983年，在原四川省唱片发行管理站的基础上，建立了四川录音录像制品出版社；同年，以制作出版当地风土人情音像制品为主的文艺性音像出版社——重庆音像出版社诞生，并陆续出版了《凌汤圆》《傻儿师长》等一批地方色彩浓郁的音像制品。以后，四川又相继成立了峨眉电影制片厂音像出版社、四川文艺音像出版社、四川教育音像出版社、成都音像出版社、四川大学音像出版社、西南师范大学音像出版社、四川党建音像出版社、四川电子音像出版社等多个音像出版社。作为出版界的一支新军，四川音像出版快速、健康发展，至2008年，全省音像电子网络出版单位发展到十八家，音像电子出版物制作单位九十七家，光盘生产线十三条，年出版音像电子出版物九百余种，形成了完整的音像电子出版制作加工体系和网络出版构架。三十年来，四川音像出版界曾出版了如《格萨尔王传》《中国出了个毛泽东》《邓小平与四川》《长征组歌》《凌汤圆》《傻儿师长》等优秀的爱国主义音像制品，先后有五十多种音像电子出版物荣获"全国金唱片奖""全国优秀音像制品奖""飞天奖""五个一工程奖"等国家级大奖。

五、巴蜀图书出版体制的改革

改革是社会主义文化事业前进的动力，也是图书出版事业发展的动力。图书出版事业改革的核心是出版体制的改革，四川的出版体制改革大体上经历了三个阶段：

第一个阶段是向专业化转型的阶段。新中国成立后建立的出版社，绝大多数是计划经济条件下的产物，出版社是全额拨款的事业单位，按照计划分配出版资源，只强调图书的宣传、教化功能，忽视图书的信息、娱乐的功能；只强调出版的社会效益，忽视出版的经济效益；只管出书，不管卖书，因而很难满足读者和图书市场的需要。改革的第一步是根据读者和图书市场的需要，大力发展专业出版社，满足多层次读者的需要，通过改革形成专业分工明确、资源分配合理，适应读者和市场需要的出版体系。在这个阶段，四川从只有一家综合性的出版社发展到形成有民族、少儿、教育、科技、文艺、美术、辞书、棋艺、地图等专业出版社和多家大学出版社的门类齐全的图书出版体系。

第二个阶段是向企业化转制的阶段。专业化的出版社成立后，各出版单位经过转制，把经营性的企业与公益性的事业分开，除保留少数公益性的事业单位外，大多数逐步从事业单位转制为企业，把各专业出版社逐步推向市场，使之成为真正的市场主体。同时，积极探索出版社内部的经营机制的改革：将原来实行的党组（总支）领导下的社长、总编分工负责制改为社长负责制；各部门实行专业职务聘任制和岗位责任制，优化选题，坚持三审三校制，加强质量管理，提高图书质量；完善按劳分配制度，拉开收入差距；开展协作出版、对外合作出版，加强自办发行，拓宽发行渠道。通过机制创新，充分调动了职工的积极性，增强了企业活力。经过市场经济的摸爬滚打，大多数出版社不但在激烈的市场竞争中立住脚，而且有了很大发展。

第三个阶段是向集团化发展的阶段。进入21世纪以后，随着我国文化体制改革的不断深入，图书市场进一步开放，使各出版社认识到靠传统的、手工业作坊式的出版方式已经不能适应市场发展的需要，必须联合起来，走集约化经营的道路，做大做强。2003年12月，四川各出版社再次从分散走向集中，以资本为纽带，成立了四川出版集团。至2012年，四川出版集团旗下已有包括10家图书出版社、十三家期刊社、一家电子音像出版机构及五家经营性公司，成为年出版图书三千余种，总资产十八点七亿元，总收入六点八亿元的大型出版集团。在期刊方面，2001年，以原《四川党的建设》为核心成立了西部大型期刊集团——四川党建期刊集团，至2012年旗下拥有十一家期刊、六家报纸，总资产一点七亿元，总收入二点七亿元，跻身于中国期刊新航母的行列。改革开放在搞活经济的同时极大地解放了文化生产力，巴蜀的图书出版事业也步入了以提高出版生产能力和扩大出版规模为主线的阶段。

六、巴蜀图书发行体制的改革

在四川文化体制改革的进程中，与出版体制改革同行的还有发行体制的改革。图书期刊的发行是图书期刊市场的重要组成部分，是出版物实现其价值的重要一环。在计划经济时代，我国的图书期刊发行基本上实行由新华书店统购包销的模式，这种模式渠道单一、缺乏灵活性，显然不能适应市场经济的需要。早在1982年，文化部就提出了图书发行体制改革的目标："在全国组成一个以国营新华书店为主体的多种经济成分、多种流通渠道、多种购销形式、少流转环节的图书发行网，使货畅其流，书尽其用，更好地贯彻为人民服务、为社会主义服务的方针，最大限度地满足读者对图书的需要。"在这一思想指导下，四川各出版社相继建立了自己的发行部门，再加上集体和个体书店等民营渠道的大量涌现，过去在计划经济下具有垄断地位的新华书店面临着前所未有的挑战。

四川省新华书店是一个创建于新中国成立初期，有数千名职工的老国有企业，面对着市场经济的冲击，改革成为企业生存和发展的唯一选择。1988年1月，四川省新华书店第一次向省新闻出版局和省财政厅实行了承包，从省店到地、市、县店层层推行经理负责制，将各项经济指标分解到人，签订承包经营合同；采取"放水养鱼"的政策，"包死基数、确保上交、超收多留、歉收自补"，这样既兼顾了国家、集体和职工的利益，又为新华书店的自我发展创造了条件。这是新华书店发行体制改革迈出的第一步。经过几年的实践，改革取得了明显成效，四川新华书店系统迅速成为集图书购销、集散、运输、结算为一体的现代企业，跻身于"中国五百家最大服务企业"的行列。

2000年3月，四川省新华书店与省外文书店、省出版对外贸易公司实现资产重组，组建成立了四川新华书店集团公司。这是四川省新华书店发行体制改革迈出的第二步，集团公司确立了建设现代大型文化产业集团的核心价值观，将事业单位转型为企业集团。改变新华书店过去三级法人、三级核算的"单打独斗"的经营模式,向集约化、专业化、一体化的大集团发展模式转变;打破过去对教材发行专营权的高度依赖,主动迎接图书市场的挑战;从过去发行环节的竞争拓展到出版发行整条产业链的竞争,从单一的商品经营逐步延伸到产业经营和资本经营。

2003年6月,作为全国文化体制改革的试点单位,四川新华书店集团公司更名为四川新华发行集团,称谓的变化预示着靠卖书起家的书店进行着一次体制与机制的彻底重构。一方面,集团对集团本部和一百一十二个市、县、区新华书店进行整体改制,注销县、市书店的法人资格,六千多名职工全部转换事业和国有身份,实行竞聘上岗、人员分流;另一方面,集团引入战略投资者,对图书、音像两大连锁公司进行股份制改造,成立了跨地区、跨行业、跨所有制的四川新华文轩连锁股份有限公司。这是四川省新华书店发行体制改革迈出的第三步。新华文轩运行不到三年,就拥有总资产三十五亿元,实现利润二点六亿元,并在全国建立了拥有二百三十多家直营连锁店、三百五十多家加盟连锁店、经营面积达二十五万平方米的连锁经营网络和物流配送中心。2007年,新华文轩在香港成功上市,成为国内第一家在海外上市的图书发行企业。

上市以后,四川新华发行集团作为文化产业投资经营主体,按照"大集团带大产业、大项目促大发展"的思路,一方面抓住技术进步、结构调整、体制改革所带来的战略机遇,大力介入文化新产业、新业态;另一方面,充分发挥资本运营和产业经营的良性互动,由渠道经营商向战略投资者转变,集团取得快速发展。截至2009年底,集团总投资超过七十亿元,净资产五十亿元,年营业收入三十六亿元,先后荣获"首届中国出版政府奖先进出版单位""全国文化体制改革先进单位""全国文化企业三十强"等荣誉称号,成为全国文化体制改革的一面旗帜。

第三节　新时期的巴蜀广播电视电影

十年的"文化大革命",使四川的广播电视电影事业受到了很大影响,粉碎林彪、江青反革命集团,特别是党的十一届三中全会以后,四川的广播电视电影事业驶入了发展的快车道。在新技术革命的浪潮中,传播科技领域日新月异、突飞猛进,多工广播、卫星广播、数字广播、网络广播、光纤电视、卫星电视、数字电视、网络电视、移动电视等各种新的传播媒介、新的传播技术层出不穷，信息传播变得更加方便快捷，使人的视觉、听觉得到不断延伸。随着改革开放带来的综合国力的提高，国家和各级政府不断加大对广播电视基础设施的投入，加强对广播电台、电视台、发射转播台、差转台、微波线路等的建设，使全省的广播电台从改革开放前的四座增至二十座，中短波发射台转播台从十三座增至三十五座，调频发射台转播台从四座增至一千六百一十七座，广播综合覆盖率从百分之四十七增至百分之九十六；电视台从二座增至二十一座，电视发射台转播台从一百二十二座增至二千四百七十一座，全省的电视综合覆盖率从百分之三十八增至百分之九十七；微波站从五个增至八个，微波线路从四千米增至四百二十一千米，有线广播电视传输干线网络总长三十二点六万千米、有线电视用户一千零六十二万户，基本建成遍布巴山蜀水的无线与有线结合的广播电视网络。随着经济的发展和人民生活水平的提高，收音机、电视机不断升级换代，过去只有少数人能够享有的高档消费品也"飞入寻常百姓家"，成为普通大众都能拥有的生活必需品。

一、改革开放后的巴蜀广播事业

党的十一届三中全会以后，四川人民广播电台这个正处在而立之年的省级电台焕发了青春。20世纪80年代，为适应党的工作重心转移的需要，川台的广播节目套数由改革开放前的一套综合性节目发展为三套节目，即第一套仍是以新闻为主的综合节目，新增一套少数民族语言广播节目和一套调频立体声文艺广播节目，全台全天播音时间从建台初期的八小时增加到三十三小时。在第一套节目中，以新闻改革为突破口，对节目内容的针对性、新闻报道的时效性、报道内容的丰富性、报道形式的多样性、新闻来源的广泛性等方面进行了改革和探索，着力在新闻的"新、快、短、深、广、活"上下功夫，在报道思想则突出反映巴蜀各地在改革开放中的新人、新事、新气象、新经验，注重新闻性、强调时代感，为改革开放创造良好的舆论环境。经过改革，川台的新闻节目面目一新，成为川台指导性最强、信息量最大、影响力最广的栏目，不仅受到省内外干部群众的喜爱，而且还引起国外听众的关注。

20世纪90年代，我国广播事业改革发展面临着严峻的挑战，随着广东电台"珠江模式"的兴起，各地的广播电台开始向系列化、专业化、分众化的方向发展。四川人民广播电台审时度势，针对四川地域特色和新闻媒体间激烈竞争的态势，从1990年下半年开始，先后组建开播了四川经济广播电台、四川信息广播电台、四川证券广播电台、四川岷江音乐台、四川健康之声广播电台五个系列台。系列台的诞生，更好地适应了社会主义市场经济的需要和受众市场的变化，促进了新闻媒体从以传播者为中心向以受众为中心的转变，凸现了新闻传媒信息传播和信息服务的功能。

如四川经济广播电台一开始就确立了"服务经济、贴近生活"的办台宗旨，在播出方式上由过去的录播改为主持人直播，节目制作由传统编排为主改为主持人板块节目为主。针对经济体制改革和老百姓在经济生活中关心的热点、焦点问题，开办了《热线追踪》《街谈巷议》《经济潮》《消费者之家》《新闻视点》《新闻茶馆》《商务广播》《天天"3·15"》《经济新干线》等栏目。同时，在办好节目的基础上策划和组织了一系列大型户外直播活动，如《情满人间——我为灾区人民献爱心》大型募捐活动，"为了希望工程"大型义捐直播活动，"长江三峡大江截流"现场直播活动，"西部大开发"广东、四川大型异地同步直播活动等。由于经济台注重突出"经济性"和"贴近性"，定位准确、实时互动，一开播就赢得了听众的喜爱和信赖，使人们改变了对广播的成见，重新找出尘封已久的收音机，在四川兴起了一股"听经济台热"。

再如四川信息广播电台是全国第一家以传播经济信息为重点的信息型、娱乐型、服务型的专业广播电台，以正点播送信息和节目主持人直播板块为基本结构，穿插现场直播、户外活动、热线沟通、互动参与、服务咨询。节目突出贴近性、交流性、参与性，为商品的生产者、经营者、消费者提供服务。除办有《正点信息》栏目外，还按照时间顺序设置了《起飞的黎明》《时空穿梭三时》《欢乐747》《开辟新航线》《飞越黄昏》五个板块，并第一次把户外直播间搬进了闹市区的大商场内。信息台一开播就以经济建设为中心，面向市场，快捷、准确地为社会各界和不同需求的听众提供灵活、周到的服务，节目贴近实际、贴近生活，及时传播商品信息、金融信息、供求信息等与老百姓生活息息相关的经济信息，具有相当强的指导性和实用性。信息台贴近生活、面向市场、服务社会的宗旨赢得了听众的厚爱，每天信件电话不断，一位热心听众来信赞扬说："收信息台的节目，就像在翻阅一部生活的百科全书。"

在改革的大潮中，四川人民广播电台适应改革的需要，对系列台、频率、栏目不断地进行调整、更新，还先后成立了四川民族广播电台、四川妇女儿童广播电台。跨入21世纪后，根据国家广播电视电影局的要求，川台又进一步优化结构，缩短战线，精办节目，按照"频率化管理、专业化方向"的原则，将全台原七套节目调整为四套节目。在调整节目布局和结构的同时，川台加大了内部改革的力度，对用人、劳动、分配三项制度进行了改革，实行竞聘上岗，推行台长（总监）负责制，明确各部门的权、责、利，充分调动干部职工的积极性，初步形成了既适应新闻宣传任务的要求，又符合市场经济规律的广播传媒宣传和运营的运行机制和工作机制，为广电集团化改革后进一步改进广播宣传创造了条件，也为电台未来的发展奠定了基础。

除省级广播电台外，各市级广播电台也有很大的发展，全省各地、市、州都建有自己的广播电台。截至2008年底，全省已有市级广播电台十九座，广播节目一百零七套，较1950年增加一百零四套。市级广播电台以播放当地新闻为主，更加贴近生活、贴近听众，很受当地群众欢迎。

二、改革开放后的巴蜀电视事业

四川电视台于党的十一届三中全会召开的前三个月诞生，沐浴着改革开放的春风，与改革开放同行。1980年，根据第十次全国广播工作会议提出的"坚持走自己的路，繁荣电视节目，提高节目质量"的要求，四川电视台从国外引进了设备，充实了人员，初步建成了较完整的节目制作中心。1983年，四川电视台实现从黑白电视到全部彩色电视节目的过渡，这是四川电视台的第一次飞跃。建台时，四川电视台只有一个节目频道，1984年，经中共四川省委宣传部批准，同意四川电视台调整播出频道，自办节目由每周六次增加为七次，用二、八两个频道向全省城乡播出四川电视台自办节目（含中央电视台的新闻联播和其他重要节目）；1991年，四川电视台通过我国自行发射的"东方红"二号通信卫星，正式开播第三套电视节目，这套节目的内容从已有的两套节目中精选，可以覆盖我国全境及朝鲜半岛和东南亚大部分地区，这是四川电视台的第二次飞跃。1993年，四川电视台有线电视台试播，在试播期间陆续推出新闻综合、影视文艺、图文信息和大众生活等六个频道的节目，累计播出时间共七十小时，并利用广播电视微波网络将有线电视节目信号传至省内各主要城市，这是四川电视台的第三次飞跃。

经过三十年发展，目前，四川电视台已经发展到十套节目，其中卫视即第一套节目为新闻综合频道，面向全国，全天及时传播政治、经济、文化信息并向观众提供精彩纷呈的文娱体育节目，平均收视率居全国省级卫星台前列。第二套节目为都市频道（黄金十频道），以文体节目为主，紧扣时代脉搏，具有强烈的时代气息和都市风格。该套节目主要收视群体为城镇观众，覆盖省会成都及其周边地区。第三套节目为经济频道，以服务经济建设为宗旨，利用成渝两个经济平台，辐射成渝经济带，贴近生活、贴近大众。第九套节目为公共频道，功能定位为"传播四川，服务公众"。作为地方性、综合性频道，节目由四川电视台与各市、州电视台联办，以新闻、影视、文娱节目为主要内容，采用微波传输，覆盖全省。其他还有教育频道和四套有线电视节目。2009年5月，四川电视台还开播了康巴藏语卫视频道，用藏语向四川、青海、甘肃的涉藏地区播送电视节目。四川电视台的十套节目根据各自的观众构成，在节目编排上各具特色，相互补充，满足了覆盖区内不同收视条件的用户和不同观众的收视需求，形成了稳定的收视群。

电视是以无线电波（或导线）传送声音和图像的电子媒介，较之报纸来说更快捷、更广泛，较之广播来说更形象、更逼真，是一种理想的大众传播工具。第十一次全国广播工作会议提出"新闻节目是广播电视宣传的骨干""要以新闻改革为突破口，推动广播电视宣传的改革"。四川电视台一成立，就对新闻改革进行了不断的探索：

一是提高时效性，及时传达党的路线、方针、政策，反映改革开放后出现的新事物。对一般事件性新闻，力争当日采制、当日播出；对一些重大突发性事件，则要求不失时机地进行实时的、连续的报道。如1981年四川遭遇百年不遇的特大洪灾、1988年重庆的特大空难、2005年内江的猪链球菌感染，以及2008年5月12日发生的汶川特大地震，四川电视台的电视工作者都是在第一时间赶到现场，并及时发回来自现场的报道，对于组织动员群众抢险救灾、战胜灾难做出了贡献。

二是增强指导性。党的十一届三中全会以后，在中共四川省委的领导下，四川人民敢为天下先，率先在全国进行了农村综合改革的试点和城市扩大企业自主权的试点等改革，四川电视台对这些改革试点单位和他们取得的成功经验进行了全方位系统地连续报道，对全省乃至全国的农村改革和城市改革起到了积极的指导作用。

三是加强典型性。在四川"两个文明"建设中曾涌现出许多先进典型，四川电视台善于发现和抓住这些典型人物进行深入宣传报道。如1994年对见义勇为的英雄战士徐洪刚事迹的报道，2005年对"马帮邮路"投递员王顺友的报道，2007年对"全国模范军队转业干部"、优秀共产党员林强的报道，2009年对"全国纪检监察系统先进工作者标兵"、党的优秀干部王瑛的报道等，这一个个闪烁着时代精神的英雄模范人物不仅感动了四川，而且感动了中国，成为全国人民学习的楷模。

　　四川电视台在重点探索新闻改革路子的同时，在文艺类节目、社会教育类节目、体育类节目、服务类节目以及电视剧的生产播出上百花齐放、推陈出新，以满足广大电视观众对精神文化生活的多方面需求。在长期的传播实践中，四川电视台针对不同的收视对象，开办了几十个自办节目，其中许多栏目在社会上有着广泛的影响，如《四川新闻联播》《今晚十分》《早间特快》《财经快讯》《经济强档五十分》《四季风》《生活家园》《综艺大世界》《特别心动》《黄金三十分》等。四川电视台制作的电视节目不但在观众中有很高的收视率，而且在国内外各项评比中屡屡获奖，受到各国电视同行的赞赏。在中国电视金鹰奖和四川电视节"金熊猫奖"的评比中多次获得奖项，如四川电视台拍摄的《朱德元帅》就曾获长篇电视剧优秀作品奖，《新乔老爷奇遇》获长篇电视剧提名奖，《峨眉藏猕猴》获长篇纪录片提名奖，《度过生命的危机》获第六届四川电视节自然与环境类最佳创意奖。在公益广告创意及制作方面也是佳作迭出，由四川电视台创意并制作的公益广告《为了孩子，我们呼唤绿色文化》和《拍卖空气》获第19届金鹰奖电视广告片优秀奖。

　　1983年，中央提出"四级办电视"的方针，调动了全省各地办电视的积极性，到20世纪末，全省各地（市）、州都办有电视台。截至2008年底，全省有市级电视台二十座，电视节目一百七十套，电视节目制作能力达到十万多个小时，公共电视节目年播出时间八十余万小时。各地电视台制作的节目不但有很高的收视率，而且在国内外各项评比中屡屡获奖，受到国内外电视同行的好评。

三、巴蜀广播电视体制改革

　　改革开放促进了我国广播电视媒介自身的改革，随着我国社会主义市场经济的确立，在广播电视改革中一个重大突破就是重新认识广播电视事业的双重属性，即广播电视事业既具有政治、社会、上层建筑属性，又具有经济、市场、产业属性。在新的"事业性质、企业管理"的运行方式下，四川的广播电台和电视台大踏步地进入市场，作为市场的主体参与竞争，在做好宣传党的方针政策的同时，放开手脚搞活经营。从20世纪90年代开始，四川广播电视的广告收入一直保持高速增长，上缴税金不断增加，媒介实力不断壮大，新闻从业人员收入不断提高。

1991年，四川国际电视节在成都市举行，美、英、法、德、俄、印度等二十五个国家级电视台、影视制作机构的代表以及部分国外著名影视公司和广播电视设备制造商参加了电视节。这是中国内陆地区举办的首届国际电视节，也是中国电视产品实行"走出去"战略，主动参与国际竞争的标志性事件。以后四川国际电视节每两年举办一次，不断创新，不断完善，增加新主题、新内容、新形式、新服务，扩展到包括国际影视节目交易市场、"金熊猫"奖国际电视节目评选、"金熊猫"国际动漫暨新媒体视听产品博览会、国际主题日、国际电视发展论坛、国际广播电视网络设备暨多媒体展览会六大主体活动。四川国际电视节已成功举办了十届，发展为巴蜀地区乃至全国对外文化交流的品牌，及亚洲最有影响力的国际电视节之一。

进入21世纪以后，特别是中国加入WTO以来，我国的广播电视事业既面临着机遇又面临着挑战，走联合的道路、做大做强，成为广播电视企业的共识。2003年12月，国有大型传媒集团四川广播电视集团挂牌成立，集团下属四川人民广播电台、四川电视台、四川省广播电视发射传输中心、四川省广播电视网络有限责任公司等二十四个企事业单位，涉及广播电视节目生产、播出、传输、覆盖、广播影视节目和设备交易、广播电视报刊、音像制品等多个领域，职工三千人，总资产达二十四亿多元，成为巴蜀广播电视业当之无愧的旗舰。2009年7月，经国家广播电影电视总局批复，撤销四川广播电视集团、四川人民广播电台和四川电视台，将四川人民广播电台和四川电视台合并为四川广播电视台。四川广播电视台的挂牌成立，是四川贯彻落实中央全面深化文化体制改革、加快文化发展要求的重要举措，是推进四川两个"加快"、建设西部文化强省的重要工程，也是四川广播电视坚持体制机制创新的一项重大举措，对于优化广播电视资源配置、做强做大广播电视媒体、繁荣广播电视内容制作市场、拓展现代媒体产业空间都具有重要意义。

四、改革开放后的巴蜀民族广播电视事业

改革开放以后，巴蜀少数民族地区的广播电视事业进入了快速发展的新时期。为适应党的工作重点转移的新形势，面对四川涉藏地区地广人稀，藏族同胞居住在占全省面积百分之四十以上的地域内，使用方言较多的特点，四川人民广播电台于1979年1月1日增设了第二套广播节目，即以藏语（安多语、康巴语）广播为主，另有教育和文艺节目，主要面对甘孜、阿坝两个藏族自治州和凉山彝族自治州的木里藏族自治县，同时，西藏昌都地区、云南迪庆藏族自治州和青海、甘肃两省邻近四川的广大涉藏地区也能收听到四川人民广播电台的藏语广播。1979年10月1日，四川人民广播电台又在第二套广播节目中开设了面向大小凉山彝族地区的彝语广播。1995年，四川人民广播电台第二套广播节目更名为四川民族广播电台民族频率（金桥之声台），并成为全省仅有的两套上卫星播出的广播节目之一。开播至今，民族频率已发展成为全天播音十八小时，拥有藏语、彝语和汉语普通话三种语言，集新闻、专题和综合性文艺节目为一体，信息含量大、报道及时、服务性强、民族特色和地区特色浓郁的专业民族广播频率。

四川人民广播电台的民族广播始终以"民族团结求进步"为主线，弘扬"团结、稳定、发展、和谐"的主旋律，秉持服务、贴近、入耳、入脑的原则，致力于搭建民族地区与内地沟通的桥梁，一开始就向栏目化、规范化、通俗化的方向发展，努力打造民族地区听众喜爱的品牌栏目。如《雪山草地》就是一档集新闻性、知识性、教育性和趣味性为一体，可听性很强的专题节目。这一节目名称中的"雪山"代表康巴涉藏地区，"草地"代表阿坝大草原，节目以贴近涉藏地区、贴近涉藏地区农牧区最广大的听众为宗旨，在甘孜、阿坝以及其他周边涉藏地区享有很高的声誉。《雪域时空连线》是川台藏语广播板块节目关于涉藏地区新闻集锦中的重点栏目，也是川台藏语广播节目的品牌栏目，该栏目以电话连线的方式，以纪实的报道手法将涉藏地区各地发生的最新动态和最新信息以最快的速度传播出去。该栏目内容贴近涉藏地区，贴近群众，时效性强，开播以来，一直受到听众的好评。《彝家山寨》主要对彝族地区的重要新闻进行深度报道，并围绕彝族地区的生产和生活需求，介绍实用的科技知识，引导彝族群众学科学、用科学，增强依靠科技发展的观念，根据听众的点播随时组织科普稿件，成为民族地区传递科技

信息的窗口。民族广播在强调节目的思想性、新闻性、指导性的同时，还十分注重民族性、大众性和文艺性，如在《藏语文艺》中以藏族民歌、民间故事、藏戏、弦子、说唱艺术为主，深入涉藏地区组织民间艺人采录藏族民间文化史诗《格萨尔传奇》在节目中连播，不仅在国内广大涉藏地区受到欢迎，而且在国外的藏族同胞中也引起很大反响，被藏族同胞称为弘扬民族文化的使者。

巴蜀少数民族电视事业起步较晚，1978年8月1日，四川电视台正式开播，标志着四川开始进入电视时代；20世纪80年代，重庆、渡口（攀枝花）、自贡、成都等电视台陆续开播。但这一时期，电视节目的收看主要集中在大中城市及周边地区，甘、阿、凉等地处边远的少数民族地区电视信号不能到达，形成民族地区"看电视难"的状况，因此，要发展民族地区的电视事业，首先必须解决电视传输系统的问题。最初主要采用专用微波线路和高山转播台的方式，使电视信号覆盖到一部分民族地区，但效果并不好。1985年8月1日，为解决老革命根据地、边远地区、少数民族地区看电视难的问题，国务院决定租用国际通信卫星转播中央电视台的节目，并向四川省赠送了三套卫星电视地面接收站设备。四川省政府将这3套卫星电视地面接收站设备分别赠送给甘孜、阿坝、凉山"三州"，经过一个多月的安装调试，9月18日，"三州"的各民族群众就能从电视机上看到图像清晰、色彩柔和、伴音清楚的党的全国代表大会召开的现场直播。

2000年，为有效抵制西方敌对势力和民族分裂势力的渗透，解决民族地区的广播电视收听、收看难的问题，党中央、国务院决定在西藏、新疆等边远地区实施广播电视覆盖的"西新工程"，四川"三州"区也被纳入"西新工程"。从2000年到2005年，中央财政共安排资金一亿二千万元，分别在甘孜、阿坝、凉山（木里县）设立了十九个中波转播台，改造了二座大功率短波发射台，新建了三个广播电视节目民族语言译制中心。2007年，中央财政又投入一千八百万元，在甘孜、阿坝两州更新改造了十二座300W广播电视发射台。2009年10月，四川康巴藏语卫视频道正式对外播出，使讲康巴藏语的藏族同胞也有了自己的电视频道。对一些边远的牧区，还为牧民免费赠送太阳能发电器和卫星接收器等设备，解决牧民看电视难的问题。"西新工程"实行十年来，四川涉藏地区的广播电视有效覆盖（人口）大大提高，甘孜州的广播覆盖率达百分之八十以上，电视覆盖率达百分之八十二；阿坝州的广播覆盖率达到百分之七十，电视覆盖率达百分之九十三。

随着我国电视事业的发展，甘孜、阿坝、凉山"三州"及各县都陆续建立了自己的地方电视台，电视节目可以覆盖所在州的全部市、县、区，在转播中央及省的节目的同时，各地都开办了具有民族特色和地方特色的自办节目，如阿坝电视台的《阿坝新闻联播》《雪域风情》《阿坝金盾》，凉山电视台的《凉山新闻联播》《五彩凉山》《关注》《彝乡风》等。如今，即使是最偏僻的区乡，农牧民也能通过电视了解外面的世界。

五、改革开放后的巴蜀电影事业

在改革开放中飞速发展的还有巴蜀的电影事业。峨眉电影制片厂是中国西南唯一的电影生产综合性文化企业，当代中国电影的重要生产基地之一，"文化大革命"期间，曾长期处于停产的状态。党的十一届三中全会后，在"双百"方针和"两为"方向的指引下，峨影厂焕发了生机。近三十年来，峨影厂先后摄制了各种题材的影片、电视剧共计四百余部（集），先后有二十余部故事片、电视剧及科教片在国内外获得五十余次奖项，其中《被爱情遗忘的角落》《红衣少女》《焦裕禄》《被告山杠爷》等影片获"金鸡""百花"、中宣部"五个一工程"奖和文化部优秀故事片奖等奖项。20世纪80年代，峨影厂开展对外合作拍片业务，先后成功地与日本、美国等国家，及香港、台湾地区的影视厂家或机构合拍、协拍数十部故事影片。现在峨眉电影制片厂能同时组成八至十个摄制组，每年可生产八至十二部故事片。

在改革开放中，峨影厂的实力不断壮大。1987年，峨影厂实行"事业性质、企业管理"；2001年，根据国务院要求开始组建电影集团，经过六年的努力，峨眉电影集团于2007年正式挂牌。集团成立后按照"强化主业、多元经营、规模发展"的目标定位，提出了以产业板块设置、基地建设、频道运营、数字电影工艺制作平台搭建为重点的发展战略，集团现拥有峨眉电影制片厂、峨眉电影频道、电视剧制作中心、峨影音像出版社、四川峨影影视实业有限公司、《看电影》杂志社、峨眉电影制片基地七家子公司以及峨眉院线、四川峨影影视传播有限责任公司等五家主要控股参股公司，成为以影视产品制作、生产、发行、放映业务为依托的大型电影集团。

第四节　改革开放后的巴蜀文化传播

"文化大革命"期间，在极左路线影响下，我国的文化领域遭受了一场空前的浩劫。1976年，"文化大革命"结束后，中国社会主义文化建设的道路该怎么走，在当时百废待兴的情况下，人们还来不及认真思考这个问题，再加上受"两个凡是"的影响，在思想上还存在着种种"禁区"。而中国改革开放事业的开创者、刚刚复出的邓小平，却已经开始了在文化领域里的破冰之旅。

1978年1月31日，成都平原寒意料峭，时任国务院副总理的邓小平同志来四川视察工作，在百忙中他连续三晚在成都金牛宾馆小礼堂观看了由四川省川剧团与成都市川剧团联合演出的三场川剧传统折子戏，这是被打成"牛鬼蛇神"而被禁锢十五年的川剧传统戏第一次登台演出。邓小平同志兴致勃勃地观看，并不断带头鼓掌叫好，演出完毕后又上台祝贺，与参加表演的陈书舫、周企何、阳友鹤等川剧艺术家一一握手。邓小平对陪同他的四川省委领导同志说："这些戏，为什么只作内部演出？为什么不上广播、电视？"小平的话如春风化雨，使人们倍受鼓舞，由此，对川剧十五年的禁锢被打破，川剧优秀传统戏在四川率先开放。以此为契机，全国各地方戏曲纷纷解禁。

一、改革开放后的巴蜀文化艺术

党的十一届三中全会以后，重新确立了解放思想、实事求是的指导思想，文化领域的当务之急就是要解放思想，拨乱反正，重现"百花齐放，百家争鸣"的局面，促进社会主义文化的繁荣。一大批像巴金、艾芜、沙汀、马识途这样的老作家被"解放"后，又重新拿起了笔，焕发出艺术的青春。巴金复出后，以极大的热情投入到文学创作中，写作和出版了对"文化大革命"进行深刻反思的四十万字的《随想录》，并出任中国作协主席，参与建设中国现代文学馆工作；被誉为"中国现代文学双璧"的艾芜和沙汀在中断近十年的创作后，完成了长篇小说《春天的雾》，中篇小说《青坡》《木鱼山》《红石滩》等新作；曾被划为"右派分子"而"劳动改造"达二十年之久的著名诗人流沙河，在1979年后重返诗坛，1983年就获得了中国作协首届诗集大奖，这是新中国成立以来第一次由中国作协给诗集颁发的全国大奖。

与此同时，一大批像周克芹、魏明伦、王火这样的文学"新人"在去掉了套在头上的紧箍以后，奋发有为、脱颖而出，硕果累累。原本是农村基层干部的中年作家周克芹创作出长篇小说《许茂和他的女儿们》，塑造了农民许茂老汉一家子的形象，反映农村政策的变革，反映农民的呼声与愿望，表现了作者对"文化大革命"中农村生活的深层次思考。小说获得了在"文化大革命"后设立的第一届茅盾文学奖，并多次被搬上银幕。曾任四川文艺出版社第一任书记兼总编辑的作家王火的代表作《战争和人》三部曲连续获得第二届国家图书奖、"炎黄杯"人民文学奖、第四届茅盾文学奖。被誉为"巴蜀鬼才"的剧作家魏明伦更是"一鸣惊人"，先后创作出《易胆大》《四姑娘》《潘金莲》《夕照祁山》《中国公主图兰朵》《变脸》《巴山秀才》《岁岁重阳》等一批在国内外有影响的戏曲文学剧本。《易胆大》与《潘金莲》破例双双荣获1981年全国优秀剧本奖，《巴山秀才》获1983年全国优秀剧本奖，"连中三元"，剧坛罕见。1987年，魏明伦被新华社《半月谈》评为中国当代九大剧作家之一。

在邓小平、聂荣臻、杨尚昆等老一辈四川籍无产阶级革命家的直接关怀下，四川开始了对传统川剧艺术的"抢救"工作。1982年7月，中共四川省委转发了省文化局党组的报告，提出了"振兴川剧"的口号和"抢救、继承、改革、发展"川剧的方针，并成立了由省委直接领导的振兴川剧领导小组。1983年到1984年，四川先后两次举行川剧会演，推出了几十台新剧目。同时先后录制了六十六位川剧老艺人的优秀保留剧目一百一十四出，出版了一部分老艺人的专著。许多戏剧家进行了川剧的创新尝试，如著名女剧作家徐棻根据尤金·奥尼尔的《榆树下的恋情》改编的《欲海狂潮》，将传统戏《目连救母》反传统地改为"母亲自救"的《目连之母》；音乐家沙梅创作的钢琴伴奏川剧高腔戏《红梅赠君家》；新都川剧团把现代歌舞与川剧相结合创作的《芙蓉花仙》；成都市川剧团根据布莱希特剧作和表演体系移植的川剧《四川好人》等，都引起了很大反响。各地川剧团创作了一批质量较高、各具特色的新编剧目，培养了一批著名青年川剧表演艺术家。据统计，川剧演员中获得中国戏剧表演最高奖"梅花奖"的就有二十四人次，还涌现出了一批像刘芸、沈铁梅、陈智林、田蔓莎等"梅开二度"（两度获得"梅花奖"）的优秀青年演员。1999年9月，首届中国川剧节在成都锦城艺术宫拉开序幕，有三百人参加演出的开幕式"川梅竞芳菲"，展现了1982年振兴川剧以来全省川剧界的丰硕成果，被称为川剧艺术世纪之交的一次盛会。

在音乐方面，1980年11月，年仅十七岁的四川小提琴手胡坤，代表中国参加在芬兰赫尔辛基举行的国际小提琴比赛,以娴熟的技巧、和谐的情感和崭新的意境获得第五名,成为新中国参加国际小提琴比赛的第一个获奖者。自1982年举办首届蓉城之秋音乐会后,四川相继举办了"金顶之声"通俗交响音乐会、第五届中国艺术节、20世纪华人音乐经典(成都)系列演出等国内音乐界的盛会,音乐作品《嘉陵江号子》《康定情歌》《好久没到这方来》《太阳出山》等具有浓郁巴蜀特色的经典曲目深受群众喜爱;在"文化大革命"中被封禁的世界最长史诗《格萨尔王》以藏语演唱形式恢复了公演。在舞蹈方面,藏族舞蹈《康巴的春天》《溜溜康定溜溜情》,羌族舞蹈《百合花》《羌风》,彝族舞蹈《弹起月琴唱起歌》《燃烧的七月》,川剧集体舞《俏花旦》,以及根据巴金小说《家》改编的舞剧《鸣凤之死》和根据同名藏戏改编的藏族神话舞剧《卓瓦桑姆》等都是脍炙人口的艺术精品。在美术创作方面,1981年,四川美术学院青年教师罗中立创作的油画《父亲》,在第二届全国青年美展评选中以全票通过获得一等奖,这幅以大巴山老年农民为原型的超现实作品具有震撼人心的艺术效果,成为中国新时期有代表性的美术作品。自此以后,四川美术创作精品迭出,1982年,宣传画《我和小树一起成长》获全国展览一等奖;1984年,年画《九大元帅》获全国第六届美展金牌奖;1985年,雕塑《千钧一箭》在当年全国体育美术展上获奖;1989年,画家李焕民的《藏族女孩》获日本"中国版画回顾展"金奖;梁平年画、绵竹年画、綦江农民版画等传统美术也焕发青春、争相斗艳。

进入21世纪以后,四川的文学艺术更是空前繁荣,截至2009年,已成立了五十六载的四川省文学艺术界联合会已有十一个协会、二十一个分会,共有会员一万八千七百多人,其范围覆盖所有文学艺术门类。会员中既有德艺双馨、硕果累累的老作家、老艺术家,又有初出茅庐、崭露头角的"80后""90后";既有建功立业的女作家、女诗人、女演员,又有藏、羌、彝、回等优秀的少数民族文艺工作者。在文学创作领域,藏族作家阿来以其长篇小说《尘埃落定》、作家麦家以其长篇小说《暗算》双双获得第五届茅盾文学奖,成都军区军旅作家柳建伟的《时代三部曲》获第六届茅盾文学奖,女作家杨红樱目前已成为中国最高产和最受孩子们喜爱的儿童文学作家,彝族诗人吉狄马加的诗歌在当代少数民族文学中享有很高的声誉。在音乐方面,四川更是人才辈出,有从四川走出去的世界级著名男中音歌唱家廖昌永,著名流行歌手刀郎,活跃在音乐舞台的"超女""快女""快男"李宇春、张靓颖、江映蓉、黄英、张杰等；在美术方面，以罗中立、周春芽、张晓刚、何多苓等为代表的四川画家群已在中国画坛上产生了很大影响，并形成新的"巴蜀画派"。

二、改革开放后的巴蜀公共文化

改革开放以后，四川的文博事业有了很大的发展。20世纪80年代，全省的博物馆总数从改革开放前的二十座猛增到七十五座。至2008年，全省的博物馆总数已有八十五座，馆藏藏品约一百三十万件。2009年，在杜甫草堂附近落成的四川省博物院新址是全省最大的综合性博物馆，馆藏文物二十六万件，其中珍贵文物十二万件，一级文物一千三百二十九件，藏有张大千作品、汉代画像砖、藏传佛教文物、唐卡上千件。博物馆事业促进了对传统文化的保护、开发和利用。继1986年省文物部门对广汉三星堆大规模的发掘以后，2001年，又对成都市郊的金沙遗址进行了发掘，两处遗址出土的数千件文物精品"一醒惊天下"，不仅向世人揭开了古蜀王国的神秘面纱，而且向世界展示了中华古代文明的独特风貌。在两处遗址上新建的三星堆博物馆和金沙遗址博物馆已成为全国重点文物保护单位、全国青少年爱国主义教育基地。截至2008年，四川已有世界自然与文化遗产五处，国家级历史文化名城七座、中国历史文化名镇名村十个，全国重点文物保护单位一百二十八处、省级重点文物保护单位五百七十八处，国家级非物质文化遗产二十七项、省级非物质文化遗产一百八十九项，成为名副其实的文物大省。

改革开放为图书馆事业的发展创造了良好条件。经过三十余年的建设，全省现有公共图书馆一百五十四个，其中省级图书馆一个、市州级图书馆二十一个、县级图书馆一百三十二个。随着现代科技的发展，各图书馆基本实现了自动化，如建立微机网络管理系统、开通国际联机检索终端、设立电子阅览室、成立缩微复制中心和开展声像、缩微胶卷的馆藏业务等。

党的十七大报告指出："丰富精神文化生活越来越成为我国人民的热切愿望。要坚持社会主义先进文化前进方向，兴起社会主义文化建设新高潮，激发全民族文化创造活力，提高国家文化软实力，使人民基本文化权益得到更好保障，使社会文化生活更加丰富多彩，使人民精神风貌更加昂扬向上。"大力发展公共文化事业，是满足人民群众文化权益的具体体现。改革开放后，四川各地大力开展群众文化活动，至2008年，全省建成文化馆二百零二个，其中省级文化馆一个、市州级文化馆二十个、县级文化馆一百八十一个，从事群众文化的专业人员多达数万人，在全省形成了多体制、多层次、多渠道的群众文化网络。丰富多彩的群众文化活动吸引了各行各业、各界人士的广泛参与，形成了覆盖全省的社区文化、企业文化、军营文化、校园文化，充分发挥了群众文化在提高全民族的科学文化素质和社会主义精神文明建设中的作用。针对四川老少边穷地区在文化建设上存在着的差距，各级政府按照"在共建中共享、在共享中共建"的发展思路，全力推进广播电视"村村通"、文化信息资源共享、乡镇综合文化站建设、农村电影放映、农家书屋五大文化惠民工程，努力构建五级公共文化服务体系，使广大人民群众的基本文化权益得到了保障。

三、改革开放后的巴蜀文化产业

与新闻出版和广播电视一样，四川的文化事业单位同样经历了改革的阵痛。在旧的文化体制下，大多数文化单位端着"铁饭碗"，吃着大锅饭，干不干一个样、干好干坏一个样，极大地压抑了广大文化工作者的积极性和创造性，束缚了文化生产力的发展。在文化体制改革的浪潮中，武侯祠博物馆馆长张丽君再也坐不住了。这个只有几十人的文化事业单位，守着"刘皇叔"吃"皇粮"，日子过得倒也清闲，但财政拨款毕竟有限，日子过得并不轻松。博物馆东侧有一排旧房，原是职工宿舍和民房，张丽君的"点子"来了："武侯祠作为旅游静态观赏的东西和内涵是有了，但旅游对'吃住行游购娱'的配套设施要求还不能满足，为何不依靠武侯祠独特的文化资源来发展文化产业呢？"她的报告打动了成都市政府，市政府将职工宿舍和民房占有的土地划拨给武侯祠，并补助了三百万元资金。经过周密的策划和耗时三年的建设，一条浓缩了三国文化的古街——"锦里"诞生了。这条短短三百五十米的小街，以清末民初的四川民居风格为基调，以三国文化和成都传统民俗文化为核心，集纳了川茶、川菜、川酒、川戏和蜀锦等巴蜀传统文化，涵盖了现代旅游的"吃、住、行、游、购、娱"六大要素，成为四川民间民俗文化产品与文化活动交流展示的重要平台。

锦里开街后一炮打响，不仅受到成都市民的喜爱，同时也成为外地人认识成都、了解成都的一个新窗口。开街三年，即接待国内外游客六百余万人，营业收入近一亿元，上缴税金一千多万元，并解决了上千个社会就业岗位。锦里先后被文化部等授予"国家文化产业示范基地""全国十大文化名街""中国民间文化遗产旅游示范区"等称号。在锦里的示范带动下，四川一大批文化单位如演出团体、电影公司、出版社、图书发行公司等都纷纷告别"铁饭碗"，成为自主经营、自负盈亏的市场主体，在改革中渐入佳境。同时，在锦里的示范带动下，成都又打造了"宽窄巷子""文殊坊""水井坊"等一系列具有鲜明巴蜀文化特色的文化一条街。

四川是文化大省，在几千年的文明进程中创造和积淀了丰富的文化资源，四川得天独厚的文化资源是实现文化资源大省向文化强省跨越的基础和条件。充分挖掘、开发和利用四川丰富的文化资源成为四川文化产业发展的优势。近年来，四川已迅速孕育和诞生了一批具有鲜明的巴蜀文化特色的文化企业，如三星堆文化产业园、武侯祠锦里一条街、成都三圣花乡、自贡中国彩灯文化园、四川建川博物馆、九寨沟演艺产业群、广元女皇文化园、四川乐山乌木珍品文化博物苑，作为文化部命名的国家文化产业示范基地，它们正在发挥着文化品牌的辐射和示范作用，带动文化产业和相关产业快速发展。

创新是文化产业发展永不枯竭的源泉。随着现代科技的发展以及全球化、数字化、信息化时代的到来，四川新的文化业态和新的文化门类如创意产业、数字内容产业、会展产业、版权产业等层出不穷，成为文化产业中形式新颖、影响面广、附加值高、发展潜力大的新军。如四川的创意产业发展迅速，不仅已形成独立的产业门类，而且促进了传统文化产业的改造升级和结构调整，成为推动相关产业发展的引擎。再如四川的数字内容产业异军突起，全国首个"国家网络游戏动漫产业发展基地"落户成都，基地内聚集了五十多家国内有实力的网游动漫研发企业，年创产值十多亿元，产业规模位居全国第三，已成为全国三大动漫游戏产品产业中心之一；四川的会展产业也颇具影响，每年举办会展数居全国第五，创造直接产值五亿元以上，拉动消费超过一百亿元，已成为西部最大的国际会展中心。截至2008年，全省文化产业总资产突破八百五十亿元，总收入突破七百一十亿元，实现增加值二百一十七亿元，全省GDP的比重为百分之二点一，拉动经济增长二点六个百分点。全省文化产业单位二万二千个，从业人员约六十万人。全省文化产业的总体规模和发展水平居西部前列。

四、改革开放后的巴蜀对外传播

四川虽然是一个历史悠久、资源丰富的文化大省，但由于受地理条件限制，在文化的对外交流上相对封闭，在改革开放前，特别在"文化大革命"

中，受极左路线的影响，除了与当时少数友好国家有少量的往来，很少有对外文化交流活动。

党的十一届三中全会以后，改革开放的总设计师邓小平提出了"对外开放"的政策，他指出："对于西方资产阶级文化，我们究竟采取什么态度呢？经济上实行对外开放的方针，是正确的，要长期坚持。对外文化交流也要长期发展。""我们要向资本主义发达国家学习先进的科学、技术、经营管理方法以及其他一切对我们有益的知识和文化，闭关自守、故步自封是愚蠢的。"改革开放使四川又一次向世界敞开了大门，"让四川走向世界、让世界了解四川"，成为新时期四川对外文化传播和交流的基调。

为了搭建与世界交流和对话的桥梁，四川20世纪80年代初就开始了与国外州、市、县建立友好关系的活动。1981年6月22日，法国蒙彼利埃市与成都市正式签署友好城市协议书，成为四川与外国建立的第一对友好城市。这个法国南部风光秀丽的小城，虽然离我们迢迢万里，但它却曾经是当年的成都学子、后来成为中国文学家的巴金留学的地方，蒙彼利埃市的人民因巴金认识了成都，对成都人民怀着美好的感情。在蒙彼利埃市建市一千周年之际，该市将一条主要街道、一所新建学校及一个广场命名为"成都街""成都学校"和"成都广场"。1981年10月，郭沫若的故乡乐山市与郭沫若曾在日本生活和工作十年的市川市正式结为友好城市，为中日文化的交流开启了新的篇章。

新闻出版和广播电视等大众传媒是对外文化交流的最好媒介。20世纪80年代初期，四川人民出版社等出版社大量翻译出版国外的文学名著和反映西方理论、科技、文化最新成果的作品，系统地反映和介绍当今世界自然科学和社会科学的最新成就，同时，还通过国际图书博览会、到国外参加书展、合作出版和版权贸易等方式加强对外交流，现已与美、日、英、法、德等二十多个国家和香港、澳门、台湾地区的出版机构建立了稳定的合作关系，一批优秀川版图书远销海外。四川的各出版社和报社还多次组团出访世界各国和接待来自世界各国代表团的来访，交流新闻出版业务。

改革开放后，四川有大批文艺团体远涉重洋，为世界各国人民送去诸如川剧《白蛇传》《芙蓉花仙》，歌舞剧《卓瓦桑姆》，音乐剧《金沙》等优秀剧目以及杂技、"变脸""吐火"等传统艺术。四川的文物以及自贡灯会、自贡恐龙等也多次走出国门，赴世界各国巡展。在政府间文化交流的同时，民间文化交流也日趋活跃。1982年5月，成都蜀锦艺人刘玉洲和秦泽伦带着一架手丢梭花楼织锦机随"中国古代传统技术展览团"赴加拿大多伦多市进行手工织锦技艺表演。展览团先后赴美国亚特兰大、芝加哥、华盛顿市表演,所到之处受到热烈欢迎,刘玉洲和秦泽伦现场织出的仿明代"福禄寿喜锦"成为人们争相购买收藏的珍品。

1987年12月,川江老船工蔡德元、陈邦贵应邀在法国阿维尼翁艺术节上引吭高歌川江号子。那雄浑、激越、高亢、嘹亮的川江号子第一次登上了世界音乐殿堂,使来自世界各国的艺术家为之震动、叹为观止。

1988年5月,四川阆中农民皮影艺术家王文坤应邀赴世界"音乐之乡"维也纳参加世界艺术节演出。王文坤带着四人组成的皮影班在世界艺术节上演出他自创的"王灯影",受到国际友人的高度赞扬,并获奥地利国家金质奖一枚。

"越是民族的就越是世界的",巴蜀文化以她的多姿多彩吸引着世界各国友人,而向世界展示四川独特的文化是异质文化交流、学习、沟通的最佳方式。改革开放后,以这些物质和非物质文化遗产为载体的文化旅游,每年都要吸引上百万国外游客入境。配合文化旅游,四川先后举办了国际熊猫节、国际民间艺术节、凉山国际火把节、乐山国际龙舟节、自贡国际恐龙灯会、成都国际非物质文化遗产节等大型节庆活动,在这些活动中,外国朋友在感受四川人民的友好、热情、好客的同时,也感受到古老的巴蜀文化的无穷魅力。

在改革开放浪潮中,四川对外文化交流经历了20世纪80年代初的复苏、90年代的起步,再到21世纪的大发展,一步步从无到有,从小到大,从弱到强,交流范围、规模和深度不断扩大,巴蜀文化的国际影响力明显增强,文化产业"走出去"迈出坚实步伐,逐步发展为文化交流、文化外交、文化贸易、文化外宣四位一体的对外文化工作格局。三十余年来,全省对外文化交流项目累计达一千八百余批,近二万二千人次,对外文化贸易额达到十五亿元。"十一五"期间,每年交流规模更是以百分之十五的发展速度递增;2007年文化交流总量约占全国的百分之十;文化交流出访人次已占四川因公出访总人数的百分之十以上;对外文化贸易总额达六亿元,出口贸易三亿余元,居全国前列。四川从来没像今天这样向世界敞开自己的怀抱,与世界贴得如此之近。改革开放给四川带来的不仅是经济的发展和人民生活水平的提高,它还潜移默化地改变了四川人的文化心态:他们学会了用世界的语言与世界对话;他们变得更加自信、平和、包容,与来自不同国度、不同民族、不同文化的人友好相处；在四川任何一个角落，你都会看到古老文化与现代文明的交会，在成都的"宽窄巷子""水井坊"里，茶馆与酒吧并存，皮影戏与好莱坞斗艳，麻将牌与互联网同在。总而言之，世界越来越进入四川，四川越来越走向世界。

第五节　方兴未艾的互联网及新媒体

20世纪末21世纪初，是人类传播科学技术飞速发展的时期，其中一个重要的标志就是互联网的诞生。互联网作为继报纸、广播、电视之后的"第四媒体"，不仅给传播领域带来了一场深刻的革命，而且作为一种新的生活方式、工作方式，甚至生存方式渗透到社会生活的方方面面，给社会政治、经济、文化带来深刻的影响。根据中国互联网络信息中心第二十五次统计报告显示，截至2009年12月底，中国上网用户总数为三点八三亿人，宽带网民数为二点七亿人，互联网的普及率进一步提升，达到百分之二十三，超过百分之二十二的全球平均水平，已成为世界第一网络大国。

四川地处中国内陆的西部地区，互联网和网络新闻媒体与东部发达地区相比相对滞后，但其发展速度却大有"后来者居上"之势。据统计，截至2009年底，四川的网民已有一千六百三十五万人，普及率已达到百分之十八点五，其中宽带用户规模达到四百一十八万户、手机网民规模达到一千一百九十五万人，并呈加速增长之势。全省已有网站数量六万二千七百九十二个，全省域名总数量为三十六万多个，全省网页数量达到七点六五亿个，在全国排名第十位。

网络媒体根据不同的传播主体、社会功能、媒介形式和服务方式分成政府网站、企业网站、个人网站、商业网站、校园网站等不同类型的网站，我们把那些"以互联网为介质而构筑的传播平台，来报道新近发生的足以吸引大多数人共同兴趣的事实的传播机构"[①]称为新闻网站，又叫网络新闻媒体。从1997年1月1日，四川第一家网络新闻媒体"天府热线"开播至2009年底，四川已有网络新闻媒体七十七家，以网络新闻媒体作为信息平台发布新闻的新闻单位一百零二家（包括报社、杂志社、广播电台、电视台）。无论从网络新闻媒体的规模、上网人数、还是发布信息的数量以及在国内外产生的影响，四川在西部十二个省、市、自治区中都名列前茅。

---

① 仲志远：《网络新闻学》，北京大学出版社2002年版，第1页。

四川的网络新闻媒体根据其主办单位和投资主体的性质大致可分为三种类型：

第一种类型是非新闻单位依法建立的综合性网站，简称商业网站，如天府热线、西南网景、新浪四川、朝闻网、腾讯·大成网等。互联网的开通促进了各类商业网站，也包括网络新闻媒体的建设。不是先有传统新闻媒体的进入才有网络新闻媒体，而是有了网络新闻媒体的诞生才有传统新闻媒体的介入。一批网络内容服务商（ICP），在从事信息经纪服务的同时也开始传播新闻信息，在国内，它们被通称为商业网站（或门户网站）。严格地说，商业网站按照市场化操作，以营利为主要目的，信息服务的内容大多是聊天、游戏、短信、生活时尚、电子商务、天气预报、电视节目预告等与人们生活直接有关的实用信息。在发展的过程中，一些商业网站为了吸引更多的人气，增加点击率，便开始设置新闻频道或新闻中心，从传统媒体或其他网站下载和拷贝网民感兴趣的时政和社会新闻并进行二次加工，可以说它们是网络新闻媒体的开拓者和先行者。

天府热线（即天虎网）是四川第一家，也是国内较早开办的商业网站，它依托于中国电信的全方位支撑，具有一流的信息通信网路和最先进的技术平台，并以其精彩快捷的中外新闻内容、令人耳目一新的个性设计和全方位的特色化服务，很快在省内外网民心目中建立了地位。1999年，该网站曾被国内网民评选为全国十大最热门站点之一，以后又多次被国家信息产业部评为"中国多媒体最热门站点"。2003年，在《互联网周刊》评选的"最具商业价值的中国网站一百强"中，排名第八位。作为商业网站，大多数是具有独立法人资格、自主经营、自负盈亏的经济实体，在引进资金、经营管理、探索商业模式等方面有很多的优势，但同样面临着更多的市场风险。在20世纪末、21世纪初，一场"网络泡沫"破灭的风暴曾席卷全世界，许多商业性网站或倒闭，或关门，或被收购和兼并，天府热线凭借着中国电信强大的经济实力和市场运作能力，在开展信息服务和网络广告的同时，还开拓了信息制作、软件开发、数据通信、网站建设等相关业务，在实践中探索出一套适合自己的盈利模式。

第二种类型是省、市及中央在川新闻机构（包括报纸、广播、电视、通讯社）依法设立的网络新闻媒体，简称新闻网站，在四川有由四川报业集团创办的四川在线、四川日报网、华西都市网，由四川广播电视集团创办的神韵在线，由成都传媒集团创办的成都全搜索，由人民日报社四川分社创办的人民网四川站、新华通讯社四川分社创办的新华网四川频道、中国新闻社四川分社创办的中新四川网等。20世纪90年代末，网络新闻媒体的异军突起，给传统媒体特别是报纸带来了前所未有的冲击和挑战，为了不在未来激烈的媒体竞争中失利，它们未雨绸缪、捷足先登，在传统媒体中掀起了一股上网热，以图在网上占有一席之地。在全国传媒业改革中领风气之先的四川报业，在"触网"方面也表现出丝毫不亚于沿海发达地区的热情。《华西都市报》《成都商报》是四川最先上网的两家报纸，起初它们只是将原有纸质媒体的报道内容拷贝到报纸主办的网站上，或者在内容上稍加增删或改编，实际上就是原有母报的网络版，后来才逐步从原有母报中独立出来，建立起自己独立的采编、制作、发布等系统，在内容和形式上也逐步形成自己独特的风格。

在20世纪90年代末成立的四川日报报业集团，为了在网络新闻媒体中争得龙头老大的地位，于2001年1月1日与四川公用信息产业有限责任公司共同组建了大型新闻网站——四川在线。四川在线凭借着四川报业集团强大的经济实力和人力资源作后盾，以集团麾下十多家报刊作新闻源，努力打造自己在四川网络新闻媒体中的"权威、实时、全面、准确"的品牌形象。四川在线在网上发布的新闻不仅信息量大，而且以原创新闻为主，具有丰富性、时性效和可读性，充分展示了作为强势媒体的专业水平和权威性，在网民中有很高的公信力和影响力。自开通以来，四川在线先后进行了三次大的改版，目前已拥有二十九个频道、三百多个栏目，每天发布新闻近三千条，日均页面浏览量已超千万次。四川在线还与全国三十一家省级党报签订了新闻交换协议，并与新浪、搜狐、网易等全国的知名商业网站结成战略合作伙伴关系。根据专门从事中国网络新闻媒体研究的北京千龙研究院对国内九十九家新闻网站的综合排名，四川在线名列第十位，跻身全国先进新闻网站之列，同时被列入四川省重点新闻网站。

神韵在线是隶属于四川广播电视集团的新闻网站，它综合了网络和电视的特点，在网页浏览、电子信箱、在线主持的基础上开办了网上音频、视频节目，充分体现了网络多媒体互动的优势，是四川广播电视媒体在网上有代表性的网站。此外，中央部分驻川新闻单位在四川也开办了新闻网站，如人民网四川站、新华网四川频道、中新四川新闻网等。这些新闻网站既突出了国家新闻单位的权威、大气、庄重及作为信息总汇等特点和优势，又以发布四川的地方新闻为主，具有鲜明的地方色彩。

跨入21世纪以后，为了突破地域给媒体发展带来的局限，四川各地、市、州纷纷依托原有传统新闻媒体的信息资源和人才优势，办起了地方性新闻网站，如自贡在线、达州传媒网、泸州新闻网、德阳传媒网、绵阳新闻网、蜀龙网、南充新闻网、攀枝花新闻网、乐山新闻网、巴中传媒网、广安新闻网、内江日报网、遂宁新闻网、宜宾新闻网、眉山网、资阳网、吉祥甘孜、雪域康巴、甘孜在线、大凉山彝州新闻网、阿坝新闻网等新闻网站。

第三种类型是联合多家新闻单位、政府机构或企事业单位上网的大型地区性的综合性信息平台，如四川新闻网、西部新闻网、成都全搜索等。四川新闻网由四川省委宣传部和四川省对外宣传办公室下属的四川省新闻中心主办，于1999年正式开通。四川新闻网在国内网络新闻媒体中曾拥有几个"全国之最"，即全国最早开办的地区性的大型网站，全国联合新闻媒体上网最多的新闻网站（最多时达一百零二家），全国首批自己组建网络新闻采访队伍的网络新闻媒体。它充分挖掘互联网的潜在优势，囊括了全省多个信息源提供的信息，成为目前四川在互联网上建立的最大的综合性信息平台。它不仅是一条连接四川各媒体的信道，而且是四川新闻信息的一个综合分类与加工整理的信息加工厂，是四川通向世界的一个网上枢纽站。四川新闻网自成立以来，经过多次改版、扩版、升级、扩容，正在向大信息量、强服务性和更多的交互性、参与性方向发展。四川新闻网设有十二个频道，每日更新一千二百条新闻，同时用四个外语语种（英、法、德、日）和中文简、繁体向外发布新闻，并具有网上音频、视频在线直播的功能。不仅能够满足省内外不同层次的网民对新闻不同层次的需求，而且还为世界了解四川提供了一个窗口，它已与北京的千龙网、上海的东方网形成三足鼎立之势，成为中国西部最大的地区性新闻网站和全国重点新闻网站。

2001年9月，由四川省新闻中心和北京五洲传播中心发起、由西部十二个省、市、自治区政府新闻办和重点新闻网站联办、依托四川新闻网平台组建而成的"中国西部网"诞生，其目的是乘西部大开发的东风，进一步整合西部网新闻媒体在资金、技术、人才和新闻等方面的资源，立足西部，面向世界，力争把中国西部网建成西部方方面面信息的总汇，以加快西部与世界接轨的步伐，加快西部地区全面建设小康社会的步伐。中国西部网现设有三十九个频道三百多个栏目，每天更新新闻信息一千六百多条；用中（简、繁）、英、法、德、日五个语种发布新闻，其语种数居全国各地方新闻网站之首，成为我国第一家跨省"航母"式网络新闻媒体，在西部地区的宣传、开发、建设中正发挥着重要作用。

成都全搜索是近几年迅速崛起的四川又一大型地区性的综合性信息平台，它由原成都商报电子版发展而成，经过几年的运营，已打造成成都市最大的综合新闻门户网站。成都全搜索依托成都传媒集团旗下多家新闻媒体，组建了强大的新闻采编队伍，通过自采自编新闻模式，借鉴网络新途径做好新闻报道，加强网络舆论引导，建立新时期网络宣传新阵地。成都全搜索坚持市场化运作，开展独有的网上血拼购物、电影院线、婚庆婚嫁、母婴亲子、旅游出行、房产购房、汽车等专业团购活动，努力打造成为成都地区消费门户网站和社区门户网站，为建设"全域成都"服务。成都全搜索还走媒介融合的道路，集报纸、杂志、广播、电视的优势，努力树立全搜索标杆网络媒体的形象。

网络传播是人类传播史上一次深刻的革命。网络媒体在其传播的方式、速度、效果等方面，有着传统媒体不可比拟的优势，这些优势在四川的网络媒体的建设和发展中已得到充分体现，短短几年，四川网络媒体在新闻传播方面已显示出不同凡响的优势和特色：

一是唱响主旋律，坚持正确的舆论导向。江泽民在党的十六大报告中提出："互联网站要成为传播先进文化的重要阵地。"胡锦涛在中央政治局第三十八次集体学习时指出："能否积极利用和有效管理互联网，能否真正使互联网成为传播社会主义先进文化的新途径、公共服务的新平台、人们健康文化生活的新空间，关系到社会主义文化事业和文化产业的健康发展，关系到国家文化信息安全和国家长治久安，关系到中国特色社会主义的全局。"作为一个新型的传播媒介，网络媒体与传统媒体一样，同样是社会舆论的工具，同样具有反映舆论、引导舆论的功能。四川的网站要坚持以毛泽东思想、邓小平理论、"三个代表"重要思想、科学发展观和习近平新时代中国特色社会主义思想为指导，坚持正确舆论导向、坚持团结稳定鼓劲、坚持正面宣传为主，唱响主旋律，打好主动仗，为四川的改革开放和社会主义现代化建设事业创造良好的舆论环境。而对网上出现的"黄赌毒"现象和低俗之风自觉进行抵制，以社会主义核心价值观为引领，努力在网上形成具有中国气派、体现时代精神、品位高雅的主流文化。特别是在"5·12"汶川特大地震等重大突发事件中，各网络新闻媒体敢于担当，充分发挥网络媒体的时效性，在第一时间内发布新闻信息，引导社会舆论，为抗震救灾和灾后重建做出了贡献。一部分新闻网站，如四川新闻网、四川在线、成都全搜索等已跻身主流新闻媒体的行列，成为传播党和政府声音，弘扬先进文化，引领网上舆论的主阵地。

二是以经济宣传为重点，推动四川跨越式发展。四川是人口大省，也是经济大省，但与发达地区相比经济还相对落后。为了实现决胜全面建成小康社会，夺取新时代中国特色社会主义伟大胜利的目标。贯彻落实科学发展观，在四川全面建设小康社会，实现跨越式发展。四川省委、省政府把发展经济作为治蜀兴川的"第一要务"，先后提出了"三个转变"的思想、"四个跨越"的目标、"加快发展、科学发展、又好又快发展"的总体工作取向和"加快建设灾后美好家园、加快建设西部经济发展高地"的战略决策。为了配合地方党委、政府的中心工作，四川的网络媒体和其他主流媒体一道，不仅增设了多档新闻节目（含报道、专访、谈话、综述等多种形式），运用专题报道、深度报道、连续报道、跟踪报道等"十八般武艺"，充分发挥网络传播的时空压缩性、双向互动性等特点，使经济报道有声有色，在四川的网络新闻宣传中始终扮演着重要的角色。

三是加强对外宣传，促进对外开放。网络传播打破时空界限的特性，给地方性的网络媒体提供了前所未有的发展空间。四川地处我国内陆，信息和交通都相对闭塞，网络媒体在让世界了解四川，让四川走向世界，促进四川的对外开放方面有着其他传统媒体不可替代的作用。2003年初，四川在线在对网民的一份调查中得知，点击四川在线的网民中本省的网民仅占网民总数的百分之三十七。为此，四川在线在随后的改版中，除采用国内最先进的搜索引擎技术、增加服务内容以外，还新增设了英语频道和繁体版以方便一部分国外及港澳台的网民浏览信息。在对外宣传的内容上，四川的各网络新闻媒体既报道新出台的西部开发的新政策，西部建设的新成就，到四川商贸、旅游和寻求投资合作商机的新信息等硬新闻；也报道四川特有的历史、人文、地理环境、宗教习俗、民族风情、旅游胜地、社会变迁等软新闻。如中国西部网以对外宣传为主旨，更有着浓郁、鲜明的地方特色，其中以对西部的宣传报道为主要内容的频道就有十九个，内容从时政到经济，从文化到宗教，从民族到习俗，从历史到现实，每天向海内外网民提供西部多彩、跃动、变化的画面，方便海内外网民更多地了解、关注和支持西部大开发。这些频道曾多次得到国务院新闻办负责同志的好评，目前的日访问量已达七十万人次以上，其访问者主要来自美国、法国、英国、日本、澳大利亚、以色列及我国台湾、香港、澳门等三十七个国家和地区，起到了很好的对外宣传效果。

四是增强服务意识，强化服务功能。全心全意为受众服务是网络新闻媒体的本质和方向所在，这既代表了大多数人民的根本利益，也符合先进生产力发展的要求，符合中国先进文化前进的方向。从四川在线于2002年12月进行的对网民在网上关注的信息的调查来看，除新闻信息外，网民在网上关注最多的信息分别为娱乐休闲、教育、旅游、医疗保健、金融理财、招聘信息、购物信息，这说明互联网不仅给人们提供了一个信息平台，而且是一种新的生活方式和工作方式。四川各网络媒体根据这些特点，不断增强服务意识，强化服务功能。天府热线在服务网民方面做得最有特色。从主页上看，不但设有新闻中心、社会聚焦、热门论坛、天府专题等新闻板块，还设有财经、汽车、房产、旅游、教育、川菜、招商、招聘、生活时尚、游戏、娱乐、音乐、影院、动漫、书城、彩信、点歌、聊天、浪漫约会等多个服务板块，以及购物、寻医、预订飞机火车票、炒股、查询、邮箱、短信等多个服务专区，并在所有的相关频道里加入了服务性内容。为适应网络新闻媒体娱乐化和个性化的趋势，天府热线还在"天府短信"里引进"水浒英雄传""玩转天府""注定情缘"等短信游戏，开通了短语、图片、铃声、短信订阅、短信提醒，以及包括短信收藏、个人通信簿等用户个人管理空间的服务内容；在"灵通在线"里推出信息发布、语音、交友、个性、生活服务、金融证券六个平台，深受不同年龄段和不同文化层次的网民欢迎。

  网络媒体是网络文化服务业最主要的载体，它不仅担负着建设先进文化、弘扬民族精神、引导社会舆论的重要职责，而且还必须坚持以市场为导向、遵循市场规律，通过市场竞争提高自己的盈利能力和实现资产增值。在互联网刚刚兴起的初期，由于没有形成完整的产业链条和自己的盈利模式，网络文化业只是一门"烧钱"的产业，四川的网络媒体与全国大多数网络媒体一样，在入不敷出中苦苦挣扎。经过几年来艰苦的探索和努力，四川的网络媒体已逐步从困境中走出，一方面以快捷、准确、方便的信息服务而赚得了"眼球"，使网络广告收入不断地增长；另一方面在信息的综合利用和深度开发上下功夫，派生出个人信箱、短信服务、网络游戏、在线电影、音乐点播等增值服务。如四川在线成立后一直处于亏损状态，2003年靠网络广告和增值服务实现了扭亏，2004年的营业利润比2003年增加了百分之二十八，其中网络广告的收入增加了四倍，2005年1至10月又比去年同期增长百分之三十，进入了良性循环的轨道。四川新闻网近几年来则努力探索可持续发展的盈利模式，积极推进新闻网站向规模化发展，推进全省乃至西部的网络文化资源、市场资源、经济资源的数字化整合，加快推进数字报、网络杂志、网络电视、移动新媒体等数字产品的重组和增值，做大做强网络文化企业。目前，四川新闻网已获批成为国内第一批上市的网络新闻媒体的试点，正在着手进行改制和上市的准备，将打造一个拥有世界先进技术、资源丰富、创新能力强、具有国际竞争力的全新网络文化产业发展平台。

网络传播的时空压缩性、海量性、交互性、虚拟性等特点为四川民族地区与外界的联系搭起了一座四通八达的桥梁。不但四川新闻网、四川在线等全省性网站在甘孜、阿坝、凉山等民族自治州建有地方频道，甘孜藏族自治州还开办了吉祥甘孜、甘孜在线、甘孜视窗、康巴网景、香格里拉网等网站；阿坝藏族自治州开办了阿坝信息港、中国阿坝等网站；凉山彝族自治州开办了中国凉山、大凉山网、西昌在线等网站。这些网站以最快的速度反映民族地区日新月异的新变化，也可消除外界对党的民族政策的误解。随着网络基础设施建设的加快，四川大多数民族地区都能够方便快捷地通过计算机上网，有的地方还能通过手机上网，民族地区的网民正在快速增长。

在网络时代，随着计算机技术、网络技术和通信技术的飞速发展，新的传播方式、新的传播媒介层出不穷，而每一种新媒体的诞生都会给网络传播的发展注入新的活力。如手机本来是一种个人通信工具，但很快作为"第五媒介"进入传播领域。2005年9月1日，《华西都市报》与四川移动携手推出中国西部第一张可以通过手机阅读的报纸——《华西手机报》，以图文和声讯的方式在第一时间为用户提供国内外最新的新闻资讯，不到一个月时间，用户便超过八万人。随着网络带宽问题的解决和流媒体技术的成熟，网络电视正在悄悄地进入我们的生活。网络电视集互联网、多媒体、通信技术于一体，向用户提供直播电视、视频点播、上网浏览等多种交互服务，由于它具有传统电视不具备的互动性强、跨地域传播、个性化服务等特征，是一种极具发展前景的新媒体。如四川新闻网联合上市公司聚友网络等推出了四川网络电视视频台，共同打造本土的第一个网络电视平台。随着第三代无线通信技术（3G）的成熟和推广，手机电视的普及将再一次重新划分传播领域的版图；同时，互联网、电信网、广播网的"三网合一"已进入了实质性的阶段，将给网络媒体带来更多的新机遇。新技术、新媒体的发展是无穷尽的，每一种新的媒介形式和技术都会给传播领域带来新的变革，传统媒介和新型媒介将在变革中进一步融合，为我们开辟一个新的更加美好的传播时代。

后 记

2007年，时任四川省巴蜀文化研究中心副秘书长的我接受了省委宣传部下达的重点课题《巴蜀文化通史》的编撰任务，并分工担任《巴蜀文化通史·传播文化卷》的编写工作。在传播领域有新闻史、编辑史、出版史甚至印刷史，但把传播作为一种文化现象并以史为鉴来撰写这还是第一次，这对一个传播学学者来说自然有很大的挑战性和吸引力。在当时科研任务很重的情况下我花了将近三年的时间完成了该分卷初稿的写作，接下来就是无休无止的修改，修改的原因很简单：随着科技的迅速发展，传播媒介和传播手段有了新的发展，需要不断去适应新的情况，正应了那句歌词"不是我们不明白，是因为这个世界变化快"。

人类传播的历史不过是人类传播工具即传播媒介不断更新和发展的历史，著名传播学家威尔伯·施拉姆曾把人类传播的历史比作二十四小时，而我们已经经历了二十三小时五十九分，而眼前的一切都是在最后一分钟发生的！从我开始提笔写作传播文化史至今十五年过去了，这十五年是以互联网为代表的传播科技飞速发展的十五年，从门户网站到垂直网站，从多媒体到融媒体，从博客、微博到微信，从VR、AR到区块链、元宇宙，中国网民的规模从当年的2.5亿人发展到10.32亿人，其普及程度已经超过了发达国家，互联网不仅彻底改变了人类传播的方式和版图，而且作为一种新的生活方式、工作方式甚至生存方式渗透人们生活的方方面面，进而作为一种"结构性力量"正在改变人类的交往方式和生产关系。

按照马克思和恩格斯的理解，任何人类的传播方式都是人的一种精神交往的方式，无论传播方式怎么变，但人类作为传播的主体不会变，传播的五要素即传播者、接受者、传播媒介、传播内容和传播效果以及相互作用的关系不会变，传播应遵循的客观规律不会变，这也是我们今天研究传播文化史的真正目的。以史明镜、以史为鉴，在学习巴蜀的传播文化史中去汲取营养、智慧和力量，增强我们的文化自信，为建设社会主义的文化强国和实现中华文化的伟大复兴而贡献力量。

是为记。

赵志立
2021年冬于百花潭

图书在版编目（CIP数据）

巴蜀文化通史.传播文化卷/章玉钧,谭继和主编；赵志立著.——成都：四川人民出版社,2021.12
ISBN 978-7-220-10574-6

Ⅰ.①巴… Ⅱ.①章…②谭…③赵… Ⅲ.①文化史—四川②文化传播—文化史—四川 Ⅳ.①K297.1

中国版本图书馆CIP数据核字（2017）第280111号

BASHU WENHUA TONGSHI
CHUANBO WENHUA JUAN
巴蜀文化通史 传播文化卷

赵志立 著

出 品 人	黄立新
项目统筹	谢 雪 董 玲 谢 寒
责任编辑	谢 寒 李 河
封面设计	张 科
装帧设计	经典记忆 戴雨虹
责任校对	申婷婷
责任印制	祝 健
出版发行	四川人民出版社（成都三色路238号）
网　　址	http://www.scpph.com
E-mail	scrmcbs@sina.com
新浪微博	@四川人民出版社
微信公众号	四川人民出版社
发行部业务电话	（028）86361653　86361656
防盗版举报电话	（028）86361653
制　　版	四川胜翔数码印务设计有限公司
印　　刷	成都东江印务有限公司
成品尺寸	180mm×260mm
插　　页	14
印　　张	14.5
字　　数	265千
版　　次	2021年12月第1版
印　　次	2021年12月第1次印刷
书　　号	ISBN 978-7-220-10574-6
定　　价	70.00元

■版权所有·侵权必究

本书若出现印装质量问题，请与我社发行部联系调换
电话：（028）86361656